COMO EU PERDI

por em suas palavras, de discursos e *e-mails*,
as evidências de uma derrota eleitoral desastrosa

HILLARY CLINTON

COMO EU PERDI
por em suas palavras, de discursos e *e-mails*, as evidências de uma derrota eleitoral desastrosa
HILLARY CLINTON

anotações e introdução **Joe Lauria**
prefácio **Julian Assange – fundador WikiLeaks**
tradução e prefácio da edição brasileira **Gabriel Pimenta**

Copyright © 2019 by Editora Letramento
Commentary © 2017 Joe Lauria
Copyright da tradução © 2019 Gabriel Pimenta
Publicado pela primeira vez por OR Books, Nova York e Londres
Publicado na língua portuguesa por acordo entre OR Books, Nova York e Londres e Vikings do Brasil Agência Literária e de Tradução Ltda., São Paulo, Brasil.

Diretor Editorial | **Gustavo Abreu**
Diretor Administrativo | **Júnior Gaudereto**
Diretor Financeiro | **Cláudio Macedo**
Logística | **Vinícius Santiago**
Assistente Editorial | **Giulia Staar e Laura Brand**
Tradução | **Gabriel Pimenta**
Preparação | **Lorena Camilo**
Projeto gráfico e diagramação | **Gustavo Zeferino**
Capa | **Luís Otávio Ferreira**
Foto da Capa | Disponível em: < https://pt.wikipedia.org/wiki/Ficheiro:Hillary_Clinton_DNC_July_2016.jpg >. Acesso em: 13 jun. 2019. Domínio Público.

Todos os direitos reservados.
Não é permitida a reprodução desta obra sem aprovação do Grupo Editorial Letramento.

Dados Internacionais de Catalogação na Publicação (CIP) de acordo com ISBD

C641c	Clinton, Hillary
	Como Eu perdi, por Hillary Clinton: baseado em suas palavras, de discursos e e-mails, as evidências devastadoras de uma derrota eleitoral desastrosa / Hillary Clinton ; organizado por Joe Lauria ; traduzido por Gabriel Pimenta. - Belo Horizonte : Letramento, 2019.
	198 p. ; 15,5cm x 22,5cm.
	Tradução de: How I Lost By Hillary Clinton
	Inclui bibliografia e anexo.
	ISBN: 978-85-9530-205-1
	1. Autobiografia. 2. Hillary Clinton. I. Lauria, Joe. II. Pimenta, Gabriel. III. Título.
2019-879	CDD 920
	CDU 929

Elaborado por Vagner Rodolfo da Silva - CRB-8/9410

Índice para catálogo sistemático:
1. Autobiografia 920
2. Autobiografia 929

Belo Horizonte - MG
Rua Magnólia, 1086
Bairro Caiçara
CEP 30770-020
Fone 31 3327-5771
contato@editoraletramento.com.br
editoraletramento.com.br
casadodireito.com

AGRADECIMENTOS

Um agradecimento especial para Connor Finnegan, sem cuja ajuda na pesquisa os prazos não teriam sido atendidos. E obrigado a Colin Robinson, que concebeu este projeto e perseverou até sua fruição.

SUMÁRIO

DRAMATIS PERSONAE	9
PREFÁCIO	13
PREFÁCIO À EDIÇÃO BRASILEIRA	15
INTRODUÇÃO	27
OS DISCURSOS E *E-MAILS*	49
REFERÊNCIAS	147
ANEXO A – LISTA DOS 91 DISCURSOS PAGOS DE HILLARY CLINTON	161
ANEXO B – OS CINCO MAIORES RECEBEDORES DE DOAÇÕES DO GOLDMAN SACHS NAS ELEIÇÕES DE 2016	167
ANEXO C – EVENTOS DE ARRECADAÇÃO DE FUNDOS DE HILLARY CLINTON EM WALL STREET APÓS O ANÚNCIO DE CANDIDATURA ÀS ELEIÇÕES PRESIDENCIAIS DE 2016	169
ANEXO D – DOCUMENTO DA AGÊNCIA DE INTELIGÊNCIA DE DEFESA (DIA) SOBRE A CIA, AGOSTO DE 2012	173
ANEXO E – *E-MAILS* ILUSTRANDO O ENVOLVIMENTO PROFUNDO DE HILLARY CLINTON COM A LÍBIA	175
ANEXO F – PRIMEIRO EMAIL DE BLUMENTHAL SOBRE A LÍBIA	179
ANEXO G – MEMORANDO DE DOUG BAND SOBRE A CLINTON FOUNDATION	185

DRAMATIS PERSONAE

Huma Abedin – Assistente pessoal mais próxima de Hillary Clinton

Julian Assange – Fundador e editor do Wikileaks

James Baker – Secretário de Estado na presidência George H. W. Bush

Doug Band – Assistente de longa data de Bill Clinton, idealizador da Clinton Foundation

Lloyd Blankfein – CEO do Goldman Sachs

Brent Budowsky – Colunista de *The Hill*

Warren Buffet – Investidor americano, bilionário e amigo de Hillary Clinton

Ursula Burns – Presidente da Xerox Corporation

Tony Carrk – Diretor de pesquisa da campanha de Clinton

Dennis Cheng - Responsável-chefe de desenvolvimento da Clinton Foundation entre 2011 e 2015

Bill Clinton - Quadragésimo-segundo presidente dos Estados Unidos da América (1993 – 2001)

Chelsea Clinton – Filha de Bill e Hillary Clinton e participante da campanha

Hillary Clinton – Indicada do Partido Democrata como candidata às eleições presidenciais de 2016

Amithab Desai – Diretor de política externa na Clinton Foundation

Thomas Drake - Antigo funcionário da NSA, denunciou vigilância não autorizada de americanos antes de Edward Snowden

Marc Elias – Conselheiro-geral da campanha de Clinton em 2016

Jesse Ferguson – Porta-voz de campanha

Gary Gensler – Responsável-chefe financeiro da campanha de Clinton

Mikhail Gorbachev – Último líder da União Soviética (1985 – 1991)

Glenn Greenwald – Jornalista que noticiou as revelações de Edward Snowden sobre vigilância não autorizada em massa

Seymour Hersh – Jornalista investigativo veterano

Joel Johnson – Diretor administrativo do Glover Park Group, uma empresa de comunicações estratégicas, e ex-conselheiro sênior para política e comunicação do presidente Bill Clinton entre 1999 e 2001

Ron Klain – Chefe do time de preparação para debates de Clinton

John Kerry – Secretário de Estado na presidência Barack Obama

Brad Marshall – Diretor financeiro da campanha de Clinton, forçado a abandonar o cargo após o vazamento de um de seus *e-mails*

Nick Merrill – Secretário itinerante de imprensa de Hillary Clinton

Cheryl Mills – Assistente de longa data de Hillary Clinton

Luis Miranda – diretor de comunicações da convenção nacional do Partido Democrata

Robby Mook – gerente de campanha de Clinton

Tom Nides - Executivo do Morgan Stanley e ex-vice Secretário de Estado na presidência Barack Obama

Victoria Nuland - Secretária de Estado assistente para assuntos europeus e eurasianos na presidência Barack Obama

Barack Obama – Quadragésimo-quarto presidente dos Estados Unidos da América (2009 – 2017)

Tim O'Neil – Co-gerente de investimentos no Goldman Sachs

Jennifer Palmieri – Diretora de comunicações da campanha de Clinton em 2016

John Podesta – Chefe de campanha de Hillary Clinton

Colin Powell – Secretário de Estado durante da presidência George W. Bush

Mark Paustenbach – Secretário de imprensa da convenção nacional do Partido Democrata

Vladmir Putin – Presidente da Federação Russa (2000 – 2008 / 2012 – 2017)

Robert Rubin - Secretário do Tesouro durante da presidência Bill Clinton

Bernie Sanders – Senador por Vermont que disputou com Hillary Clinton a indicação do Partido Democrata

Karuna Seshasai – Integrante da campanha de Clinton

Edward Snowden – Ex-contratado da NSA que expôs a vigilância não autorizada em massa de americanos e líderes estrangeiros

Jake Sullivan – Principal conselheiro de política externa de Clinton durante a campanha

Neera Tanden – Presidente do Center for American Progress, assistente de Clinton

Donald Trump – Quadragésimo-quinto presidente dos Estados Unidos da América (2017 -)

Debbie Wasserman Schultz – Congressista e ex-chefe do comitê nacional do Partido Democrata

Paul Wolfowitz – Ex-vice Secretário de Defesa durante a presidência George W. Bush

PREFÁCIO

No outono de 2016, o Wikileaks foi questionado sobre se buscávamos desempenhar uma função partidária nas eleições dos Estados Unidos. Eu deixei claro que o Wikileaks não sentia caber à nossa organização apoiar qualquer grande candidato. O Wikileaks é uma editora que fornece meios seguros para que denunciantes façam revelações importantes sobre governos ou organizações privadas para o público. Se nós tivermos qualquer informação importante sobre facções de poder ou candidatos em qualquer eleição de importância global, nós a publicaremos.

Qualquer teoria, movimento ou partido político é tão bom quanto as informações disponíveis. Se nós não sabemos realmente como nossa sociedade, organização ou partido político funciona, nossos esforços são baseados em informações imprecisas e nós não seremos capazes de reformá-los, responder a eles ou resolver seus problemas.

Cinco grandes líderes do comitê nacional do Partido Democrata perderam seus empregos porque informações sobre suas contravenções foram expostas pelos vazamentos do DNC no Wikileaks. Bernie Sanders e seus apoiadores não tinham chances porque a máquina do Partido Democrata foi mal utilizada. Agora que a informação é conhecida, há maior compreensão sobre como aquela instituição e seus líderes se comportam de fato, fazendo com que seja muito mais difícil repetir aquele tipo de corrupção.

A partir dos *e-mails* de John Podesta nós aprendemos muito sobre jornalismo e "jornal-erro". Nós agora sabemos que veículos da mídia e jornalistas estão dispostos a favorecer seus candidatos preferidos. Nós temos um melhor entendimento sobre como ler as "notícias" que vêm de certos veículos, e sabemos que os jornalistas fornecem aos candidatos as perguntas antes de perguntá-las e os artigos para revisão antes da publicação. Como podemos tomar decisões informadas quando confiamos em fontes distorcidas de conhecimento?

Enquanto a reação dos apoiadores de Clinton foi e é compreensivelmente mordaz, a informação confiável sobre sua candidata preferida foi especialmente benéfica para eles. Eles tinham proximidade, ou mesmo algum relacionamento, com Hillary Clinton e eram mais propensos a influenciá-la e encorajá-la a alinhar as suas preferências privadas com as diretrizes do partido. Eles eram capazes de impedir que a Clinton Foundation recebesse dinheiro de pessoas erradas por razões erradas, e tentaram reafirmar a devida separação entre o levantamento de fundos de campanha e a feitura de política externa. Com as informações fornecidas nestes discursos, eles também foram mais capazes de monitorar e alterar o relacionamento entre os mandachuvas da economia e o governo dos Estados Unidos.

Hillary Clinton ganhou bastante dinheiro ao fazer, imediatamente após deixar seu cargo como Secretária de Estado, os três discursos para o Goldman Sachs que estão nesse livro. Mesmo o corpo editorial do *New York Times*, que publicamente apoiou Clinton duas vezes no ano eleitoral, afirmou que os eleitores tinham todo o direito de saber o que a senhora Hillary Clinton tinha dito ao Goldman Sachs. O WikiLeaks não só concordou como estava preparado para publicá-los.

Nós podemos todos nos beneficiar ao descobrir o que um dos candidatos à presidência disse, a portas fechadas, sobre a Síria, *fracking*, ações do Judiciário, inovação, seu relacionamento com o americano médio, assistência de saúde, China, educação, Rússia, vigilância e até Edward Snowden e eu mesmo.

Leia e chore, ou leia e derrame lágrimas de alegria, mas leia.

Julian Assange

PREFÁCIO À EDIÇÃO BRASILEIRA

Assim como o pênalti é tão importante que deveria ser batido pelo presidente do clube, nas palavras de Neném Prancha, há quem advogue que as eleições presidenciais nos Estados Unidos são tão importantes que todos os cidadãos do planeta deveriam votar. A despeito do tom jocoso da proposta, a perspectiva é verdadeira: maior economia do mundo, principal potência militar e relevante polo de difusão cultural, os Estados Unidos tem na sua política uma espécie de correia de transmissão, no sentido de que seus eventos repercutem e geram consequências em todo o mundo. A questão é evidenciada na própria escolha pela compra deste livro. Enquanto muitas vezes não nos lembramos dos candidatos derrotados nas últimas eleições municipais, temos interesse em compreender quais motivos resultaram no surpreendente fracasso eleitoral de Hillary Clinton em 2016.

O livro faz um levantamento sólido do processo que culminou na vitória de Donald Trump, usando documentos produzidos por Clinton e sua equipe para indicar as limitações da candidata. Para auxiliar o leitor brasileiro, que pode não estar familiarizado com algumas idiossincrasias das instituições estadunidenses e do pensamento político local, este prefácio introduz alguns elementos associados ao processo eleitoral e às ideias elencadas ao longo da obra. A estrutura de dois grandes partidos, o sistema de voto por colégio eleitoral, a oposição entre elitismo e populismo e o atrito entre grandes propostas de política externa aparecem como partícipes do resultado das urnas. Apresentados de forma breve, com referências básicas para aprofundamento de leitura, os temas ajudam a esclarecer como um azarão levou a presidência dos Estados Unidos em meio à incredulidade da imprensa, dos atores tradicionais do sistema político do país e, principalmente, do público.

A derrota de Hillary Clinton nas eleições de 2016 foi a última surpresa em um processo de escolha de lideranças elaborado para evitá-las. A combinação da estrutura de dois partidos dominantes em âmbito nacional com o sistema de eleição por meio do colégio eleitoral é um mecanismo funcional de moderação política por meio das instituições, ainda que, como evidenciou a eleição de Donald Trump, sujeito a imprevistos. Compreender os efeitos desses atributos sobre as eleições é fundamental para dimensionar o grau de ruptura do processo eleitoral em questão com as previsões baseadas no funcionamento normal do sistema eleitoral estadunidense.

O sistema partidário com a predominância de duas grandes agremiações é uma característica estável da política dos Estados Unidos. Ao longo da história do país, o bipartidarismo definiu a dinâmica das eleições presidenciais, ainda que os partidos e suas orientações tenham mudado. A atual divisão entre os partidos Democrata e Republicano como legendas dominantes teve início na década de 1850, após duas décadas de instabilidade ideológica. Os Democratas herdaram a orientação popular, voltada para a ampliação da representatividade, iniciada por Andrew Jackson na década de 1830. Os Republicanos se originaram dos grupos antiescravistas do Partido Federalista. Em termos espaciais, a divisão do apoio aos partidos reproduzia a separação latitudinal do país, com maior popularidade do Partido Republicano nos estados mais urbanizados e industrializados do norte; enquanto o Partido Democrata consolidou sua base nos estados do sul.[1] Essa orientação se manteve até a década de 1950, quando a reorientação ideológica dos partidos leva à inversão das bases de apoio. A mudança dos democratas após a proposta da *Great Society* de Lyndon Johnson em 1964, no sentido de apoiar um conjunto de políticas relativamente progressistas, com expansão do aparato estatal em setores que não o da segurança, passou a apelar eleitoralmente aos eleitores dos estados mais urbanizados, das costas nordeste e oeste. A reação republicana se consolidou na década de 1980, durante a presidência de Ronald Reagan, combinando o aprofundamento do liberalismo econômico com o apoio a medidas socialmente conservadoras, havendo enraizamento desse conjunto de ideais nos estados do sul e do meio-oeste do país.

A força do sistema bipartidário é evidente a partir da análise do desempenho eleitoral de candidatos independentes ou de outros partidos. Primeiramente, cabe observar que a legislação eleitoral dos Estados Unidos tem variações estaduais, o que permite até mesmo que um candidato à presidência não esteja presente na cédula eleitoral para todos os eleitores,

---

1 Ver: O'CONNOR, Karen; SABATO, Larry J., YANUS, Alixandra B. *American Government*: Roots and Reform. 12. ed. Londres, Nova York: Pearson Education, 2016.

caso os requisitos estaduais não sejam cumpridos. A presença historicamente consolidada dos dois principais partidos consegue superpor-se a esta limitação e gera uma vantagem inicial a eles. A força do sistema bipartidário também se expressa nas preferências eleitorais. Desde a consolidação da atual divisão entre Democratas e Republicanos, a única ocasião em que um candidato de fora dos dois partidos ficou em segundo lugar, considerando-se os votos diretos, foi nas eleições de 1912. Naquele ano, o presidente Theodore Roosevelt não conseguiu ser indicado para a disputa de um terceiro mandato pelo Partido Republicano e decidiu formar uma nova legenda – o Partido Progressista – para concorrer. Com cerca de 27,5% dos votos, Roosevelt foi derrotado por Woodrow Wilson, candidato democrata. Em 1992, nas últimas eleições em que houve um candidato competitivo de fora dos dois grandes partidos, o empresário Ross Perot, sem filiação partidária, conseguiu 19% dos votos – e ainda assim ficou em terceiro lugar.

Nas eleições de 2016, dois candidatos de outros partidos conseguiram relativo destaque: Gary Johnson, pelo Partido Libertário, com 4,4 milhões de votos (3,2%) e Jill Stein, pelo Partido Verde, com 1,4 milhões de votos (1%). Esses indicadores permitem interpretações opostas. Por um lado, a solidez do sistema bipartidário em relação à presença de novas ideias fica evidente. Em um contexto de proliferação de novas mídias em detrimento da propaganda política centrada na televisão, no qual a comunicação menos centralizada favorece candidatos menores, os representantes dos dois principais partidos mantiveram 94,7% dos votos. Por outro lado, foram as primeiras eleições desde 1980 em que quatro candidatos conseguiram, cada um, mais de 1% dos votos, um nível de fragmentação raro nos Estados Unidos. A desagregação das preferências foi mais clara nas campanhas intrapartidárias, em que Hillary Clinton e Donald Trump passaram por trajetórias longas até serem definidos como candidatos, ainda que por motivos opostos. O processo no Partido Democrata, apresentado em profundidade neste livro, mostrou a resistência das elites partidárias em aceitar propostas que se afastavam do centrismo apregoado por Hillary Clinton.[2] Como evidencia Joe Lauria, com base em documentos e transcrições de conversas, o comitê central do partido agiu deliberadamente para conter a campanha de Bernie Sanders por temer os efeitos eleitorais de suas propostas socialdemocratas, em que pesem as pesquisas do período que o mostravam

---

2   Cabe observar que a divisão ideológica política entre direita e esquerda permanece válida e possui algumas referências fixas, mas deve ser adequada aos contextos de aplicação. A definição das posições políticas de Hillary Clinton como centrista só é válida dentro dos referenciais dos Estados Unidos.

como um candidato mais competitivo que Clinton. No Partido Republicano, o processo de escolha do candidato trouxe à baila a incapacidade de encontrar um candidato capaz de unir as tendências à direta do espectro político estadunidense. Lideranças tradicionais, como Jeb Bush, que se aproximavam do centro de forma análoga à Clinton, tiveram dificuldades em mobilizar apoiadores. A tendência permitiu a ascensão de indivíduos com propostas novas e/ou que obtiveram êxito em moldar uma imagem de distanciamento em relação às elites partidárias tradicionais, como Trump.

Os atritos intrapartidários das eleições de 2016 não sinalizam, ao menos no curto prazo, a dissolução do sistema de duas grandes agremiações. Três fatores explicam as origens e a solidez desse sistema.[3] Em primeiro lugar, os Estados Unidos tem seu sistema eleitoral baseado em voto distrital para candidato único, estrutura que tende a reduzir o número de partidos competitivos. Esse fenômeno, definido como Lei de Duverger, decorre do fato de que, ao contrário do que ocorre em sistemas proporcionais, os candidatos menos votados não recebem recompensa eleitoral alguma. Isso direciona a escolha dos eleitores para os partidos maiores e, com o tempo, consolida sistemas com menos legendas. Em segundo lugar, a crescente centralização das relações federativas nos Estados Unidos após a década de 1930 favoreceu os grandes partidos, capazes de angariar fundos e construir redes de apoio em âmbito nacional. Por fim, há as próprias ações dos dois grandes partidos após a década de 1920: além da constante adaptação da agenda para abranger as demandas eleitorais – comportamento natural em qualquer sistema partidário –, a predominância histórica dos partidos Democrata e Republicano permitiu que eles aprovassem leis restritivas à consolidação de organizações menores. Um exemplo são as regras de acesso à cédula, que determinam a possibilidade de um partido a concorrer às eleições mediante a obtenção de um número mínimo de assinaturas e variam de estado para estado.

O sistema bipartidário tipifica o modelo majoritário de democracia, com efeitos conhecidos sobre o comportamento político.[4] Em princípio, ele auxilia os eleitores a adotar um conjunto razoavelmente claro de opções, em lugar de opções fragmentadas por muitos partidos, o que torna mais simples a supervisão e a possível rejeição pela via eleitoral. O sistema bi-

---

3   Ver: KOLLMAN, Ken. *The American Political System*. Nova York: W. W. Norton & Company, 2014.

4   Ver: LIJPHART, Arend. *Patterns of Democracy*. New Haven: Yale University Press, 1999.

partidário também favorece a moderação política, uma vez que, garantido o apoio dos eleitores com preferências partidárias claras, a disputa por votos se concentra nos eleitores do centro, levando os partidos a adotar posições moderadas para conquistá-los. Os programas partidários em nível nacional não podem diferir radicalmente um do outro justamente pelo risco de alienar um segmento grande demais dos eleitores de centro e, subsequentemente, perder a preferência popular. Em consequência, as eleições nos Estados Unidos, via de regra, são um plebiscito sobre a continuidade de um modelo vigente ou seu ajuste gradual.

A derrota de Hillary Clinton foi surpreendente porque contrariou as expectativas geradas pela estrutura bipartidária. Primeiramente, a candidata representava a continuidade de um governo com índices de aprovação relativamente altos. Em segundo lugar, Clinton havia ajustado partes de sua plataforma eleitoral para abranger o maior número possível de eleitores, da base histórica do partido a eventuais eleitores à esquerda atraídos por Bernie Sanders. Por fim, Trump, seu oponente, não apenas era estranho às lideranças tradicionais do Partido Republicano – o que fica em evidência pelo longo processo de confirmação de sua candidatura – como ainda apresentou propostas mais radicais do que a média nos campos social e econômico, o que, de acordo com a tendência do modelo, alienaria grandes parcelas do eleitorado.

O resultado das eleições de 2016, ao contrário do que se esperava, decorre também do mecanismo do colégio eleitoral. A instituição, uma particularidade do sistema político dos Estados Unidos, foi criada como forma de equacionar as tensões entre a representatividade popular direta e a representatividade regional, tema relevante em um Estado federativo. Ao criar uma representação proporcional distorcida, o colégio eleitoral reduz a possibilidade de que a votação de um estado muito mais populoso que os demais prepondere na escolha do presidente. Ele funciona da seguinte forma: cada estado tem um número de delegados, definido pelo total da soma de seus deputados e senadores, logo, o número mínimo de votos estaduais no colégio eleitoral é três, em um total possível de 538. A fórmula privilegia estados menores devido ao fato de que todos eles possuem dois senadores, mesmo que o total populacional faça o estado ter apenas um deputado. Esses delegados realizam uma segunda rodada de votação, orientada pelo voto popular em cada estado, para definir quem será eleito presidente.[5]

---

5   GENOVESE, Michael. *Encyclopedia of the American Presidency*. Nova York: Facts on File, 2010.

Ainda que não haja uma regra geral para definir como são distribuídos os votos de cada estado no colégio eleitoral, quase todos adotam fórmulas segundo as quais o candidato presidencial vencedor no estado por meio do voto popular receba todos os votos do estado nessa segunda etapa de votação. Assim, não importa se o candidato tem 99% ou 50,1% dos votos dos eleitores em um estado: no colégio eleitoral, os votos do estado irão para ele. Essa distorção permite que candidatos menos populares na eleição direta, mas que tiveram vitórias estaduais melhor distribuídas, sejam vencedores.

Com 65,8 milhões de votos, Clinton teve maior preferência popular que Trump, que recebeu 62,9 milhões de votos; o candidato republicano, todavia, foi vencedor em 30 dos 50 estados do país. Clinton teve vitórias concentradas em estados muito populosos, como Illinois, Nova York, Nova Jersey e Califórnia, que ao final a garantiram 227 votos no colégio eleitoral. Trump, por sua vez, conseguiu 304 votos no colégio eleitoral ao vencer em estados como Texas, que desde meados do século XX votam majoritariamente em candidatos republicanos, além de conseguir a maioria, por margens pequenas, em estados sem preferências historicamente definidas, como Ohio e Flórida, e em estados que tradicionalmente apresentam vitórias de candidatos democratas, como Michigan e Pensilvânia – e a incapacidade de Clinton de cativar os eleitores dessa última categoria de estados é abordada em profundidade por Lauria ao longo do livro.

Uma característica da estrutura política apresentada neste livro – não exclusiva dos Estados Unidos, mas especialmente intensa no país – é a proliferação de burocracias com razoável autonomia de atuação e não necessariamente alinhadas ao programa do governo central. Ao longo do século XX e em tendência contínua nas duas últimas décadas, a quantidade de órgãos governamentais, assim como o orçamento a eles dedicado, aumentou consideravelmente.[6] Dois fatores contribuem para a tendência. O primeiro, presente em escala global, é o aprofundamento da tecnicidade dos temas públicos, como a saúde coletiva e o controle de atividades econômicas, o que demanda profissionais especializados e supervisão constante. O segundo, mais atinente à ascensão econômica e geopolítica do país, é a consolidação de um aparato voltado para a segurança do país e a consecução de seus interesses no exterior. A expansão do Estado ensejada pela Guerra Fria, em proximidade com atividades particulares no setor de defesa, levou à denúncia pelo presidente Dwight

---

6   Ver: LUKACS, John. *Uma nova república*: uma história dos Estados Unidos no século XX. Rio de Janeiro: Editora Zahar, 2006.

Eisenhower, em sua despedida do cargo, dos interesses do "complexo militar-industrial", que agiria sobre o Estado de modo autônomo à vontade popular. Na década de 1980, a potencialização dos gastos em defesa durante a presidência de Ronald Reagan aprofundou a expansão governamental, ainda que o presidente tivesse sido eleito alardeando uma plataforma de campanha pela redução do Estado. Após os atentados de setembro de 2001, a formação de organizações voltadas para a segurança interna, com competências em defesa e inteligência, acresceu uma nova camada de burocracias ao setor público dos Estados Unidos.

Os capítulos introdutório e final exibem os efeitos da proliferação de burocracias sobre as eleições de 2016. Na introdução, o caso dos *e-mails* enviados por Hillary Clinton de seu computador pessoal durante o exercício do cargo de Secretária de Estado ganha destaque, em função da intensa cobertura midiática dada a questão. O tema, tratado como um risco potencial à segurança do país, passou pelo tratamento de três órgãos com atribuições diferentes, mas por vezes bastante próximas: o Federal Bureau of Investigation (FBI), órgão com funções policiais e de inteligência interna, subordinado ao Department of Justice (DoJ); a National Security Agency (NSA), também com funções de inteligência, mas subordinada ao Department of Defense (DoD); e o Department of Homeland Security (DHS), autônomo, voltado para a segurança interna. A proximidade das funções ligadas à proteção institucional desses três órgãos se reflete nas divergências de abordagem em relação ao caso dos *e-mails* de Hillary Clinton durante o exercício do cargo de Secretária de Estado, assim como na indecisão sobre a questão.

As divergências entre burocracias reaparecem no capítulo final, dedicado à política externa, de modo ainda mais claro. Nos casos da guerra civil na Síria e na Líbia, a posição de Clinton como Secretária de Estado, responsável pelas decisões da política externa estadunidense, divergiu daquela sugerida por relatórios produzidos pela Central Intelligence Agency (CIA), órgão de inteligência voltado para o exterior, e da Defense Intelligence Agency (DIA), órgão subordinado ao DoD. O episódio é um exemplo claro de disputa entre burocracias pela capacidade de decisão em nome do Estado como um todo, no qual o resultado final se afasta do conjunto de ações que seria obtido caso o Estado fosse uma organização hipoteticamente racional e unitária.[7] As divergências entre Clinton e outros núcleos de decisão em política externa foram recorrentes, com impactos inclusive sobre o Brasil.

---

7   Ver: ALLISON, Graham T. Conceptual Models and the Cuban Missile Crisis*. *American Political Science Review*. v. 63, n. 3, p. 689-718, 1969. Disponível em: <https://goo.gl/WLnUFr>. Acesso em: 23 jan. 2018.

A falta de coordenação entre as preferências da então Secretária de Estado e do presidente Barack Obama frustrou o sucesso do Acordo de Teerã de 2010, resultado das negociações entre o Irã, a Turquia e o Brasil para dar bom encaminhamento ao desenvolvimento do programa nuclear iraniano. Enquanto Obama entendia que a intermediação do caso por países emergentes poderia ser útil para dar tempo até a obtenção de uma solução definitiva, Clinton definiu que os termos estabelecidos no tratado não davam segurança o suficiente para os Estados Unidos, levando o país a votar por mais sanções ao Irã no Conselho de Segurança das Nações Unidas. Somente em 2015, quando John Kerry estava na Secretaria de Estado, houve um acordo entre o Irã e os Estados Unidos acerca da questão nuclear.[8]

Uma contraposição recorrente entre os candidatos das eleições de 2016 é entre o elitismo de Clinton – associado tanto à sua vida pessoal quanto a parte de suas propostas políticas – e o populismo de Trump. Compreender o significado desses conceitos, ainda que em abordagem breve, contribui para melhor entender o comportamento do eleitorado estadunidense no caso. Na sociologia política, a abordagem contemporânea do elitismo remonta ao trabalho de C. Wright Mills, que identificou que seis grupos são responsáveis pelas grandes decisões políticas e econômicas dos Estados Unidos.[9] Os membros desses grupos pertencem a famílias tradicionais e/ou se integram por meio de instituições educacionais de alta reputação, o que torna restrito o acesso coletivo à tomada de decisões. No âmbito político, a perspectiva elitista indica que o sistema democrático é limitado na orientação coletiva das decisões, já que as elites, no comando do Estado e do setor privado, serviriam como anteparo contra a vontade popular. No âmbito social, as elites, caracterizadas pela renda elevada, alto nível de instrução e valores cosmopolitas, se oporiam à população comum.

Hillary Clinton seria uma representação quintessencial das elites. De sua formação pela Universidade de Yale, passando pela eleição ao Senado pelo estado de Nova York com o apoio explícito das companhias do mercado financeiro e chegando ao conjunto de relações pessoais estabelecidas por

---

8   Ver: KESSLER, Glenn. U.S., Brazilian Officials at Odds Over Letter on Iranian Uranium. Washington Post, 28 maio 2010. Disponível em: <https://goo.gl/kYXt9B>. Acesso em: 23 jan. 2018.

DOMBEY, Daniel; MORRIS, Harvey; DYER, Geoff. Clinton Attacks Turkey-Brazil Deal with Iran. Financial Times, 18 maio 2010. Disponível em: <https://goo.gl/uMMc3s>. Acesso em: 23 jan. 2018.

9   Ver: MILLS, C. Wright. *The Power Elite*. Nova York: Oxford University Press, 1956.

meio da Fundação Clinton, Hillary se encaixa na definição da elite fornecida por Mills. O quadro não passou despercebido pelo eleitor médio, como indica Lauria, e foi capaz de mitigar o apelo eleitoral de Clinton em um contexto no qual a crise financeira de 2008 ainda tinha efeitos sobre a percepção popular acerca da conjuntura política e econômica.

Trump, por sua vez, está associado ao populismo, ainda que sua caracterização seja mais complexa. Por seu elevado patrimônio, originado a partir de herança familiar, e sua proximidade com o poder, Trump poderia ser, corretamente, associado ao reforço do elitismo na condução da política nos Estados Unidos. Sua associação ao conceito oposto decorre de dois fatores. Por um lado, sua constante presença midiática em programas de televisão ajudou que ele construísse para si a imagem de um habilidoso *self-made man*, isto é, de um empresário cujo sucesso dependeu de mérito próprio, em oposição às famílias ou grupos de elite tradicionais. Por outro lado, sua plataforma de campanha incluiu não só a crítica às elites como também a perspectiva de desconstrução de instituições como forma de melhor representar os interesses populares. Nesse sentido, Trump se aproximou da definição clássica do populismo, atualizada para a conjuntura contemporânea, na qual estruturas internacionais de governança ocupam o espaço anteriormente dedicado às instituições da democracia liberal como antagonistas da liderança. Junto de outros líderes, como o húngaro Viktor Orban e o turco Recep Erdogan, Trump ensejou a volta dos estudos sobre o populismo na agenda de pesquisa da ciência política contemporânea.[10]

A perspectiva de um retorno global de uma versão do populismo que se opõe a regimes internacionais traz para o primeiro plano o tema da política externa na campanha presidencial estadunidense. É possível pensar os termos de atuação internacional em dois pares conceituais. No que tange a lógica da ação, os Estados Unidos oscilam entre o isolacionismo, quando o país reduz sua presença internacional e evita intervir em conflitos externos, e o intervencionismo, quando ele participa ativamente da condução de questões globais. Em relação ao método de atuação, o unilateralismo, consubstanciado em ações realizadas sem apoio direto ou consulta a demais países, se contrapõe ao multilateralismo quando os Estados Unidos agem por meio de instituições internacionais ou com base em decisões obtidas por meio delas. Desde o final da Segunda Guerra Mundial, após o país se tornar a principal potência econômica e militar do planeta, a política externa estadunidense tende a se

---

10 Ver: MÜELLER, Jan-Werner. *What is Populism?* Filadélfia: University of Pennsylvania Press, 2016.

orientar pela combinação do intervencionismo e do multilateralismo. O fato de as instituições de governança internacional criadas em meados do século XX, tais como a Organização das Nações Unidas, se basearam na lógica democrática liberal esposada pelo pensamento político dos Estados Unidos é, ao mesmo tempo, evidência e condição dessa orientação.[11]

A combinação de intervencionismo e multilateralismo, predominante na política externa dos Estados Unidos nos últimos 70 anos, não é inconteste. Desde seu ápice, quando no início da década de 1990 o país liderou uma coalizão de países contra a invasão iraquiana do Kuwait, ambos os conceitos são questionados. Movimentos à esquerda do espectro político estadunidense retomaram, após 2003, protestos contra a sistemática violação do princípio da autodeterminação dos povos, que fora a tônica das manifestações contra a Guerra do Vietnã na década de 1960. Sem ideologia definida, outra vertente atual de rejeição ao intervencionismo resulta dos custos financeiros e humanos das invasões do Afeganistão e do Iraque, ambas com presença militar por mais de uma década, além do incidente com mortes em Benghazi, na Líbia – este, sob a alegação de que o envolvimento dos Estados Unidos no caso era desnecessário e foi mal liderado por Clinton. Mais recentemente, movimentos nacionalistas como o *Tea Party* associaram o envolvimento direto dos Estados Unidos em questões estrangeiras à atração de migrantes que, supostamente, seriam uma ameaça física e ideológica à segurança do país. De diferentes formas, a participação direta estadunidense em questões da política global é rejeitada.[12]

A origem da rejeição ao multilateralismo, especialmente no que concerne regimes internacionais, é difusa. Parte da literatura sobre a questão indica que ela é uma reação ao aprofundamento da interdependência econômica internacional por parte daqueles que perderam – ou sentem ter perdido – renda ou prestígio por força desse processo. Os trabalhadores de setores industriais, desempregados após a migração de fábricas dos Estados Unidos para outros países, são um exemplo da tendência. Outra explicação possível é o próprio reforço do nacionalismo, que na ausência de inimigos externos identificáveis, como nos tempos da Guerra Fria ou de ameaças concretas, como a incidência de grandes ataques terroristas, estabelece

---

11 Ver: IKENBERRY, G. John. *Liberal Leviathan*: the Origins, Crisis and Transformation of the American World Order. Nova Jersey: Princeton University Press, 2011.

12 Ver: JENTLESON, Bruce W. *American Foreign Policy*: the Dynamics of Choice in the 21st Century. Nova York: W. W. Norton & Company, 2010.

uma oposição às regras que tolheriam a autonomia dos Estados Unidos. Há, por fim, com a descentralização dos meios informacionais, a difusão cada vez mais ampla de narrativas políticas conspiratórias, que ligam regras internacionais a supostas tentativas de governo mundial autoritário por grupos secretos – de elites convencionais a espécies alienígenas.[13]

As rejeições associam diretamente à disputa presidencial de 2016 no sentido de prejudicar Hillary Clinton. Sua atuação como Secretária de Estado entre 2008 e 2012 pode ser interpretada como uma sequência da atuação intervencionista no Oriente Médio, com a manutenção de tropas nos países invadidos durante a presidência de George W. Bush e o envolvimento na Síria e na Líbia. A posição intervencionista de Clinton é colocada em evidência pelo conjunto de materiais coligido por Lauria no capítulo final. Soma-se a isso a plataforma de campanha de Clinton, francamente favorável a arranjos multilaterais: não só havia o apoio às instituições existentes, como o NAFTA, acordo de livre-comércio norte-americano, como também propostas de ampliação de tais estruturas, como os acordos da Parceria Trans-Pacífico (TPP) e Parceria Transatlântica (TTIP). Trump e sua equipe estavam cientes da resistência de grande parte do público a novas estruturas que aprofundassem a interdependência dos Estados Unidos em relação a novos mercados, e usaram a proposta contra Clinton em debates e propagandas televisivas. Em uma eleição pouco usual, a política externa foi um ponto sensível, que afetou sensivelmente o desempenho da candidata ligada à continuidade de políticas que, se não eram exatamente impopulares, certamente eram controversas.

Eleições são fenômenos complexos. Eleições em um país gigantesco, com um sistema de votação repleto de particularidades, levando em consideração a construção subjetiva das preferências eleitorais e tendências ideológicas globais são um pesadelo analítico. A compreensão de seus resultados é sempre uma aproximação da realidade – que ficará mais fácil após a leitura deste conjunto relevante de documentos e comentários sobre a disputa de 2016.

Gabriel Pimenta
Mestre em Relações Internacionais e professor do
Centro Universitário de Belo Horizonte (UniBH)

---

13 Ver: ADELMAN, Jeremy. Donald Trump is Declaring Bankruptcy on the Post-War Wordl Order. Foreign Policy, 20 nov. 2016. Disponível em: <https://goo.gl/BXDj7M>. Acesso em: 23 jan. 2018.

INTRODUÇÃO

NOITE DA ELEIÇÃO

Hillary Clinton supostamente teve um ataque de fúria quando percebeu que não seria a vez dela, afinal de contas. Objetos foram atirados em seu quarto de hotel enquanto ela via os resultados, se é possível confiar em um relato.[14] Deve ter sido uma noite terrível para a duas vezes "inevitável" Clinton.

Ela se recusou a telefonar para conceder a vitória ao seu oponente até que Barack Obama ligou para insistir.[15] Enquanto a noite se tornava manhã, Clinton não foi capaz de – ou se recusou a – encarar seus combalidos apoiadores. John Podesta, figura leal à Clinton há tempos e que chefiou sua campanha, percorreu o par de milhas do Peninsula Hotel ao Javits Center no oeste de Manhattan, onde subiu ao púlpito às duas da manhã. "Eles ainda estão contando os votos, e todos os votos devem ser levados em conta", disse Podesta, com o teto de vidro sobre ele ainda intacto, os fogos de artifício não estourados.[16] "Muitos estados ainda têm números apertados. Então nós não teremos mais nada a dizer essa noite".

---

14 TYRELL JR., R. Emmett. Losing it on a Losing Night. The American Spectator. 14 nov. 2016. Disponível em: <https://goo.gl/gBq9Xa>. Acesso em: 23 jan. 2018.

15 PARNES, Amie. Obama Urged Clinton to Concede on Election Night. The Hill, 25 nov. 2016. Disponível em: <https://goo.gl/qPF7Rq>. Acesso em: 23 jan. 2018.

16 No dia antes das eleições, a campanha de Clinton cancelou os fogos de artifício, de acordo com a polícia de Nova York. Ver: MUSUMECI, Natalie. Clinton Calls of Election Night fireworks. The New York Post, 7 nov. 2016. Disponível em: <https://goo.gl/1ezwHd>. Acesso em: 23 jan. 2018.

CULPANDO O FBI

Em breve haveria muito a dizer, notadamente que a culpa era de todos, menos de Clinton. Ela primeiro culpou James Comey, diretor do FBI.[17] Comey tinha arruinado completamente a investigação do FBI no servidor do computador pessoal de Clinton, no qual documentos sigilosos tinham sido encontrados.

Quando anunciou em julho que não recomendaria um processo criminal, Comey encarou pressão considerável de dentro do bureau por deixá-la escapar.[18] Sua inação sugeriu o funcionamento da justiça em duas medidas. Outros empregados do governo haviam sido culpados por muito menos. Thomas Drake, por exemplo, diretor sênior da NSA, foi acusado sob o Espionage Act por supostamente manter na sua casa em Maryland a posse de documentos impressos. Ele foi exonerado pouco antes do julgamento, quando o governo admitiu que os documentos não eram secretos no fim das contas. A vida de Drake foi arruinada de todo modo. Ele acabou trabalhando no varejo. Clinton concorreu à presidência.

Onze dias antes do dia da eleição, em uma carta ao Congresso, Comey reabriu o inquérito quando novos *e-mails* vieram à tona. Mas então, apenas dois dias antes da votação, Comey uma vez mais livrou Clinton. Ela contou aos doadores de campanha uma semana depois que "nossa análise é de que a carta de Comey, levantando dúvidas sem fundamento [e] sem base… freou o nosso embalo".[19] Havia evidências para apoiar isso: questões persistentes sobre o servidor e em particular sobre os 30 mil *e-mails* que ela deletou minaram em 73% a confiança dos eleitores nela, segundo pesquisas de opinião.[20]

---

17 CHOZICK, Amy. Hillary Clinton Blames FBI Director for Election Loss. The New York Times. 12 nov. 2016. Disponível em: <https://goo.gl/xsdLxk>. Acesso em: 23 jan. 2018.

18 KLEIN, Ed. Why FBI Director Comey Jumped at the Chance to Reopen Hillary Clinton Email Investigation. Daily Mail, 30 out. 2016. Disponível em: <https://goo.gl/yefcnM>. Acesso em: 23 jan. 2018.

19 CHOZICK, Amy. Hillary Clinton Blames FBI Director for Election Loss. The New York Times. 12 nov. 2016. Disponível em: <https://goo.gl/xsdLxk>. Acesso em: 23 jan. 2018.

20 KEITH, Theo. New Marquette University Law School Poll: Clinton Leads Trump, 46% to 40%. FOX6 News, 2 nov. 2016. Disponível em: <https://goo.gl/1iFjFH>. Acesso em: 23 jan. 2018.

DESCARRILHANDO SANDERS

Houve outro bode expiatório para a derrota de Clinton: em 25 de julho de 2016, primeiro dia da convenção nacional do Partido Democrata na Filadélfia, a campanha de Clinton culpou a Rússia pela primeira publicação do WikiLeaks dos *e-mails* do comitê nacional do Partido Democrata três dias antes.[21] Os *e-mails* mostravam que o comitê, formalmente neutro, tinha favorecido Clinton em detrimento de seu oponente nas primárias, o senador Bernie Sanders.

Um independente que teve a permissão do Partido Democrata para concorrer nas primárias como contraste necessário para a esperada coroação de Clinton, Sanders partiu do zero para desafiá-la seriamente pela nomeação. Ainda que muitas pesquisas mostrassem Sanders derrotando Donald Trump com facilidade, alguns *e-mails* que você lerá neste livro mostram até onde a DNC foi para tirar sua campanha dos trilhos. Em um ano marcadamente anti-*establishment* para ambos os partidos, era arriscado para os Democratas escolher um nome essencialmente tradicional como Clinton para encarar o demagogo populista Trump. Sanders, ao contrário, havia agitado multidões que se opunham à desigualdade e a mais guerras. Isso poderia ter soado melhor para o público geral, descontente, mas também era uma ameaça aos privilégios da elite dos Democratas.

A confiabilidade dos *e-mails* vazados nunca esteve em questão. Eles conduziram à saída de Debbie Wasserman Schultz, então líder do DNC, que dissera sobre Sanders em um *e-mail* de 17 de maio: "Ele não vai ser presidente". Então, em 7 de outubro, o WikiLeaks liberou o primeiro do que viriam a ser 50 mil *e-mails* da conta de John Podesta no Gmail. Podesta também culpou imediatamente uma invasão russa e questionou a veracidade dos *e-mails* – uma acusação para a qual nunca surgiram evidências. O WikiLeaks nunca esteve envolvido na publicação de vazamentos falsos.

O BOATO RUSSO

A culpa da Rússia em corromper as eleições presidenciais dos Estados Unidos se tornou objeto de crença para muitos daqueles que apoiaram a campanha de Clinton, apesar de que até o momento da escrita deste livro nenhuma evidência confiável tenha se tornado pública para sustentar o argumento. Em vez

---

21   YUHAS, Alan. Hillary Clinton Campaign Blames Leaked DNC Emails about Sanders on Russia. The Guardian, 24 jul. 2016. Disponível em: <https://goo.gl/DPhV2E>. Acesso em: 23 jan. 2018.

de deixar o FBI examinar seu servidor,[22] o DNC confiou na investigação de uma empresa privada, Crowdstrike, que encontrou "impressões digitais" nos metadados de um documento de pesquisa da oposição revelados pelo DCLeaks que mostravam caracteres cirílicos e o nome do comandante do primeiro comandante de inteligência soviético, o que supostamente implica a Rússia. Por um lado, a Crowdstrike alegou ter identificado uma sofisticada operação de um governo estrangeiro. Por outro lado, ela se baseou suas conclusões nas pistas que só poderiam ter sido deixadas por *hackers* bastante desleixados.

A credibilidade da CrowdStrike foi abalada ainda mais quando o Voice of America relatou em 23 de março de 2017 que o mesmo *software* usado para culpar a Rússia pela ação concluiu incorretamente que Moscou também hackeara obuses do governo ucraniano no campo de batalha do leste do país. "Um influente *think tank* britânico e militares ucranianos estão questionando um relatório que a empresa estadunidense de cibersegurança CrowdStrike usou para sustentar suas alegações de sobre o ataque hacker russo nas eleições presidenciais", relatou o *Voice of America*. Dimiti Alperovitch, co-fundador da CrowdStrike, é um parceiro sênior do *think tank* antirrusso Atlantic Council em Washington.

Mais especulações sobre a suposta ação *hacker* nas eleições foram geradas após a publicação do *Vault 7* do WikiLeaks, que revelou que a CIA não abandonou a prática de acobertar suas próprias ações deixando pistas que impliquem outros.

Em relação à Rússia, a mídia corporativa escolheu aceitar a palavra de fontes não reveladas da CIA, uma organização há tempos dedicada a enganos, desinformação, interferência nas eleições de outros países e derrubada de governos eleitos.

Quarenta anos atrás, após vários comitês do Congresso exporem uma série de atos criminosos e abusos de poder por parte da CIA e de outras agências de inteligência, a grande imprensa teria sido bastante cética em comprar qualquer versão que a CIA estivesse vendendo sem ao menos levantar dúvidas sobre ela. Ainda que os jornais para os quais os jornalistas de hoje trabalhem ainda tenham nomes como *New York Times* e *Washington Post*, eles não são mais as mesmas publicações. Muitos dos empregados desses jornais vivem da reputação de ceticismo e determinação em conhecer os bastidores dos pronunciamentos dos governos que fora estabelecida por estes jornais décadas atrás.

---

22 WILLIAMS, Katie Bo. FBI Never Examined Hacked DNC Servers Itself: Report. The Hill, 4 jan. 2017. Disponível em: < https://goo.gl/toq4o6>. Acesso em: 23 jan. 2018.

Como mostram os *e-mails* vazados neste livro, a imprensa política teve uma relação bastante confortável – e problemática – com a campanha de Clinton. Os *e-mails* revelam ocasiões de repórteres em colusão com membros da campanha antes de publicar histórias, algo que nenhum editor durão de eras atrás teria apoiado. O que este episódio mostra é que muitos repórteres vivem indiretamente por meio das pessoas poderosas as quais eles cobrem, diminuindo o poder que a imprensa tem de fazer cobranças aos poderosos.

Nunca houve uma National Intelligence Estimate – uma conclusão factual da comunidade de inteligência, incluindo perspectivas dissidentes – da suposta ação *hacker* russa. Somente avaliações, isto é, meras abordagens unilaterais, foram divulgadas.

O fundador do WikiLeaks Julian Assange negou categoricamente que o governo russo ou qualquer agência estatal fosse a fonte dos *e-mails* do DNC ou de Podesta, incluindo os discursos que Clinton fez em Wall Street e que se encontram neste livro.[23] Isso deixa, todavia, aberta a possibilidade de que intermediários estiveram envolvidos. Comey disse em um encontro de inteligência da Câmara em março de 2017 que o FBI acredita que um "intermediário clandestino" entregou os *e-mails* para o WikiLeaks. Craig Murray, um ex-embaixador do Reino Unido para o Usbequistão, que é próximo de Assange, afirmou que americanos insatisfeitos, um dos quais ele teria encontrado, estavam por trás dos vazamentos.[24] Murray também questiona por que nenhuma prisão foi feita ou por que nenhuma sanção foi imposta a indivíduos russos se a CIA sabe quem vazou os documentos. William Binney, talvez o melhor matemático que já trabalhou na NSA, e o ex-agente da CIA Ray McGovern, indicam que os *e-mails* devem ter vindo de um vazamento porque uma ação *hacker* teria sido rastreável pela NSA.[25]

Apesar da falta de provas, culpar a Rússia pela derrota de Clinton fez sentido estratégico. O alvo do lado de Clinton era desviar a atenção dos conteúdos

---

23 FOX NEWS. Assange: Russia Government not the Source of WikiLeaks Emails. 3 jan. 2017. Disponível em: <https://goo.gl/wMVTWr>. Acesso em: 23 jan. 2018.

24 MURRAY, Craig. The CIA's Absence of Conviction. 11 dez. 2016. Disponível em: <https://goo.gl/DST4CM>. Acesso em: 23 jan. 2018.

25 BINNEY, William; MCGOVERN, Ray. Emails Were Leaked, not Hacked. The Baltimore Sun, 5 jan. 2017. Disponível em: <https://goo.gl/bbWEmH>. Acesso em: 23 jan. 2018.

dos *e-mails* e discursos. Eles evidentemente esperavam que, se a questão toda pudesse se resumir à Rússia, isso arregimentaria os eleitores americanos patriotas para o lado da candidata. Isso foi acompanhado por seus ataques à Rússia durante a campanha e em sua crítica anterior, mais pragmática, a Moscou nos discursos privados. A construção do medo centrada na Rússia claramente não funcionou nas eleições. Posteriormente, a administração Obama deixou claro que nenhum computador usado nas eleições fora hackeado.[26]

Três dias antes das eleições eu escrevi que, caso Clinton perdesse, seu lado acusaria Moscou de tentar influenciar membros do Colégio Eleitoral para mudar seus votos ou conseguir que o Congresso bloqueasse a certificação das eleições.[27] Foi exatamente o que aconteceu. Mas eles falharam. No dia seguinte à posse de Trump, Susan Rice, conselheira de segurança nacional do presidente Obama, disse, absurdamente, que a mídia jornalística deveria ter se focado somente na Rússia, e não no conteúdo dos *e-mails*. Isso apesar do fato de que eles dão perspectivas extraordinárias do caráter de Clinton e de suas posições políticas.

Após meses desmentindo a conexão russa, Trump murmurou de má vontade uma admissão de que provavelmente os russos estivessem por trás da ação *hacker*.[28] Mas nós não sabemos o que a CIA mostrou a Trump, um homem pouco refinado no que tange assuntos de inteligência. O que quer que tenha sido, não foi mostrado para o público, o que mantém todas as razões para se manter cético em relação às afirmações da CIA.

UM NOVO MACARTHISMO

Culpar os russos pela ação *hacker* alimentou um macarthismo ressuscitado, acompanhando a nova Guerra Fria que surgiu com a crise da Ucrânia de 2014, a qual Hillary Clinton teve papel considerável em atiçar.

---

26 SANGER; David E. U.S. Officials Defend Integrity of Vote, Despite Hacking Fears. The New York Times, 25 nov. 2016. Disponível em: <https://goo.gl/FpGrGi>. Acesso em: 23 jan. 2018.

27 LAURIA, Joe. Hillary Clinton's Ace-in-the-Hole: Russia. The Huffington Post, 5 nov. 2016. Disponível em: <https://goo.gl/75SqJY>. Acesso em: 23 jan. 2018.

28 SHEAR, Michael; WEISMAN, Jonathan; ROSENBERG, Matthew. Trump Says 'I Think It Was Russia' that Hacked the Democrats. The New York Times, 11 jan. 2017. Disponível em: <https://goo.gl/wh1Thh>. Acesso em: 23 jan. 2018.

Ela se constrói no terreno pantanoso das ameaças russas exageradas – e a suposta interferência na política americana doméstica. Ela põe em mente a confissão de Harry Truman em suas memórias:

> Os demagogos, malucos e patriotas profissionais ganharam o dia ao inflar o medo do povo americano [...]. Muita gente boa acreditou de verdade que nós estávamos sob perigo iminente de sermos tomados pelos comunistas e que nosso governo em Washington estava infestado de comunistas. A campanha foi tão ampla que pareceu que ninguém estava a salvo de seu ataque. Essa foi a tragédia e a vergonha de nossos tempos.[29]

Em alguns anos, alguém de igual estatura do campo democrata poderá fazer uma confissão similar. Até lá nós estamos sujeitos à campanha acusatória do *Washington Post* em relação a jornalistas de duzentos *sites*, incluindo o Truthdig, o Wikileaks.org e o Consortiumnews.org, chamando-as de "propagandistas russos", por ousarem a questionar a política externa recente dos Estados Unidos, formulada em parte por Hillary Clinton.[30][31]

O que importou, no final, não foi quem estava por trás da ação *hacker* ou vazamento, mas o que os *e-mails*, discursos privados e alguns comentários desatentos dizem sobre quem é Hillary Clinton, e porque ela perdeu.

PORQUE ELA PERDEU

As próprias palavras de Clinton neste livro retratam uma figura política e economicamente elitista, e um falcão na política externa, distante das preocupações sérias dos americanos comuns – as mesmas pessoas que precisavam votar nela.

A palavra "elitista" foi sequestrada por conservadores para ser entendida exclusivamente como "elite cultural liberal", residente nos litorais. Isso serviu por muito tempo como disfarce para os plutocratas do Partido Republicano que formam um tipo diferente de elite, política e econômica. Os discursos de Clinton mostram como ela finalmente se juntou a este último clube restrito.

---

29   TRUMAN, Harry S. *Memoirs*: Years of Trial and Hope. Nova York: Doubleday & Company. p. 290. 2. v.

30   TIMBERG, Craig. Russian Propaganda Effort Helped Spread 'Fake News' During Election, Experts Say. The Washington Post, 24 nov. 2016. Disponível em: <https://goo.gl/Gztf1i>. Acesso em: 23 jan. 2018.

31   PROPORNOT. The List. 30 nov. 2016. Disponível em: <https://goo.gl/uzRnGj>. Acesso em: 23 jan. 2018.

Conforme indica Doug Henwood em *My Turn*, Bill Clinton nasceu na miséria, enquanto Hillary veio da "pequena burguesia provinciana". Ele escreve: "O acesso às escolas de elite era sua passagem para a eventual participação na elite dominante; e demorou décadas de luta para que eles chegassem lá." O arrivismo social é provavelmente o que eles mais compartilharam em 41 anos de casamento, assim como a arte do logro ao soar progressistas enquanto implementam políticas regressistas.

O casal se vestia como *hippie* em Yale, mas furou um piquete em seu primeiro encontro. Bill começou sua carreira política negando apoio às medidas que impediriam o esvaziamento dos sindicatos, assim como à lei de direito ao trabalho, quando concorreu ao cargo de procurador-geral do estado em Arkansas em 1976. Hillary apoiou Barry Goldwater e se orgulhava disso até pelo menos 1996.[32]

Na Casa Branca, os Clinton deslocaram o Partido Democrata dos seus apelos ao trabalhador americano que remontavam ao New Deal para uma proposta de centro-direita, socialmente liberal, mas conservadora no âmbito fiscal. No Reino Unido, Tony Blair fazia o mesmo com o Partido Trabalhista. Ambos os partidos traíram sua base tradicional nos sindicatos para adotar o neoliberalismo econômico dos seus antecessores da década de 1980, Ronald Reagan e Margaret Thatcher: reformas no bem-estar social, privatização, desregulamentação e "livre-comércio" que mandaram para o exterior os empregos americanos, transformando o coração industrial estadunidense no Cinturação da Ferrugem do Meio Oeste.

Típicos da postura condescendente dos Cinton em relação ao "povinho" foram os comentários de Bill em 2015 que denegriam Jeremy Corbyn,[33] o líder trabalhista britânico comprometido com a reversão do neoliberalismo e o reatamento do Partido Trabalhista com os trabalhadores. Clinton disse que o partido havia "saído e pego um cara qualquer na rua para ser seu líder". "Quando as pessoas sentem que foram enganadas e acham que nada vai acontecer de qualquer forma, elas simplesmente querem que o cara mais raivoso do lugar as represente".

---

32 NPR WEEKEND EDITION. Goldwater Girl': Putting Context to a Resurfaced Hillary Clinton Interview. 26 mar. 2016. Disponível em: <https://goo.gl/H5zAfC>. Acesso em: 23 jan. 2018.

33 BLOOM, Dan. Bill Clinton Branded Jeremy Corbyn a 'Guy Off the Street' in Brutal Leaked Speech. The Mirror, 8 nov. 2016. Disponível em: < https://goo.gl/cNZDLn>. Acesso em: 23 jan. 2018.

O mesmo desprezo pelo julgamento das pessoas comuns emerge dos *e-mails*, discursos e declarações públicas de Hillary Clinton e sua campanha. Ela admite nestas páginas que ela está "distante" do povo por causa da "fortuna que eu e meu marido dispomos agora".

A FUNDAÇÃO

Foi fácil para os americanos comuns suspeitar que Hillary Clinton era uma oportunista indiferente às suas vidas. Enquanto ela estava no Senado, e posteriormente como Secretária de Estado, a Clinton Foundation parecia fazer favores políticos em troca de enormes somas de dinheiro que iam para o trabalho de caridade da casa e o estilo de vida *jet-set* dos seus chefes. Alguns dos *e-mails* que você lerá esclarecem esse negócio sombrio que gerou profundas preocupações nos eleitores em 2016.

Seus discursos, incluindo três feitos para o Goldman Sachs por US$ 675.000 – parte de um total de US$ 21,6 milhões por 91 discursos –, contêm evidências claras de seu alheamento dos americanos comuns. O Goldman Sach é o rosto da cobiçosa Wall Street, cujos tentáculos se esticam pelo globo. Ele relatou renda de US$ 8,1 bilhões no último trimestre de 2016. Nas eleições de 2016, o banco doou mais de US$ 5,5 milhões de dólares em contribuições políticas. Ele deu US$ 339.631 para Hillary Clinton e US$ 424.000 para dois candidatos republicanos, Marco Rubio e Jeb Bush. Ele também contribuiu com centenas de milhares de dólares para os partidos Democrata e Republicano.

Ao pagar US$ 675.000 à Clinton por esses discursos, o Goldman Sachs estava apoiando a pessoa que a maioria dos analistas políticos pensava ser a próxima presidente. Mas ele mantinha as bases republicanas atendidas também. O Goldman Sachs sairia por cima, não importa qual candidato vencesse. Os dois grandes partidos apoiam a desregulamentação financeira que faz bancos como o Goldman Sachs sorrir. Quem quer que seja o presidente, aparentemente, os vencedores são Wall Street e o militarismo. Enquanto o Goldman Sachs não gastou um centavo apoiando especificamente Trump, sua administração conta com três veteranos do banco: o Secretário do Tesouro Steve Mnuchin; Gary Coen, chefe do Conselho Presidencial de Conselheiros Econômicos e Steve Bannon, principal estrategista de Trump. Essas indicações vieram após Trump ter caricaturado Clinton como "totalmente controlada por Wall Street e todas as pessoas que a deram milhões".[34]

34 TUCKER, Cynthia. Heaven Help the Little Guy. Detroit Free Press, 20 fev. 2017. Disponível em: <https://goo.gl/3e4xfc>. Acesso em: 23 jan. 2018.

"TODO MUNDO FAZ ISSO"

Clinton entendeu o impacto que seus discursos em Wall Street teriam se seu conteúdo viesse a público. Então ela se recusou a publicar suas transcrições apesar da pressão incansável de Sanders e dos veículos jornalísticos. Um editorial do *New York Times* de fevereiro de 2016 urgia Clinton a limpar seu nome.[35] "'Todo mundo faz isso' é a desculpa que se espera de uma criança levada, não de uma candidata à presidência", disse o *Times*. "Mas essa é a última defesa de Hillary Clinton por fazer discursos muito bem pagos e a portas fechadas para grandes bancos – os quais muitos americanos de classe média ainda culpam pelo seu sofrimento econômico – e se recusar a liberar as transcrições".

De fato, milhões de americanos foram arruinados pela especulação de Wall Street que levou ao estouro da bolha de 2008. A desigualdade desde então só aumentou, com o 1% mais rico dos Estados Unidos possuindo mais riqueza que os 90% mais pobres, de acordo com o *New York Times*.[36] A adesão de Hillary aos centrismo neoliberal, ao invés do retorno ao New Deal pelo qual Sanders lutava, a deixou vulnerável em relação a eleitores que o Partido Democrata dava por garantidos há muito tempo.

"OS DEPLORÁVEIS"

Os esforços de Hillary para esconder os discursos no Goldman Sachs não impediram que o público ouvisse as palavras que provavelmente fizeram mais danos à sua imagem junto ao americano médio do que qualquer outra coisa que ela disse: "Você poderia colocar metade dos apoiadores de Trump no que eu chamo de 'cesto dos deploráveis'", ela comentou em frente às câmeras em um evento de arrecadação de fundos em Nova York, dois meses antes das eleições. Independentes e eleitores que ainda não tinham se decidido, mas que talvez estivessem considerando votar em Trump, ficaram compreensivelmente irritados pelo comentário.[37]

---

35 THE NEW YORK TIMES. Mrs. Clinton, Show Voters Those Transcripts. 25 fev. 2016. Disponível em: <https://goo.gl/UHTmr8>. Acesso em: 23 jan. 2018.

36 KRISTOF, Nicholas. An Idiot's Guide to Inequality. The New York Times, 23 jul. 2014. Disponível em: <https://goo.gl/mH61Hj>. Acesso em: 23 jan. 2018.

37 BLAKE, Aaron. Voters Strongly Reject Hillary Clinton 'Basket of Deplorables' Approach. The Washington Post, 26 set. 2016. Disponível em: <https://goo.gl/Yq6uxX>. Acesso em: 23 jan. 2018.

O que emerge dos discursos de Clinton é uma política baseada na cultura e na linguagem de Wall Street. O uso da arrepiante frase "cesto dos deploráveis" é fantasmagoricamente parecido com "cesto de derivativos", igualando pessoas a *commodities*.[38]

Enquanto a votação se aproximava, Clinton fez campanha pelo país, mas destinou pouca verba para sua equipe em três estados do Cinturão da Ferrugem: Ohio,[39] Wisconsin e Michigan. Ela não visitou o Wisconsin nenhuma vez após a convenção nacional, ainda que Bill supostamente tenha a alertado para fazer isso. No lugar, ela ouviu Robby Mook,[40] seu gerente de campanha de 36 anos, que contava com um modelo de dados mostrando que os eleitores jovens, latinos e negros compareceriam em número suficiente para garantir a vitória. No fim das contas, ainda que eles preferissem Clinton com intensidade, ela não ganhava da popularidade de Obama junto a estes grupos, nem ganhou terreno suficiente para compensar pelas suas derrotas no Cinturão da Ferrugem. Sua derrota no Colégio Eleitoral foi forjada nas terras desoladas da antiga indústria.

Um estudo de março de 2017 também mostrou que Clinton "praticamente ignorou a discussão sobre política", concentrando-se em questões identitárias e atacando Trump enquanto indivíduo.[41] Ela passou apenas 25% do tempo falando sobre medidas políticas em sua propaganda, o nível mais baixo de qualquer candidato nas últimas quatro eleições, enquanto os anúncios de Trump tratavam de medidas em 70% do tempo.

Aparentemente Clinton deu por garantidos os eleitores católicos e brancos. Ela declinou de um convite para falar na Notre Dame University durante a campanha, afirmando que não queria "desperdiçar tempo" com esses eleitores, ainda que muitos desses fossem trabalhadores do Cinturão

---

38 N.T: Commodities, na definição corrente, são produtos primários e uniformes, divididos em lotes de grande volume e cujo preço é determinado por negociação em bolsa de valores.

39 STEIN, Sam. The Clinton Campaign Was Undone By Its Own Neglect And A Touch Of Arrogance, Staffers Say. 16 nov. 2016. Disponível em: <https://goo.gl/HyvW22>. Acesso em: 23 jan. 2018.

40 ADAMS, T. Becket. Bill Clinton's Lonely, One-man Effort to Win White Working-class Voters. Washington Examiner, 12 nov. 2016. Disponível em: <https://goo.gl/eqNMZa>. Acesso em: 23 jan. 2018.

41 CHEONG, Ian Miles. Study: Hillary Clinton Ran One of the Worst Campaigns in Years. FOX News Politics, 10 mar. 2017. Disponível em: <https://goo.gl/7FVhv1>. Acesso em: 23 jan. 2018.

da Ferrugem.[42] Nas ocasiões em que Clinton de fato apresentou seu programa, suas propostas eram frequentemente mal definidas ou mudavam muito, especialmente durante as primárias, quando ela se direcionou à esquerda por Sanders aparecer como uma ameaça real. O apoio ao TPP foi rapidamente abandonado. Enquanto Sanders propôs um sistema único de saúde, Clinton defendia as complexidades do Obamacare. Ela apoiou com relutância um salário mínimo federal de US$ 12 a hora, enquanto Sanders fez campanha por US$ 15. Sanders também apresentou um plano para a educação superior pública e gratuita. Clinton e seus apoiadores o ridicularizaram, chamando a proposta de maluquice, ainda que ela já existisse na cidade de Nova York e em outros lugares no país.

Enquanto isso, o *showman* Trump sabiamente tratou das preocupações da classe trabalhadora, dizendo que ele iria desfazer tratados injustos de comércio, repatriar empregos manufatureiros, acabar com as guerras pela mudança de regime e diminuir as tensões com a Rússia. Se Trump estava de fato comprometido com esses objetivos ou meramente os usando como uma maneira de angariar apoio é controverso, particularmente após seu ataque de mísseis à Síria e seu plano de seguros de saúde contrário aos trabalhadores. Seus primeiros meses no cargo foram de figuras poderosas lutando pelo controle no gabinete, no Congresso e nas sombras do poder.

OS ELEITORES REJEITARAM A MUDANÇA DE REGIME

Hillary Clinton é uma figura central do sistema de política externa dos Estados Unidos, cuja meta desde o final da primeira Guerra Fria tem sido a expansão da dominação global pelos EUA e o confronto com qualquer poder que esteja no seu caminho. A Eurásia é o principal campo de batalha, como postulou Zbigniew Brzezinski em seu livro de 1997, *The Grand Chessboard*, no qual ele afirma que a Rússia – a qual ele gostaria de ver dividida em três – deixaria de ser um poder eurasiano se perdesse a Ucrânia. Clinton adotou uma postura de confronto com os dois poderes que resistem à hegemonia americana na Eurásia: a Rússia e, de modo mais nuançado, a China.

---

42 CHOZICK, Amy. Hillary Clinton's Expectations, and Her Ultimate Campaign 'Missteps. The New York Times, 9 nov. 2016. Disponível em: <https://goo.gl/zGiDzt>. Acesso em: 23 jan. 2018.

A reação de Bill Clinton ao colapso da União Soviética foi contrariar a promessa feita à Rússia pelo governo Bush de não expandir a OTAN até as fronteiras russas em troca de permitir a reunificação alemã. Ele ainda interveio militarmente contra a Sérvia, aliada da Rússia. O plano para a dominação global estadunidense foi desenhado durante a presidência Clinton na Declaração de Princípios do *think-tank* neoconservador The Project for a New American Century.[43] O documento defendia desafiar "regimes hostis aos nossos interesses e valores", e a criação de uma suposta "hegemonia global benevolente", a qual resultou na verdade no enriquecimento das elites americanas e de seus aliados, à custa de todos os demais. Em lugar de democracia, os Estados Unidos têm espalhado o sistema econômico neoliberal, usando o Fundo Monetário Internacional e outras organizações para impor privatizações, desregulamentação e abertura de mercados em países estrangeiros, beneficiando o capital estrangeiro e os oligarcas locais em detrimento das populações locais. Os governos que resistem estão sujeitos a ameaças ou coisas piores. Esse raciocínio esteve por trás dos golpes apoiados pelo governo Obama em Honduras e na Ucrânia, dos ataques à Líbia e da desastrosa invasão ao Iraque em 2003, apoiada por Hillary Clinton. Ela é uma intervencionista liberal: o nome dado aos Democratas que disfarçam as agressões mais cruas dos Republicanos com preocupações humanitárias de fachada.

UM "ENGANO" SOBRE O IRAQUE

O apoio da então senadora Hillary Clinton à invasão do Iraque em 2003 foi uma peça-chave para que ela perdesse a indicação presidencial em 2008. Apesar de admitir que foi um "engano", seu voto sobre o Iraque continuou a assombrá-la nas eleições de 2016.

Mesmo sabendo que era difícil, em termos políticos, para a maior parte dos congressistas e jornalistas se opor à invasão nos meses anteriores à ação – com as notáveis exceções de Barack Obama – cuja recusa era mais fácil por não estar ainda no Senado – e Bernie Sanders –, em 2016 até mesmo os candidatos republicanos denunciaram a guerra como um dos piores erros de política externa da história dos Estados Unidos. Ted Cruz, por exemplo, disse que "sabendo o que sabemos agora, é claro que eu não teria invadido o Iraque porque tudo o que baseou a invasão foi o

---

43 History Commons, June 3, 1997: PNAC Think Tank Issues Statement of Principles. Disponível em: <www.historycommons.org/context.jsp?item=a060397pnacprinciples#a060397pnacprinciples>. Acesso em: 6 jul. 2017.

medo de que eles tivessem armas de destruição em massa".[44] Na campanha presidencial, Sanders, e depois Trump, foram críticos ferrenhos da posição de Clinton em relação ao Iraque e externaram preocupação quanto a mais operações agressivas de mudança de regime em uma presidência Clinton.

OBLITERANDO O IRÃ

Durante sua campanha presidencial em 2008, Clinton ameaçou "obliterar" o Irã caso o país atacasse Israel.[45] Ela também se recusou a desconsiderar opções militares para impedir o Irã de conseguir armas nucleares. Depois que os Estados Unidos descobriram uma instalação de enriquecimento de material nuclear subterrânea em Fordow, em 2009, o Irã começou a reclamar da retórica belicista de Washington. Eu fiz uma pergunta à queima-roupa para a Secretária de Estado Clinton em um evento midiático da ONU em Nova York, sobre se os Estados Unidos estavam ameaçando o Irã. Sendo a política experiente que é, ela evitou a questão com habilidade. Mas ela era cética em relação à diplomacia com o Irã e se opôs à mera contenção caso a diplomacia falhasse.[46] Mas Clinton, ao contrário de Trump, ao fim sabiamente apoiou o acordo nuclear com Teerã, sucesso marcante da política externa de Obama, apesar da oposição ferrenha de Israel.

KADAFI: "VIEMOS, VIMOS, ELE MORREU"

Em 2011, Clinton era a força motriz por trás do esforço de convencimento em relação ao presidente Obama para derrubar o líder líbio Muammar al-Kadafi. Um dos *e-mails* vazados diz: "HRC[47] tem sido uma voz crítica nas deliberações sobre a Líbia dentro do governo, da OTAN e

---

44   PRESENTIAL CANDIDATES. The Politics and Elections Portal, Ted Cruz on Iraq 2016. Disponível em: <https://goo.gl/ySCtKv>. Acesso em: 23 jan. 2018.

45   MORGAN, David. Clinton says U.S. Could 'Totally obliterate' Iran. Reuters, 22 abr. 2008. Disponível em: <https://goo.gl/kg8CPJ>. Acesso em: 23 jan. 2018.

46   CROWLEY, Michael. Hillary Clinton's Unapologetically Hawkish Record Faces 2016 test. Time, 24 jan. 2014. Disponível em. <https://goo.gl/SpbbDF>. Acesso em: 23 jan. 2018.

47   N.T: O termo HRC, usado ao longo do livro, faz referência ao nome completo Hillary Diane Rodham Clinton.

em encontros de grupos de contato – assim como tem sido a face pública do esforço dos EUA na Líbia. Ela foi instrumental para garantir a autorização, construir a coalizão e pressionar Kadafi e seu regime".

Isso foi feito sob o pretexto de "proteger civis" quando Kadafi lançou uma ofensiva contra os rebeldes no leste da Líbia, os quais ele identificava como terroristas.[48] Depois que os Estados Unidos e a OTAN intervieram, Kadafi foi derrubado, sodomizado com uma faca e assassinado – levando Clinton a declarar, em meio a risos, "Viemos, vimos, ele morreu". Mas a mudança de regime transformou a Líbia em um Estado falido, com Clinton e outros líderes da OTAN mostrando seu sobejo desprezo pelas vidas dos líbios comuns que eles diziam estar salvando de um ditador brutal.[49]

O então Secretário de Defesa Bob Gates ficou tão alarmado com o plano de Clinton para a Líbia que ele abriu um canal secreto de comunicação com o filho de Kadafi para tentar encontrar uma solução antes da intervenção da OTAN.[50] O caos líbio – hoje com dois governos rivais e enclaves terroristas – se tronou um emblema da baderna que se segue à mudança de regime, prática que marcou quase duas décadas de influência neoconservadora em Washington. É uma estratégia de dividir e enfraquecer Estados desobedientes enquanto empresários americanos lucram do caos que mata os locais. Clinton recebeu o apoio de algumas lideranças neoconservadoras nas eleições de 2016.[51]

---

48 SHEIKH, Salman Rafi. Years After NATO's Destruction of Libya, British Parliament Report Reveals There Was No Evidence of Gaddaffi Attacking Civilians. Sign of the Times, 28 out. 2016. Disponível em: <https://goo.gl/SGG1Mp>. Acesso em: 23 jan. 2018.

49 CHIVERS, C.J.; SCHMITT, Eric. In Strikes on Libya by NATO, an Unspoken Civilian Toll. The New York Times, 17 dez. 2011. Disponível em: <https://goo.gl/ZkCZVe>. Acesso em: 23 jan. 2018.

50 SHAPIRO, Jeffrey Scott; RIDDELL, Kelly. Secret Tapes Undermine Hillary Clinton on Libya War. The Washington Times, 28 jan. 2015. Disponível em: <https://goo.gl/qyhDrb>. Acesso em: 23 jan. 2018.

51 KHALEK, Rania. Robert Kagan and Other Neocons are Backing Hillary Clinton. The Intercept, 25 jul. 2016. Disponível em: <https://goo.gl/wu-7pMQ>. Acesso em: 23 jan. 2018.

MUDANÇA DE REGIME NA SÍRIA

Enquanto Secretária de Estado, Clinton não conseguiu convencer Obama a adotar uma linha consistentemente mais dura em relação à Síria. Ela o forçou em direção a duas diretrizes principais, às quais ela se agarrou até as eleições: uma zona segura no solo e uma zona de exclusão aérea. Isso queria dizer que as forças do governo sírio e seus aliados, incluindo os russos, estariam proibidos de atuar nessas áreas. Alguns eleitores acharam que isso levava ao risco de um conflito com a nuclearmente armada Rússia. Assim também pensava o general Joseph F. Dunford Jr., chefe do Estado-Maior Conjunto dos Estados Unidos, que disse ao senador republicano do Mississipi Roger Wicker, em uma oitiva do comitê de serviços militares do Senado em 22 de setembro de 2016: "Por agora, para que controlemos todo o espaço aéreo na Síria, seria necessário ir à guerra contra a Síria e a Rússia. Essa é uma decisão muito importante que certamente eu não vou tomar". Mas era uma decisão que Clinton estava certamente pronta a adotar, mesmo após esse testemunho. Ela também chamou Putin de Hitler, normalmente um sinal de que os Estados Unidos estão se preparando para a guerra.[52] Noriega foi Hitler, Saddam foi Hitler, Milosevic foi Hitler, todos logo antes que os Estados Unidos atacassem seus países. Após desempenhar uma função nobre na Segunda Guerra Mundial, os Estados Unidos sempre usam sua glória militar esmaecida para maquiar ações militares ignóbeis nos dias de hoje.

Clinton pressionou Obama para dar armas a grupos rebeldes e derrubar Bashar al-Assad. Seu aliado era o general David Petraeus, a quem ela apoiou para superar a relutância de Obama em relação ao "levante" no Afeganistão. Por agora, Obama, tendo visto o caos que resultou das operações americanas recentes de mudança de regime, especialmente na Líbia, a qual ele considera seu principal arrependimento por não ter um plano para lidar com o momento posterior, permanece cético.[53] Nos golpes conduzidos pela CIA entre as décadas de 1950 e 1970, a agência frequentemente tinha um novo líder viável a seu alcance.

Já estava claro durante o período de Clinton na Secretaria de Estado que rebeldes "moderados" na Síria eram difíceis de ser encontrados e que as armas

---

52 LOGAN, Justin. It's Past Time to Bury the Hitler Analogy. Cato Institute, 6 nov. 2007. Disponível em: <https://goo.gl/14Edft>. Acesso em: 23 jan. 2018.

53 GUARDIAN STAFF AND AGENCIES. Barack Obama Says Libya Was 'Worst Mistake' of his presidency. The Guardian, 12 abr. 2016. Disponível em: <https://goo.gl/FzB31L>. Acesso em: 23 jan. 2018.

americanas enviadas caíam nas mãos dos jihadistas com muita frequência. Mas até mesmo isso pode ter sido parte do plano, de acordo com um documento liberado da DIA, de agosto de 2012, sobre o período em que Clinton começou a defender o armamento dos rebeldes junto à Casa Branca.[54]

O documento da DIA afirma que os aliados europeus, a Turquia e os países do Golfo Pérsico já apoiavam o estabelecimento de um principado salafista no leste da Síria para pressionar Assad. O documento alerta que esses jihadistas estavam ganhando o apoio de extremistas do lado iraquiano da fronteira e poderiam transformar o principado em um "Estado Islâmico". O documento usa exatamente essas palavras. Dois anos depois o Estado Islâmico nasceu. Clinton e o resto do governo Obama ignoraram o aviso. Como Clinton reconheceu posteriormente em um *e-mail*, o Catar e a Arábia Saudita, aliados dos EUA, estavam armando o Estado Islâmico – e doando para a Clinton Foundation.[55] [56]

Em um áudio vazado, conversando com figuras da oposição síria em setembro de 2016, o sucessor de Clinton no Departamento de Estado, John Kerry admitiu que, em lugar de lutar a sério contra o Estado Islâmico na Síria, os Estados Unidos estavam cada vez mais prontos para usar a força para pressionar Assad pela resignação, assim como o documento da DIA disse que ocorreria. "Nós sabemos que isso estava crescendo, nós observávamos, nós vimos que o Daesh [Estado Islâmico] ganhava força, e nós pensávamos que Assad estava ameaçado.", disse Kerry.[57] "Nós pensávamos, contudo, que pudéssemos administrar e Assad então poderia negociar, mas em vez disso ele trouxe Putin para seu apoio".

---

54 HOFF, Brad. 2012 Defence Intelligence Agency Document: West Will Facilitate Rise of Islamic State 'In Order to Isolate the Syrian regime'. Levant Report, 19 maio 2015. Disponível em: <https://goo.gl/9h7HAB>. Acesso em: 23 jan. 2018.

55 COCKBURN, Patrick. We Finally Know What Hillary Clinton Knew All Along – US Allies Saudi Arabia and Qatar are Funding Isis. The Independent, 14 out. 2016. Disponível em: <https://goo.gl/BmocDY>. Acesso em: 23 jan. 2018.

56 WIKILEAKS. Hillary Clinton Email to John Podesta. 17 aug. 2014. Disponível em: <https://goo.gl/7d3iX8>. Acesso em: 23 jan. 2018.

57 SOUTH FRONT. John Kerry, Leaked Audio of Conversation with Syrian Exiles in New York. 22 nov. 2016. Disponível em: <https://goo.gl/GTBQ91>. Acesso em: 23 jan. 2018.

A Rússia começou sua intervenção militar no final de setembro de 2015, depois que os Estados Unidos rejeitaram a oferta de Vladmir Putin, feita na Assembleia-Geral das Nações Unidas daquele mês, de uma aliança militar anti-ISIS. "Semelhantemente à coalizão anti-Hitler, ela poderia unir uma ampla gama de partes desejosas de se manter firmes contra aqueles que, tal como os nazistas, semeiam maldade e ódio à humanidade", Putin declarou à AGNU.

Mais tarde, Putin esclareceu as motivações do Kremlin na Síria, de modo contrário ao que Hillary afirmara. Ele disse ao canal de televisão francês TF1: "Se lembra como a Líbia e o Iraque estavam antes que esses países e suas organizações fossem destruídos enquanto Estados pelas forças dos nossos parceiros do Ocidente? [...] Esses Estados não apresentavam sinais de terrorismo. Eles não eram uma ameaça para Paris, para a Côte D'Azur, para a Bélgica, para a Rússia ou para os Estados Unidos. Agora, eles são a fonte das ameaças terroristas. Nossa meta é evitar que o mesmo aconteça na Síria".

Explicações assim tão claras foram rejeitadas por Clinton, e normalmente dispensadas pela maior parte da imprensa. Ao contrário, eles afirmaram que a Rússia estava tentando retomar a glória imperial perdida no Oriente Médio.[58] Mas Kerry sabia porque a Rússia interveio.

"O motivo pelo qual a Rússia entrou na jogada foi porque o ISIL[59] estava ficando mais forte. O Daesh estava ameaçando chegar a Damasco, e foi por isso que a Rússia entrou, porque eles não queriam um governo do Daesh e por isso apoiaram Assad", ele diz na conversa vazada. "Nós sabemos que isso estava crescendo, nós estávamos observando, nós sabíamos que o Daesh estava ganhando força, e nós pensávamos que Assad estava ameaçado. Nós pensávamos, contudo, que pudéssemos administrar e Assad então poderia negociar, mas em vez disso ele trouxe Putin para seu apoio". Os comentários de Kerry sugerem que os Estados Unidos estavam dispostos a arriscar que o Estado Islâmico e que seus aliados jihadistas ganhassem poder com o objetivo de forçar a saída de Assad.

---

58 BEAMON, Todd. David Petraeus: Putin Trying to Rebuild Russian Empire. Newsmax, 22 set. 2015. Disponível em: <https://goo.gl/sx9sKH>. Acesso em: 23 jan. 2018.

59 ISIL: outro acrônimo do Estado Islâmico.

PUTIN COMO HITLER

A linguagem belicosa de Clinton contra a Rússia aparentemente não deu segurança aos eleitores. Ela forçou o confronto contra a Rússia pela Síria, enquanto consistentemente retratou Moscou como uma ameaça. Nesse ínterim, os russos viam Clinton como uma ameaça.

Do ponto de vista russo, os Estados Unidos são perigosamente poderosos. Eles possuem bases militares por todo o mundo, colocaram tropas próximas à fronteira ocidental da Rússia, organizaram um golpe contra um governo democraticamente eleito na Ucrânia, um país vizinho da Rússia com grande população de etnia russa, e, durante os anos Yeltsin, junto do Goldman Sachs e outros agentes de Wall Street à frente, deram as ordens na Rússia, se enriquecendo junto de alguns oligarcas, enquanto o povo ficava mais pobre. O Ocidente invadiu a Rússia três vezes nos últimos dois séculos, o que inclui os Estados Unidos em 1918.[60] Não é surpreendente que a Rússia tenha preferido o candidato que pediu por cooperação no lugar de confronto, independentemente se Moscou teve alguma coisa a ver com os vazamentos ou não.

Uma liderança neoconservadora que apoiou Hillary Clinton para presidente foi Robert Kagan,[61] membro do Project for a New American Century. Ele é casado com Victoria Nuland, ex-conselheira do Vice-presidente Dick Cheney e contratada por Clinton para ser porta-voz do Departamento de Estado. Mais tarde, como Secretária de Estado assistente para assuntos europeus e eurasianos, Nuland disse que os Estados Unidos gastaram US$ 5 bilhões em uma década para "levar a democracia" para a Ucrânia. No início de 2014, ela e o senador John McCain visitaram a praça Maidan em Kiev para apoiar os manifestantes. Imagine um funcionário de alto nível da chancelaria russa e um congressista aparecendo em Nova York para distribuir comida para os manifestantes do movimento Occupy Wall Street.[62]

---

60   EATON, William J. 1918 Occupation Force: Forgotten War: Yanks in Russia. The Los Angeles Times, 10 mar. 1987. Disponível em: <https://goo.gl/E17MKB>. Acesso em: 23 jan. 2018.

61   KHALEK, Rania. Robert Kagan and Other Neocons are Backing Hillary Clinton. The Intercept, 25 jul. 2016. Disponível em: <https://goo.gl/wu-7pMQ>. Acesso em: 23 jan. 2018.

62   LAURIA, Joe. U.S. 'Invades' Canada After Russian-backed Coup in Ottawa. The Duran, 4 maio 2016. Disponível em: <https://goo.gl/m7vaSi>. Acesso em: 23 jan. 2018.

Uma conversa vazada entre Nuland e o embaixador americano na Ucrânia os pegou tratando de "dar cuidados especiais" e "arrumar uma solução" para uma mudança de regime,[63] semanas antes que Viktor Yanukovych, o presidente eleito e certificado pela OSCE, fosse violentamente derrubado, com gangues neo-nazistas na vanguarda. O leste ucraniano, de etnia russa, e a Crimeia resistiram ao golpe, com tropas russas já legalmente instaladas na Crimeia saindo das bases sem quase dar nenhum tiro. A Crimeia votou em referendo por se reunificar à Rússia e Kiev começou uma guerra para debelar a rebelião no leste. A Rússia enviou voluntários, dinheiro, inteligência e armas para ajudá-los, de forma parecida com o momento pré-invasão do envolvimento dos Estados Unidos no Vietnã, antes que LBJ mandasse os fuzileiros navais em 1965.

A mídia ocidental mostrou esses movimentos russos como uma "invasão" para tomar a Crimeia e o leste do país. Mas não há evidências de uma "invasão". Após esses eventos, em março de 2014, Clinton comparou Putin a Hitler,[64] dizendo que eles a lembravam o líder nazista tomando os Sudetos. Essa conversa ríspida sobre um conflito distante encontrou pouco eco no Cinturão da Ferrugem.

O FUTURO DO PARTIDO DEMOCRATA

Ao final do processo, um número suficiente de eleitores viu em Hillary Clinton uma elitista na economia, próxima da Wall Street, e um falcão na política externa: o bastante para negá-la a presidência. A tentativa de Clinton de assustar usando a Rússia, seu papel de destaque na Líbia e seus chamamentos pela derrubada do governo sírio evitaram que ela ganhasse popularidade. Os americanos da classe trabalhadora não sofrem apenas economicamente. Seus filhos e filhas, sem oportunidades, frequentemente estão na linha de frente das guerras feitas por seus governantes. A assertividade de Clinton não soou bem com a maioria dos eleitores do Wisconsin, Michigan e Ohio.

---

63   YOUTUBE. Nuland-Pyatt Leaked Phone Conversation _COMPLETE with SUBTITLES. Disponível em: <https://goo.gl/JW6j9a>. Acesso em: 23 jan. 2018.

64   RUCKER, Philip. Hillary Clinton Says Putin's Actions are Like 'What Hitler Did Back in the '30s'. The Washington Post, 5 mar. 2014. Disponível em: <https://goo.gl/APRqNM>. Acesso em: 23 jan. 2018.

Em um ano antissistema, Clinton e a elite do Partido Democrata se agarrarem à política identitária que dominou o partido nos últimos anos e que ajudou a catapultar Obama para a Casa Branca. Clinton pensou que poderia surfar na mesma onda, com chances de se tornar a primeira mulher na presidência. Porém, como parte da reação a tudo isso, os eleitores rejeitaram a política identitária em favor da promessa de regeneração econômica e de fim às "guerras voluntárias" que não tinham qualquer sentido prático em suas vidas além da chance de fazer seus filhos e filhas voltarem para casa em caixões.

Ainda que a liderança do Partido Democrata não admita, ela pode muito bem estar pensando, secretamente, se Bernie Sanders, com sua defesa dos interesses dos trabalhadores e sua crítica às mudanças de regime, não seria um candidato mais elegível. Ao proteger seus próprios membros e os privilégios da sua classe de apoio, a elite democrata abriu caminho para a perigosa vitória de Trump.

Os eleitores da classe trabalhadora do Cinturão da Ferrugem não podem ser culpados pelas escolhas que lhes foram dadas. Sem Sanders – e com o Partido Democrata oferecendo Clinton como a candidata do sistema por excelência – esses eleitores ignorados mandaram um demagogo para a Casa Branca. Eles se agarraram à esperança de que ele possa manter algumas de suas promessas: acabar com acordos de comércio desastrosos – que Clinton apoiou –, trazer de volta empregos industriais para os Estados Unidos, criar empregos por meio da reconstrução da infraestrutura do país e evitar novas guerras.

Se Trump começar a quebrar essas promessas, os eleitores que ele tão habilmente angariou podem muito bem querer mandá-lo embora em 2020. Mas a menos que os democratas encontrem um candidato seriamente empenhado em reverter a traição do partido de sua base tradicional na classe trabalhadora e restaurar o New Deal após anos de desgaste, os eleitores irão encarar uma vez mais duas escolhas pouco atraentes.

Essas são soluções para a injustiça econômica e para terminar as agressões de mudança de regime, mas que poucos no poder procuram porque não é de seus interesses, nem daqueles que os apoiam. Sem uma virada brusca à esquerda para reconquistar o apoio dos trabalhadores, o Partido Democrata corre o risco de se tornar irrelevante. A retórica anti-Trump por si só dificilmente conseguirá salvá-lo, e a ênfase na identidade, ao invés da classe, continuará a infligir danos na relação com sua base tradicional. A eleição de Tom Perez, um aliado de Clinton e ligado às grandes corporações, para a nova chefia da DNC, não é um sinal encorajador. Nem o é a obsessão com o suposto papel dos russos na eleição de Clinton, para a qual até agora não há evidências sólidas. Os líderes do Partido Democrata que se comprometam com os interesses de todos os americanos, incluindo os trabalhadores, são mais necessários do que nunca. Eles têm menos de quatro anos para se preparar.

OS DISCURSOS E *E-MAILS*

PARTE UM: CLINTON ENQUANTO ELITISTA

Entre abril de 2013 e março de 2015, Hillary Clinton fez 91 discursos pagos pelo preço médio de US$ 235.304,35 cada, em um total de US$ 21.648.000. Três semanas após fazer o último discurso, em 12 de abril de 2015, Clinton anunciou sua segunda tentativa de chegar à presidência. Durante a campanha ela se recusou veementemente a liberar as transcrições de seus discursos em Wall Street. Mas em 7 de outubro de 2016, o WikiLeaks publicou as transcrições completas como parte da sua publicação dos *e-mails* de John Podesta.

Clinton falou em todos os lugares em que alguém estivesse disposto a pagar,[65] incluindo uma convenção sobre ferro-velho e reciclagem em Las Vegas, e na Associação Nacional de Lojas de Conveniência em Atlanta. Clinton afirmou que os pagamentos de discursos em universidades foram para a Clinton Foundation e não diretamente para seu bolso. Isso não impediu que os estudantes da Universidade de Nevada – Las Vegas protestassem contra sua aparição de US$ 225.000 enquanto a universidade aumentava as mensalidades.

Os trechos nesse livro são principalmente dos três discursos que ela deu em 2013 para executivos do Goldman Sachs por um total de US$ 650.000. Questionada por Anderson Cooper em um evento local em Nova Hampshire, em 3 de fevereiro de 2016, sobre se seria um erro aceitar tanto dinheiro, Clinton respondeu: "Foi o que eles ofereceram". Uma coluna do *Washington Post* no dia seguinte levava a seguinte manchete: "Hillary

---

65 MERICA, Dan. Hillary Clinton Paid Speech Thursday End of an Era. CNN, 19 mar. 2015. Disponível em: <https://goo.gl/5TEcMa>. Acesso em: 23 jan. 2018.

Clinton irá se arrepender profundamente de ter dito essas cinco palavras sobre o Goldman Sachs".[66]

Também estão incluídos nessas páginas uma seleção de *e-mails* do lote de Podesta, esclarecendo porque, pela segunda vez em oito anos, Hillary Clinton não conseguiu voltar à Casa Branca como presidente.

***

Essas notas dos discursos de Clinton, inclusas em um *e-mail* vazado de John Podesta de primeiro de janeiro de 2016, foram marcadas como "bandeiras vermelhas" que marcariam Clinton como uma elitista, sem contato com os americanos médios. Tony Carrk, diretor de pesquisas da campanha de Clinton e autor do *e-mail*, recomendou esconder essas opiniões privadas quando em público. "Há muitas posições políticas que nós devemos dar uma esfregada especial com medidas políticas", afirma ele.

MUITO DISTANTE

Observações de Hillary Clinton no Goldman-BlackRock, em quatro de fevereiro de 2014 em Nova York. O BlackRock tem treze mil empregados e administra US$ 5,1 trilhões em ativos – a maior companhia de administração de ativos do mundo.

> CLINTON: Eu não estou tomando partido quanto a nenhuma medida, mas eu realmente acho que que há um sentimento crescente de ansiedade e mesmo de raiva no país em relação ao sentimento de que o jogo é fraudado. E eu nunca senti isso quando eu estava crescendo. Nunca. Quer dizer, nós éramos realmente ricos? É claro que nós éramos. Meu pai adorava reclamar das grandes empresas e do peso do governo, mas nós tivemos uma criação consistentemente de classe média. Nós tivemos boas escolas públicas. Nós tivemos planos de saúde acessíveis. Nós tivemos nossa pequena, vejam bem, casa para uma família só que, vocês sabem, ele usou para juntar dinheiro, ele não acreditava em hipotecas. Então eu vivi isso. E agora, obviamente, eu estou muito distante disso por causa da vida que eu vivo e, vejam bem, da fortuna da qual eu e meu marido agora gozamos, mas eu não esqueci aquilo.

Em muitos de seus discursos, Clinton parece personificar o individualismo e a crescente conspicuidade de consumo daqueles no topo da pirâmide nos Estados Unidos. Aqui pelo menos ela reconhece o "senti-

---

66 CILLIZA, Chris. Hillary Clinton is Going to Really Regret Saying These 4 Words About Goldman Sachs. The Washington Post, 4 fev. 2016. Disponível em: <https://goo.gl/FdMvwk>. Acesso em: 23 jan. 2018.

mento crescente de ansiedade" e mesmo a "raiva" no país. Dito isso ela admite que não consegue se relacionar e deixa implícito que está tendo dificuldades em formular medidas para lidar com isso. Isso se provou fatal nas eleições de 2016. As histórias dos jornais sobre ser "muito distante disso por causa da vida que eu vivo e, vejam bem, da fortuna da qual eu e meu marido agora gozamos" não a tornaram mais querida no Cinturão da Ferrugem e entre outros eleitores da classe trabalhadora.[67] Também não fez isso em relação a Colin Powell, que em um *e-mail* de 2014 revelado pelo DC Leaks chamou Clinton de "uma pessoa de 70 anos com um histórico de longa data, ambição desbragada, cobiçosa, incapaz de transformar, com um marido que ainda come novinhas idiotas em casa". O *e-mail* seguinte, de Neera Tanden, conselheira de Clinton e presidente do Center for American Progress de John Podesta, igualmente mostra Clinton como uma pessoa incapaz de se conectar com gente comum.

Email de Neera Tanden para John Podesta, 22 de agosto de 2015:

> Eu sei que essa coisa do *e-mail* não está equilibrada. Eu estou totalmente ciente disso. Mas a incapacidade dela de simplesmente fazer uma entrevista em rede nacional e transmitir sentimentos genuínos de remorso e arrependimento, hoje, eu temo, estar se tornando um problema de caráter (isso mais do que de honestidade).

O PROBLEMA DO VIÉS CONTRA GENTE RICA

Das notas de um encontro de construtores e inovadores do Goldman Sachs, com Lloyd Blankfein, CEO do Goldman Sachs, em 29 de outubro de 2013. Esse foi o segundo encontro anual do Goldman Sachs com empreendedores nos arredores de Tucson, Arizona.

> CLINTON: Sim. Bem, você sabe que o Bob Rubin [cuja fortuna estimada em 2012 era de US$ 100 milhões][68] disse sobre isso. Ele disse, bem, quando ele foi para Washington, ele tinha uma fortuna. E quando ele deixou Washington, ele tinha uma pequena...

> BLANKFEIN: É assim que você consegue uma pequena fortuna, você vai pra Washington.

---

67   LYNCH, David J. Clinton's Accumulation of Wealth Invites Campaign Attacks. Financial Times, 13 out. 2016. Disponível em: <https://goo.gl/7n-DALQ>. Acesso em: 23 jan. 2018.

68   THERICHEST. Robert Rubin's Net Worth. Disponível em: <https://goo.gl/fzFUem>. Acesso em: 23 jan. 2018.

CLINTON: Você vai pra Washington. Isso. Mas, você sabe, parte do problema com a situação política, também, é que existe um viés tão grande contra as pessoas que tiveram vidas complicadas e/ou bem sucedidas. Você sabe, o desinvestimento de ativos, a perda de todos os tipos de posições, a venda de ações. Isso tudo se torna muito oneroso e desnecessário.

Aqui Clinton está dizendo que ela não gosta muito de regras éticas que exijam que servidores públicos eliminem conflitos de interesse, os quais Clinton tem driblado desde os tempos de advogada na Rose Law Firm, fazendo negócios com o governo do estado do Arkansas enquanto seu marido era o governador.[69]

"OS DEPLORÁVEIS"

De todas as observações que Hillary Clinton fez que poderiam ofender o americano médio, talvez nenhuma fosse tão devastadora quanto sua afirmação de que metade dos apoiadores de Trump eram "deploráveis", uma afirmação que ela fez perante as câmeras – não foi preciso vazar informações. Ela foi acompanhada por chamados ao entendimento e empatia pelos americanos vitimados por uma economia de mercado rígida, mas essa parte da mensagem nunca chegou.

De um discurso gravado de Clinton para um baile LGBT para a arrecadação de fundos em Nova York, em 9 de setembro de 2016:

CLINTON: Eu sei que só faltam 60 dias para marcar nossa posição – e não sejam complacentes, não vejam os últimos ultrajantes, ofensivos, inapropriados comentários e pensem, bem, dessa vez ele está acabado. Nós estamos vivendo em um ambiente político volátil. Sabe, apenas sendo grosseiramente generalizadora, você poderia colocar metade dos apoiadores de Trump no que eu chamo de cesto dos deploráveis. Certo? Os racistas, sexistas, homofóbicos, xenófobos, islamofóbicos – você escolhe. E infelizmente há pessoas assim. E ele as incentivou. Ele deu voz para os seus *sites*, que costumavam ter só onze mil visitantes – hoje são onze milhões. Ele tuíta e retuíta a retórica ofensiva, cheia de ódio e cruel desses *sites*. Agora, algumas dessas pessoas – elas estão irredutíveis, mas felizmente essas pessoas não são os Estados Unidos.

Mas o outro cesto – e eu sei disso porque eu vejo amigos do país todo por aqui – eu vejo amigos da Flórida, e da Geórgia, e da Carolina do Sul, e do Texas – assim como, sabe, de Nova York e da Califórnia –, mas esse outro cesto

---

69 HENWOOD, Doug. *My Turn*: Hillary Clinton Targets the Presidency. Nova York: OR Books, 2015.

> de pessoas é das pessoas que sentem que o governo as deixou, que a economia as deixou, que ninguém liga para eles, que ninguém se preocupa com o que acontece com as suas vidas e seus futuros, e que estão desesperadas por mudanças. E não importa de onde elas venham. Essas pessoas não compram tudo que ele diz, mas ele parece oferecer alguma esperança de que suas vidas serão diferentes. Elas não irão acordar e ver seus empregos sumirem, nem perderão seus filhos para a heroína, nem sentir que estão num beco sem saída. Essas são as pessoas que nós precisamos entender e ter empatia.

Clinton já tinha feito declarações ultrajantes sobre alguns trabalhadores em uma emissora de televisão em Israel: "Você pode colocar os apoiadores de Trump em dois cestos. Eles são o que eu chamo de deploráveis. Os racistas e os cheios de ódio e as pessoas que são atraídas porque acham que ele pode de alguma forma restaurar os Estados Unidos que não existe mais." Esses eleitores são "o elemento paranoico e preconceituoso na nossa política".[70] Essa é uma resposta pungente às vítimas de um país que não existe mais em grande medida por culpa do neoliberalismo de Clinton e de seus apoiadores.

UMA MODERADA NA POLÍTICA – EM ÂMBITO PARTICULAR

A observação de que o necessário para a política americana eram dois partidos "razoáveis e moderados" não seria surpreendente se não fosse o fato de que mais tarde, com Bernie Sanders em sua cola, Clinton tentou convencer os eleitores de que ela seria uma progressista.

Do *e-mail* de Tony Carrk. Trecho de uma discussão com Usrula Burns, presidente da Xerox Corporation, e Hillary Clinton. Nova York, 18 de março de 2014:

> URSULA BURNS: Ok, vamos voltar às perguntas.
>
> CLINTON: Nós precisamos de dois partidos.
>
> BURNS: Sim, nós realmente precisamos de dois partidos.
>
> CLINTON: Dois partidos razoáveis, moderados e pragmáticos.

---

70   JACOBS, Ben. Hillary Clinton Calls Half of Trump Supporters Bigoted 'Deplorables'. The Guardian, 10 set. 2016. Disponível em: <https://goo.gl/cCfTvh>. Acesso em: 23 jan. 2018.

LEVANDO CHUMBO POR WALL STREET

Das notas do Simpósio AIMS sobre investimentos alternativos do Goldman Sachs, 24 de outubro de 2013, Nova York:

> CLINTON: Esse foi um dos motivos pelos quais eu comecei a viajar em fevereiro de 2009, foi para que as pessoas pudessem, você sabe, literalmente gritar comigo pelos Estados Unidos e pelo que nosso sistema bancário está causando em todo lugar. Agora, essa é a simplificação que nós conhecemos, mas esse era o senso comum. E eu acho que há muita coisa que poderia ter sido evitada em termos tanto de incompreensão quanto de realmente politizar o que aconteceu com maior transparência, com maior abertura em todos os lados – o que aconteceu, como aconteceu, como nós podemos evitar que aconteça de novo? Vocês aí, nos ajudem a entender e vamos garantir que vamos fazer certo dessa vez. Eu acho que todos estavam desesperados, tentando desfazer os piores efeitos por meio das instituições, do governo, e simplesmente não houve uma oportunidade para tentar entender isso tudo e o que veio depois.

Isso é digno de nota porque a culpa que Hillary atribui a Wall Street pelo estouro da bolha em 2008 é inofensiva. A crise foi causada em grande medida pelo desmantelamento da regulação bancária nas presidências consecutivas de seu marido e de George W. Bush. Ao invés de pedir por mais regulação, pela quebra dos monopólios bancários ou mesmo pela nacionalização dos bancos, ela pede aos próprios culpados pela crise para "entender o que aconteceu" para "nos ajudar a fazer certo dessa vez". O uso que Clinton faz da palavra "nós" sublinha a mal escondida parceria entre o governo e o setor financeiro privado no poder.

Notavelmente, ela identifica só duas vítimas da perfídia de Wall Street: a própria Wall Street e o governo – não os americanos comuns: "Eu acho que todos estavam desesperados, tentando desfazer os piores efeitos por meio das instituições, do governo", ela afirma. "Todo mundo" aparentemente inclui somente aqueles nas altas finanças e no governo. Clinton obviamente é uma *expert* em dizer ao público o que ele quer ouvir, especialmente a um público do qual ela sabia que precisaria após ela declarar que concorreria à presidência. Clinton aqui tenta mostrar para o público que ela é um deles, que é alguém que daria a cara a tapa por eles – assim como ela fez quando foi Secretária de Estado e recebeu os xingamentos em nome deles enquanto viajava por um mundo abalado pela cobiça de Wall Street. Ela ganhou um total de US$ 115,5 milhões em doações da indústria de serviços financeiros para a sua campanha e para os PACs associados, de um total de US$ 1,2 bilhões arrecadados[71] –Trump só arrecadou US$ 7,9 milhões em Wall Street.

CLINTON E A GLASS-STEAGALL

A Lei Glass-Steagall foi aprovada em 1933, no auge da Grande Depressão, para separar os bancos comerciais e de investimento, e, portanto, dificultar a especulação com a poupança dos americanos comuns. Ela foi revogada pelo Congresso em 1999, após o esforço do presidente Bill Clinton e seu Secretário do Tesouro Robert Rubin. Derrubar a lei tornou possível a fusão do Citicorp com o Travelers Groups, pendente desde 1998, criando o primeiro superbanco, o Citigroup. E quem se tornou o primeiro presidente do novo conglomerado bancário após deixar o governo? Ninguém menos que o próprio Rubin. Em sua campanha nas primárias contra Hillary Clinton, Bernie Sanders defendeu o retorno da Lei Glass-Steagall, uma posição que Clinton recusou, apesar da consternação entre entre alguns de seus conselheiros, como pode ser lido nesses dois *e-mails* vazados. A conselheira de Clinton, Neera Tanden, tenta elaborar uma resposta para o debate que faça Clinton parecer "progressista", e não "pró-bancos", sem de fato defender a volta da Glass-Steagall. Ron Klain, chefe do time de preparação de Clinton para os debates, sugere que Clinton desvie educadamente do problema ao dizer que a Glass-Steagall não pode ser trazida de volta por ser antiquada, e que uma legislação nova é necessária.

De: Neera Tanden
Para: Jake Sullivan[72]
Data: 12 de setembro de 2015
Assunto: Re: Glass steagall

> Eu diria que se há um banco que precisa ser fracionado ela precisa da ferramenta glass steagall para fazer isso. Ela realmente não pode dizer isso agora. Porém, eu estou disposta a dizer que há um padrão de muita complexidade. Então é ver muitos bancos. Mas estou tentando fazer uma resposta de debate e não um desenvolvimento de medidas. Feliz de pensar por mais tempo nesse tipo de resposta. Obviamente ela não pode fracionar nenhum banco por conta própria. Os requisitos de teto mais alto são pensados para garantir muito menos probabilidade de falha. Nós defendemos

---

71   CENTER FOR RESPONSIVE POLITICS. Statistics on 2016 Presidential Campaign Contributions. Disponível em: <https://goo.gl/HRQpXd>. Acesso em: 23 jan. 2018.

72   Principal conselheiro de política externa de Clinton na campanha.

tetos ainda mais altos. Mas nós estamos em uma encruzilhada na qual ninguém sabe o que isso quer dizer e a glass steagall soa melhor com os repórteres e outros.[73]

De: Neera Tanden
Para: Gary Gensler[74]
Data: 12 de setembro de 2015
Tema: Glass steagall

Antes de mais nada eu acho que Biden vai apoiar a glass steagall se ele entrar na corrida. O que eu nós achamos que ele e Warren[75] estavam discutindo por agora? Mas nós vamos saber alguma coisa como essa com sorte antes do debate. Mas seria minha aposta que ele acaba a favor. Respondendo o *e-mail* do Gary, nós temos um problema central. Para a esquerda, a Glass Steagall virou sinônimo de pegar pesado com os bancos. Mais uma vez, não sei se isso é justo ou não. Só parece difícil de desfazer isso no tempo que nós temos. Então nós podemos dizer que todas essas coisas que você gostaria que ela dissesse, mas quando ela disser que é contra trazer a lei de volta no palco do debate me preocupa que ela vai ser etiquetada como pró-bancos. Todos nós discutimos medidas com pessoas e abordagens diferentes. Mas muita gente vê um ftt[76] como uma crítica a Wall Street simplesmente por ser um imposto sobre ações. Ainda que eu apoie muito fazer os negociantes da bolsa pagar. Não é como se o pessoal super soubesse distinguir os bancos, os fundos hedge e Wall Street. Mas, ei, se ela apoiasse a volta da glass steagall, isso criaria um cálculo diferente para um ftt. Dado que nós não apoiamos a volta, isso faz do ftt cada vez mais obrigatório. E pelo menos isso dá a ela alguma coisa para dizer sobre adotar uma posição firme nesse campo. Agora eu acho que eu finalmente acabei com esse tema pelo meu lado.

De: Gary Gensler
Para: Neere Tanden
Data: 12 de setembro de 2015
Assunto: Re: Glass steagall

Neera, e aqui eu acho que eu realmente dei uma alternativa que mantém o caso estava [*sic*] vivo: nós revisamos nossas propostas de risco para concentrar ou incluir leis que explicitamente permitam aos reguladores diminuir ou rees-

---

73 N.T: Muitos dos *e-mails* transcritos no livro, tais como este, de Neera Tandem, são informais e apresentam falhas gramaticais. Optou-se por manter o estilo na tradução.

74 Responsável-chefe financeiro da campanha de Clinton.

75 Senadora Elizabeth Warren, que apoia restabelecer a lei.

76 N.T: Imposto sobre transação financeira.

truturar os maiores bancos. Não a Glass Steagall, mas claramente colocando HRC no campo de limitar os Bancos Grandes Demais para Quebrar. Isso dá a ela uma resposta clara no palco do debate. Ela seria a favor de reduzir esses bancos, mas não do jeito de 1930. Na verdade ela estaria tratando as questões reais do tamanho, risco e complexidade, não só aplicando retórica sobre uma lei velha sobre linhas de negócio. Isso pode inclusive ser mostrado como mais ousado que a Glass Steagall, dependendo de como for estruturado. Elevar a fala até o tamanho limite ou ainda mais alto para explicitamente dar aos reguladores maior autoridade para reduzir e reestruturar [sic]. Às críticas de que isso não é a Glass Steagall, ela responde que ela é de fato mais ampla que simplesmente focar em quais linhas das finanças essas firmas podem estar. Para a questão de por que simplesmente não dividir os bancos agora ela diz que a melhor saída é dar a decisão aos experts e não aos políticos. O caso ainda está vivo pra mim. Só é um caso um pouco diferente – mais apropriado para os tempos atuais do que uma velharia dos anos 30. Gary.

De: Ron Klain[77]
Para: Jake Sullivan
Data: 3 de outubro de 2015, 11h39min

Ela deveria ir 95% pro lado de Warren sobre a Glass Steagall Eu acho que você pode evitar a troca de lados, mas sobreviver às primárias com Warren dizendo "Claro que eu não traria de volta a Glass Steagall – essa é uma lei escrita há oitenta anos, antes que nós tivéssemos qualquer coisa parecida com o atual sistema bancário. Mas eu concordo com a senadora Warren sobre, dada a atual má conduta na indústria bancária, nós precisarmos fazer um muro entre as atividades bancárias e não-bancárias. Se eu for presidente, eu me sentaria com ela e desenvolveria uma versão da Glass Steagall para o século 21, que fornecesse separação sólida entre as atividades bancárias básicas e as mais arriscadas, mas mantivesse as instituições financeiras americanas competitivas". Só minha visão, FWIW[78]. Ron.

No primeiro debate democrata, dez dias após o *e-mail* de Klain, Clinton ignorou a Glass-Steagall, apesar de ter sido questionada diretamente sobre isso, simplesmente dizendo que tinha um plano melhor.

Do primeiro debate do Partido Democrata, 13 de outubro de 2015, Las Vegas, Nevada:

---

77   Chefe da equipe de preparação para debates de Clinton.

78   N.T: A expressão FWIW significa *For What is Worth*, que pode ser traduzido como "se vem ao caso".

CLINTON: Existe esse campo chamado "sistema bancário sombra". É de lá que os *experts* me dizem que pode surgir o próximo problema em potencial... se você olhar só para os grandes bancos, você pode estar ignorando a floresta e vendo só as árvores.

ANDERSON COOPER (CNN): Senador Sanders, a Secretária Clinton acabou de dizer que a proposta dela é mais dura que a sua.

SANDERS: Bem, isso não é verdade.

[risos]

COOPER: Por quê?

SANDERS: Vamos deixar claro que a ganância e a falta de cuidado e o comportamento ilegal de Wall Street, onde a fraude é um modelo de negócios, ajudaram a destruir nossa economia e as vidas de milhões de pessoas. Veja os registros. Nos anos 1990 – e com todo o respeito – nos anos 1990, quando tínhamos a liderança republicana e Wall Street gastando bilhões de dólares em *lobby*, quando o governo Clinton, quando Alan Greenspan[79] disse "que grande ideia seria deixar esses grandes bancos se juntarem", Bernie Sanders lutou contra eles, e ajudou a liderar a oposição à desregulamentação. [aplausos] Hoje, a minha visão é que quando você tem os três...

COOPER: Senador...

SANDERS: ...maiores bancos dos Estados Unidos – que são muito maiores do que eram quando nós os afiançamos por serem grandes demais para quebrar, nós temos que dividi-los...em minha opinião, Secretária Clinton, você não – o Congresso não regulamenta Wall Street. Wall Street regulamenta o Congresso. [aplausos]. E nós temos que dividir esses bancos. Virar para eles...

CLINTON: Então...

SANDERS: ... e dizer, "por favor façam a coisa certa"...

CLINTON: ... não, não é isso que...

SANDERS: ... é de alguma forma inocente.

---

79 Diretor do FED.

"NÓS NÃO SOMOS A DINAMARCA"

No mesmo debate, Clinton revelou porque ela não acredita no estilo europeu de social-democracia que fornece serviços de saúde e educação subsidiados pelo governo e mantém um sistema de livre-mercado regulado que coloca limites à feitura de lucros irresponsável.

> SANDERS: Bem, nós vamos vencer porque, em primeiro lugar, nós vamos explicar o que o socialismo democrático é. E o socialismo democrático trata de dizer que é imoral e errado que o 1% do 1% mais rico desse país possua quase 90% – quase – quase tenha tanta riqueza quanto os 90% mais pobres. Que é errado, hoje, em uma economia injusta, que 57 de toda a nova renda esteja indo para o 1% do topo. Que quando você olha para o mundo, você vê todos os demais outros grandes países fornecendo serviços de saúde para todas as pessoas como um direito, menos os Estados Unidos. Você vê todos os outros grandes países dizendo para as mães que, quando elas têm um bebê, nós não vamos separá-las de seu recém-nascido, porque você vai ter auxílio médico e licença-maternidade, como todos os países do mundo. Esses são alguns princípios nos quais eu acredito, e eu acho que nós deveríamos olhar para países como a Dinamarca, como a Suécia e a Noruega, e aprender com o que eles conseguiram.

> [aplausos]

> CLINTON: Bem, me deixe só dar sequência nisso, Anderson, porque quando eu penso no capitalismo, eu penso em como todas as pequenas empresas começaram porque nós temos oportunidades e liberdade nesse país para que as pessoas façam uma vida boa por elas mesmas e para as suas famílias. E eu não acho que nós devêssemos confundir o que nós temos que fazer tão frequentemente nos Estados Unidos, que é salvar o capitalismo dele mesmo. E eu acho que o que o senador Sanders está dizendo certamente faz sentido nos termos da desigualdade que nós temos. Mas nós não somos a Dinamarca. Eu amo a Dinamarca. Nós somos os Estados Unidos da América. E é nosso trabalho refrear os excessos do capitalismo para que ele não saia do controle e não cause o tipo de desigualdades que estamos vendo em nosso sistema econômico. Mas nós estaríamos cometendo um grave erro ao virar as costas para o que construiu a maior classe média da história...

Clinton nunca foi explícita ao dizer porque ela achava que os Estados Unidos não poderiam se tornar uma social-democracia ao estilo europeu. Certamente essa transição é economicamente possível. Os Estados Unidos são a nação mais rica do planeta. Ela gasta mais em defesa do que os próximos dez maiores países somados. Cortar do orçamento militar e aumentar os impostos sobre os mais ricos poderia facilmente permitir programas social-democratas substanciais. Mas Clinton parece acreditar que o comprometimento excessivo dos Estados Unidos em gerar lucro faz disso impossível.

A PERCEPÇÃO DE QUE O JOGO FOI FRAUDADO

As falas a seguir foram ditas por Clinton para o público do Deutsche Bank em 7 de outubro de 2014 em Nova York:

CLINTON: Agora, é importante reconhecer o papel vital que os mercados financeiros desempenham em nossa economia, e que muitos de vocês contribuem pra isso. Para funcionar de verdade, esses mercados e os homens e mulheres que o moldam precisam dominar a confiança neles e nos demais, porque todos nós contamos com a transparência e a integridade do mercado. Então ainda que não seja 100% verdade, se a percepção é que o jogo foi fraudado de alguma forma, isso deveria ser um problema para todos nós, e nós temos que estar dispostos a deixar isso absolutamente claro. Se há problemas, se há malfeitos, as pessoas devem estar sujeitas a responsabilização e nós temos que tentar impedir o mau comportamento futuro, porque a confiança do público está no centro tanto da economia de livre-mercado quanto da democracia.

Clinton evitou pedir a prisão de banqueiros até um mês antes da eleição, quando, em 8 de outubro, ela afirmou que os banqueiros que violaram as leis deveriam ser processados criminalmente.[80] Isso apareceu enquanto ela apelava aos eleitores de Sanders que votassem nela, e só um dia depois que as transcrições de seus discursos foram vazadas e publicadas.

A FAVOR DA AUTORREGULAÇÃO

Das declarações ao Deutsche Bank, 7 de outubro de 2014 em Nova York:

CLINTON: Lembrem-se do que Teddy Roosevelt fez. Sim, ele agiu naquilo que ele via como os excessos da economia, mas ele também foi contra os excessos na política. Ele não quis abrir as portas para um bando de reações populistas e nacionalistas. Ele quis tentar entender como voltar para o equilíbrio que serviu tão bem aos Estados Unidos ao longo da história da nossa nação. Hoje, existe mais do que pode e deve ser feito e que deve vir da própria indústria — como nós podemos fortalecer nossa economia, criar mais empregos em um tempo em que há cada vez mais desafios e voltar ao arranjo justo de Teddy Roosevelt. E eu realmente acredito que nosso país e todos vocês estão à altura dessa tarefa.

---

80 OLLSTEIN, Alice Miranda. Hillary Clinton Has a New Plan to Jail Bankers. Think Progress, 8 out. 2015. Disponível em: <https://goo.gl/7u7gVW>. Acesso em: 23 jan. 2018.

Isso deixa claro que Clinton acreditava que as pessoas que deveriam consertar a crise econômica eram as mesmas que a haviam causado. Sua referência a Teddy Roosevelt é arriscada junto a esse público – se ele fosse vivo hoje, provavelmente seria a voz mais enfática no clamor para a divisão dos grandes bancos.

Das declarações ao Simpósio AIMS sobre investimentos alternativos do Goldman Sachs, 24 de outubro de 2013, Nova York:

> CLINTON: Quer dizer, ainda está acontecendo, como vocês sabem. As pessoas estão olhando pra trás e tentando, sabe, serem compensadas pelas hipotecas ruins e todo o resto em alguns dos acordos que estão sendo fechados. Não há nada mágico em relação às regulamentações: muito é ruim, pouco é ruim. Como descobrir a chave de ouro, como saber o que funciona? As pessoas que conhecem a indústria melhor do que ninguém são as pessoas que trabalham na indústria. E eu acho que deve haver o reconhecimento de que, sabe, muito está em jogo agora, quer dizer, o negócio mudou tanto e as decisões são tomadas tão rapidamente, em nano segundos, basicamente. Nós gastamos trilhões de dólares para viajar pelo mundo, mas é do interesse de todos que nós tenhamos a melhor estrutura, e não só para os Estados Unidos, mas para o mundo todo, de se operar e negociar.

Clinton aqui se dirige à plateia do Goldman Sachs, tratando da questão da regulamentação bancária. Entre 2008 e 2015, o Goldman Sachs gastou milhões de dólares em *lobby* contra as leis Dodd-Frank sobre o mercado financeiro – que foram a resposta à crise de 2008. Depois que Obama as transformou em lei em 2010, os esforços de *lobby* mudaram para tentar impedir sua implementação. Só 38 das quase 400 regras foram completas. A Comissão de Seguros e Câmbio e a Comissão de Comércio Futuro de Commodities atrasaram decretos, criando impasses regulatórios. Nos anos posteriores, Wall Street fez um *lobby* bem sucedido junto ao Congresso para associar várias novas restrições de regulação a legislação de aprovação obrigatória, como as resoluções sobre o orçamento, capturando o apoio democrata necessário para aprovar as emendas de desregulamentação.

Clinton tem um longo histórico de lugar contra regulamentação pouco amistosa aos negócios. Na Rose Law Firm, no final da década de 1970 no Arkansas, ela ajudou a desenvolver uma estratégia legal para desfazer regras que limitavam os lucros da companhia elétrica local.[81]

---

81   HENWOOD, Doug. *My Turn*: Hillary Clinton Targets the Presidency. Nova York: OR Books, 2015.

ARRECADAÇÃO DE CAMPANHA EM WALL STREET

Das declarações ao Simpósio AIMS sobre investimentos alternativos do Goldman Sachs, 24 de outubro de 2013, Nova York:

> CLINTON: Disputar as eleições nesse país demanda muito dinheiro, e os candidatos têm de sair para arrecadá-lo. Nova York é provavelmente o principal lugar de arrecadação de campanha para os candidatos dos dois lados, além de ser nosso centro econômico. E há muita gente aqui que deveria fazer perguntas sérias antes de dar contribuições para pessoas que estavam brincando com a nossa economia.

Clinton aqui está indo com força para o lado dos doadores de Wall Street, aconselhando-os a manter os políticos na linha antes de dar dinheiro a eles – uma admissão sincera em relação a quem toma conta dos mecanismos do poder.

Das declarações ao Encontro de Liderança Global da General Electric, 1 de junho de 2014 em Boca Raton, Flórida:

> CLINTON: Obviamente que, como alguém que já passou por isso, eu não gostaria que durasse tanto tempo porque eu acho que isso nos distrai do que deveríamos estar fazendo todos os dias na esfera pública. Eu não gostaria que fosse tão caro. Eu não tenho ideia de como fazê-lo. Quer dizer, na minha campanha – eu perco a conta, mas acho que arrecadei US$ 250 milhões ou algo enorme assim, e na última campanha o presidente Obama conseguiu US$ 1.1 bilhões, e isso foi antes dos Super PACs e de todos esses outros recursos entrar, e é meio ridículo que nós tenhamos toda essas liberalidade como todo o interesse financeiro em jogo, mas, vocês sabem, a Suprema Corte disse que é basicamente para isso que nós estamos aqui. Então nós estamos meio que no Velho Oeste e, vocês sabem, seria muito difícil concorrer à presidência sem arrecadar uma quantidade enorme de dinheiro e sem ter outras pessoas apoiando você, porque seu adversário vai ter os apoiadores dele. Então eu acho que era difícil quando eu concorri, e é ainda mais difícil agora.

Clinton aqui se refere à decisão da Suprema Corte no caso Citizen's United, em 2010, que reverteu proibições da Era Progressista de doações empresariais a campanhas. Empresas ainda não podem doar diretamente para campanhas, mas a decisão do tribunal liberou enormes montantes de dinheiro, que podem permanecer secretos, para os PACs. A suposição legal é de que os PACs não podem ter contatos com as campanhas políticas, mas eles estão tendo um papel cada vez mais influente na política americana.

Clinton está tomando muito cuidado aqui. Os grandes doadores realmente querem gastar menos na política? Reduzir os custos de campanha, como Clinton sugere, pode diminuir a influência dos empresários sobre a política. É digno de nota que Clinton está dizendo à abastada plateia que ela "não tem ideia" de como resolver o problema do dinheiro na política, ainda que haja várias propostas de reforma por aí.

REPRESENTANDO WALL STREET

Das declarações para Robbins Geller Rudman & Dowd, um escritório de advocacia financeira. San Diego, 4 de setembro de 2014:

> CLINTON: Quando eu era senadora por Nova York, eu representava e trabalhava com muitas pessoas talentosas e honestas que tiravam seu sustento das finanças. Mas ainda que eu as representasse e fizesse tudo que podia para garantir que elas continuassem a prosperar, eu defendi resolver o vácuo legal sobre colusão de interesses e dar um jeito nas remunerações estratosféricas dos CEOs. Eu também defendi em 2006, 2007, fazer algo sobre a crise das hipotecas, porque eu via todos os dias, literalmente, de Wall Street para as ruas de Nova York, como um sistema financeiro em bom funcionamento é essencial. Então, quando fiz alertas precoces sobre as hipotecas subprime e defendi a regulamentação dos derivativos e outros produtos financeiros complexos, eu não precisei brigar, porque as pessoas meio que disseram, não, isso faz sentido. Mas, cara, nós vimos brigas por conta disso depois.

Clinton pode ter trazido esses temas para discussão no Senado, mas os seus esforços não se transformaram em leis. Nas perguntas e respostas de preparação para debates de um *e-mail* da conselheira Neera Tanden, em 11 de agosto de 2015, Clinton é orientada para dizer que "em 2006, 2007 e 2008, eu estava na linha de frente da luta contra os excessos do mercado de subprimes. Eu propus leis sobre isso". Mas um vídeo de 2007 a mostra culpando os proprietários de imóveis pela crise vindoura.[82] Ela disse que os compradores de casas "deveriam saber onde estavam se metendo".

Das notas do Simpósio AIMS sobre investimentos alternativos do Goldman Sachs, 24 de outubro de 2013, Nova York:

> CLINTON: Eu representei todos vocês por oito anos. Eu tinha ótimas relações e trabalhei junto de vocês depois do 11/09 para reconstruir o centro da cidade, e tenho muito respeito pelo trabalho que vocês fazem e pelas pessoas que fazer isso, mas — eu penso que quando tratamos dos regulamentadores e dos políticos, as consequências econômicas das decisões ruins lá de 2008, sabem, foram devastadoras, e repercutiram por todo o mundo.

---

82 Hillary Clinton blames homeowners in this video. Disponível em: <usun-cut.com/politics/video-surfaces-of-hillary-clinton-blaming-homeowners-for-financial-crisis/>. Acesso em: 6 jul. 2017.

Ainda que Clinton aqui culpe levemente os executivos do Goldman Sachs por 2008, Carrk marcou a fala como problema em potencial para a campanha porque ela o começa com elogios e apreço pelas "ótimas relações" das quais ela gozava junto aos banqueiros. Clinton fez uma observação parecida sobre suas relações próximas com Wall Street no pós 11/09 em um debate com Bernie Sanders, em 14 de novembro de 2015. Estranhamente, ela mencionou essa relação como uma defesa por receber enormes doações de Wall Street.

Debate com Bernie Sanders, 14 de novembro de 2015, Des Moine, Iowa:

> SANDERS: Eu nunca ouvi um candidato, nunca, que recebeu grandes quantias do petróleo, do carvão, de Wall Street, do complexo industrial-militar, nenhum candidato, dizer, "Ah, essas – essas doações de campanha não vão me influenciar. Eu vou ser independente". Agora, por que eles fazer doações de campanha de milhões de dólares? Eles esperam conseguir alguma coisa. Todo mundo sabe disso.

> CLINTON: Ele basicamente usou sua resposta para conspurcar minha integridade, vamos ser sinceros... Sabe, não só eu tenho centenas de milhares de doadores, a maior parte deles pequenos, como eu estou orgulhosa de que pela primeira vez a maioria dos meus doadores sejam mulheres, 60%. Então eu – eu representei Nova York. E eu representei Nova York no 11/09, quando nós fomos atacados. Onde nós fomos atacados? Nós fomos atacados no centro de Manhattan, onde Wall Street está. Eu gastei muito tempo e esforço os ajudando a se reconstruir.

> SANDERS: Aqui está – esse assunto toca em dois grandes assuntos. Não é só Wall Street. É sobre as campanhas, um sistema corrupto de finanças de campanha. E é fácil falar sobre o fim – Citizens United. Mas o que eu acho que nós precisamos é mostrar pelo exemplo que nós estamos preparados para não depender de grandes corporações e de Wall Street para as contribuições de campanha.

SOBRE AS VIRTUDES DOS MERCADOS ABERTOS

Das notas de um encontro de construtores e inovadores do Goldman Sachs, em 29 de outubro de 2013, nos arredores de Tucson, Arizona:

> CLINTON: Ainda há um movimento contínuo em direção aos mercados abertos, a mais inovação, ao desenvolvimento de uma classe média que pode comprar produtos. Da forma como Lloyd falou em sua introdução sobre o trabalho que se faz para criar produtos e garantir que há mercados, pelo incentivo ao tipo de prosperidade inclusiva, que engloba os consumidores e é uma tendência positiva em muitas partes do mundo agora. A democracia está se sustentando, então as pessoas ainda vivem em sua maioria em governos de sua escolha.

> As possibilidades de que a tecnologia aumente o tempo de vida e o acesso à educação e tantos outros benefícios que redundarão não só em vantagens para os indivíduos mas também para a sociedade.

Clinton aqui está forçando o mito neoliberal de que "o movimento contínuo em direção a mercados abertos" e "mais inovação" desenvolve uma classe média "que pode comprar produtos". Enquanto as classes médias em ascensão na China e na Índia abriram mercados para os bens americanos, mais de 30 anos de salários e benefícios em queda nos Estados Unidos geraram o contrário.

SEU "ÓBVIO" AMIGO WARREN BUFFETT

De uma sessão de perguntas e respostas entre Clinton e Tim O'Neill, co-presidente da gerência de investimentos do Goldman Sachs, em 24 de outubro de 2013 em Nova York:

> CLINTON: Sabe, eu lembro de ter tido uma longa conversa com Warren Buffett, que obviamente é meu amigo, e eu acho que ele é o maior investidor da nossa era moderna, e ele disse, sabe, eu ia conversar com meus amigos e perguntar o que um CDS era, e quando eles chegavam no quinto minuto, eu não tinha ideia do que eles estavam falando. E quando eles chegavam no décimo minuto, eu percebia que eles não tinham ideia do que eles estavam falando.
>
> Quer dizer, o Alan Greenspan disse, "eu não entendo nada do que eles estão negociando". Então eu acho que é do interesse de todos voltar para um modelo mais transparente.

Clinton frequentemente elogiava Warren Buffett – o capitalista pra-toda-obra quando alguém do sistema quer fazer uma crítica inofensiva ao sistema. Ele é popular por dizer que é errado que a sua secretária pague mais impostos que ele. Mas em relação às escolhas de Trump para o gabinete, o bilionário Buffett elogiou o Secretário de Estado Rex Tillerson, ex-presidente e CEO da Exxon, como "o tipo de pessoa" que ele teria escolhido. "Tillerson faz muito sentido", ele disse. "Tillerson vai trabalhar pelos Estados Unidos no cargo".

"Eu realmente não me preocupo se alguém vem da indústria petrolífera ou se ela tem muito dinheiro", disse Buffett. Ao avaliar o Secretário do Tesouro Steven Mnuchin, o diretor do Conselho Econômico Nacional da Casa Branca Gary Cohn, e o Secretário de Comércio Wilbur Ross, Buffet disse com aprovação: "Eles são caras de Wall Street. Eles são caras espertos".

BANQUEIROS TÊM "MEDO DE REGULAMENTAÇÃO"

De uma sessão de perguntas e respostas entre Clinton e Tim O'Neill, co-presidente da gerência de investimentos do Goldman Sachs, em 24 de outubro de 2013 em Nova York:

> CLINTON: E nós precisamos dos bancos. Quer dizer, agora, há tantos lugares no nosso país em que os bancos não estão fazendo o que eles precisam fazer porque eles têm medo de regulamentações, eles têm medo de outra pancada, eles estão apavorados, então o crédito não está fluindo do jeito necessário para reiniciar o crescimento econômico.
>
> As pessoas estão, sabe, um pouco – elas estão incertas, e elas estão incertas tanto porque elas não sabem o que vem por aí em termos de regulamentações quanto porque elas também estão incertas por causa de mudanças em uma economia global que só agora nós estamos entendendo.
>
> Então antes de mais nada, mais transparência, mais abertura, sabe, tentar entender, nós estamos todos juntos nessa, como nós mantemos essa incrível máquina econômica funcionando no país. E isso é, sabe, o sistema nervoso, a coluna vertebral.
>
> E sobre o pessoal político, mais uma vez, eu diria a mesma coisa, sabe, havia muita reclamação sobre a Dodd-Frank, mas também havia a necessidade de fazer alguma coisa por razões políticas, se você fosse um membro eleito do Congresso e as pessoas na sua região estivesse perdendo o emprego e fechando os negócios e todo mundo na imprensa está dizendo que é tudo culpa de Wall Street, você não pode ficar parado e não fazer nada, mas o que você faz realmente é importante.

Clinton se refere à ansiedade dos banqueiros face ao possível aumento de regulamentação. Ela principalmente pede desculpas pelo fato de que as regras, na forma da Lei Dodd-Frank de Reforma de Wall Street e Proteção do Consumidor, tiveram de ser apoiadas pelo Congresso por "razões políticas", somente para anestesiar eleitores raivosos. A lei, batizada com os nomes de seus principais proponentes, o senador Chris Dodd e o congressista Barney Frank, foi uma tentativa de restaurar alguma regulamentação sobre o sistema financeiro após o estouro da bolha em 2008. Ela criou o Conselho de Supervisão da Estabilidade Financeira para vigiar os bancos. A proposta se tornou lei após promulgação do presidente Obama em 21 de julho de 2010. O presidente Trump suspendeu a Lei Dodd-Frank com duas ordens executivas em 8 de fevereiro de 2017.

A BRAVURA DE APOIAR WALL STREET

De uma sessão de perguntas e respostas entre Clinton e Tim O'Neill, co-presidente da gerência de investimentos do Goldman Sachs, em 24 de outubro de 2013 em Nova York:

> O'NEILL: Por sinal, nós realmente gostamos de quando você foi senadora por Nova York e do seu envolvimento contínuo [inaudível] para ser corajosa em alguns temas associados a Wall Street e seu meio. Muito obrigado.
>
> CLINTON: Bem, eu não me sinto exatamente corajosa. Quer dizer, se nós vamos ter uma economia efetiva, eficiente, nós temos que ter todas as partes da sua máquina funcionando, e isso inclui Wall Street e a Main Street. E há uma grande desconexão e muita confusão hoje em dia. Então eu não estou interessada em, sabe, fazer o relógio voltar e ficar apontando culpados, mas estou interessada em entender como nós podemos, juntos, mapear um caminho melhor à frente, um que irá restaurar nossa confiança nas pequenas e médias empresas e nos consumidores e começar a desbastar a taxa de desemprego.

Em junho de 2016 a indústria bancária tinha pago US$ 251 bilhões em multas pela má conduta após a crise de 2008.[83]

ENGANADA PELO COMÉRCIO

A política comercial se tornou um dos grandes temas da campanha de 2016 na medida em que os ataques à classe média e aos trabalhadores vieram para o centro dos debates. Primeiro Sanders e depois Trump pegaram pesado com Clinton por defender o Acordo de Livre Comércio na América do Norte (NAFTA), que ambos culparam por prejudicar os trabalhadores com a perda de empregos industriais, enviados para o exterior para maximizar os lucros corporativos. Clinton não deixaria de apoiar o NAFTA, mas em 7 de outubro de 2015, seis dias antes do primeiro debate dos democratas nas primárias, ela foi ao PBS NewsHour mudar sua posição de apoio à Parceria Trans-Pacífico (TPP).[84] Esse acordo, negociado em segredo, erodiria a soberania nacional ao dar direitos às corporações, por exemplo, de pedir compensações de outros governos

---

83 LENZNER, Robert. Too Big to Fail Banks have Paid $251 Billion as the Cost of Regulatory Revenge. Forbes, 29 aug. 2014. Disponível em: <https://goo.gl/9FSqC5>. Acesso em: 23 jan. 2018.

84 PBS NEWS HOUR. Hillary Clinton Says She Does Not Support Trans-Pacific Partnership. 7 out. 2015. Disponível em: <https://goo.gl/Hx8RdB>. Acesso em: 23 jan. 2018.

membros do tratado caso as regulamentações diminuíssem os lucros. Um dos primeiros atos de Trump como presidente foi tirar os Estados Unidos do TPP.

Fala de Clinton ao banco brasileiro Itaú, 16 de maio de 2013 em Nova York:

> CLINTON: Meu sonho é um mercado comum hemisférico, com livre-comércio e fronteiras abertas, [em algum momento] no futuro com energia tão verde e sustentável quanto o possível, sustentando crescimento e oportunidade para todas as pessoas no hemisfério.
>
> Mas há muito mais que podemos fazer, há muitas oportunidades ao alcance da mão. Mas os negócios em ambos os lados têm de fazer disso uma prioridade, e não os governos. Mas os governos podem facilitar ou dificultar, então nós temos de resistir ao protecionismo e outros tipos de barreiras de acesso a mercados e comércio, e eu gostaria de ver isso ganhando mais atenção, e não ser uma iniciativa de um ano do presidente X ou do presidente Y, mas uma iniciativa consistente.

Os próximos dois *e-mails* mostram que os conselheiros de Clinton estão extremamente desconfortáveis com a posição dela em relação ao comércio. No primeiro, Ron Klain, chefe da equipe de preparação para debates, avisou quatro dias antes que Clinton mudasse sua posição sobre o TPP que fazer isso seria uma "grande virada de folha", que poderia ser explorada por seus oponentes, o que foi exatamente o que Trump fez.

De: Ron Klain
Para: Jake Sullivan (Principal conselheiro de política externa de Clinton na campanha)
Data: 3 de outubro de 2015

> *Ela tem que apoiar o TPP*. Ela o chamou de "padrão ouro" dos acordos comerciais. Eu acho que se opor a isso seria uma grande virada de folha. Ela pode dizer que, como presidente, vai trabalhar para mudá-lo. Ela pode dizer que o acordo pode ser melhor. Mas acho que ela deveria apoiá-lo.

A mudança de Clinton em relação ao acordo de comércio foi de fato atacada por Trump, que foi duro em relação à "virada de folha" quanto ao TPP no primeiro debate presidencial em 26 de setembro de 2016 em Dayton, Ohio.

> TRUMP: Seu marido assinou o NAFTA, o que foi uma das piores coisas que já ocorreram para a indústria manufatureira.
>
> CLINTON: Bem, essa é sua opinião. Essa é sua opinião.

TRUMP: Vá à Nova Inglaterra, vá a Ohio, Pensilvânia, vá aonde quiser, secretária Clinton, e você verá a devastação onde a manufatura caiu 30, 40, até 50%. O NAFTA talvez seja o pior acordo comercial já assinado em qualquer lugar, e certamente o pior já assinado neste país.

E agora você quer aprovar a Parceria Transpacífico. Você foi totalmente a favor dela. Aí você ouviu o que eu estava dizendo, o quão ruim ela é, e você pensou, "eu não consigo ganhar esse debate". Mas você sabe que, se você ganhar as eleições, você vai aprovar isso [o TPP], e que vai ser quase tão ruim quanto o NAFTA. Nada vai ser pior que o NAFTA.

CLINTON: Bem, isso não é verdadeiro. Eu fui contra depois que ele foi finalmente negociado e os termos foram estabelecidos. Eu escrevi sobre isso no...

TRUMP: Você o chamou de padrão-ouro. Você o chamou de padrão-ouro dos acordos comerciais. Você disse que foi o melhor acordo que você já viu.

CLINTON: Não.

TRUMP: E quando você ouviu o que eu disse sobre ele, de repente você ficou contra ele.

CLINTON: Bem, Donald, eu sei que você vive em uma realidade própria, mas esses não são os fatos. Os fatos são: eu realmente disse que esperava um bom acordo, mas quando ele foi negociado...

TRUMP: Não.

CLINTON: ...o que não foi minha responsabilidade, eu concluí que não foi. Eu escrevi sobre isso no meu livro...

O segundo *e-mail* é de Tom Nides, executivo do Morgan Stanley e ex-vice secretário de estado, para John Podesta, em 1 de janeiro de 2016, no qual Nides diz:

Estudos de especialistas progressistas, que mostram que os acordos comerciais superestimam enormemente os benefícios para os trabalhadores, e que os benefícios vão principalmente para as grandes corporações. Eu não pensaria que você está preparado para rebater esse argumento por agora. – "Derrotar é a prioridade número um do trabalho. O TPP se torna um substituto contra a globalização". Não se pode votar contra a ascensão da manufatura global, ou novas tecnologias que poupam trabalho ou comunicações globais que criam mercado único. Pode votar contra acordo de comércio e expressar frustração com a estagnação da classe média.

UMA POSTURA PÚBLICA E OUTRA PRIVADA

A observação de Clinton que na política você precisa "de uma postura pública e uma privada" foi uma das mais amplamente noticiadas dos vazamentos. Quase todo político concordaria com ela. A única coisa surpreendente é que a postura privada dela sobre ter posturas diferentes se tornou pública. Ainda assim o fôlego da história na mídia certamente influenciou os eleitores contra ela.

Das falas ao Conselho Nacional de Habitação Multifamiliar, uma associação comercial que representa donos, construtores, administradores e locadores de apartamentos. 24 de abril de 2013 em Dallas, Texas:

> CLINTON: Você só precisa entender como – voltando ao termo, "equilibrar" – como equilibrar os esforços públicos e privados que não necessários para ser bem sucedido, em termos políticos, e isso não é só um comentário sobre hoje. É algo que, eu acho, provavelmente foi verdade ao longo de toda nossa história, e se você viu o filme do Spielberg, *Lincoln*, e como ele estava manobrando e trabalhando para aprovar a 13° emenda, e ele chamou um dos meus antecessores preferidos, secretário Seward, que tinha sido governador e senador por Nova York, e que concorreu à presidência contra Lincoln, e ele disse a Seward, eu preciso da sua ajuda para faz isso. E Seward chamou alguns de seus amigos lobistas que sabiam fechar negócios, e eles fizeram o trabalho deles. Quer dizer, política é como a feitura de salsicha. É repugnante, e sempre foi assim, mas normalmente acaba chegando onde nós precisamos. Mas se todo mundo está olhando, sabe, todas as discussões de bastidores e os acordos, as pessoas ficam meio nervosas, para dizer o mínimo. Então você precisa de uma postura pública e uma privada.

AQUELES MALDITOS *E-MAILS*

Apesar das reiteradas desculpas de Clinton por ter cometido um "erro" ao manter seus *e-mails* do Departamento de Estado em um servidor privado sem segurança na sua casa de Westchester, e das tentativas de diminuir a importância disso, os *e-mails* abaixo mostram o alerta se espalhando pela campanha. O primeiro é de um porta-voz da campanha, Josh Schwerin, para a diretora de comunicação Jennifer Palmieri, informando a ela que o presidente Obama havia acabado de descobrir sobre o servidor pela imprensa – o próprio Obama, afirmou mais tarde o FBI, tinha escrito para a conta privada de *e-mail* de Clinton usando um pseudônimo secreto.[85]

---

85 RUPERT, Evelyn. Obama Used Pseudonym in Emails with Clinton. The Hill, 23 set. 2016. Disponível em: <https://goo.gl/sCQ4jV>. Acesso em: 23 jan. 2018.

O segundo *e-mail* é parte de um diálogo entre Podesta e Neera Tanden, presidente do Center for American Progress, fundado por Podesta. Ele revela que eles achavam que Mills foi responsável por autorizar o servidor e, devido a isso, Mills não queria mais que Clinton concorresse à presidência.

A questão do servidor foi uma complicação séria para Clinton em relação aos eleitores, que citaram o caso como uma preocupação central nas pesquisas de opinião. Uma pesquisa mostrou que quase metade dos pesquisados estavam "muito preocupados" com o servidor.[86] O episódio serviu para surgerir que Clinton acreditava estar acima da lei.

De: Josh Schwerin
Para: Jennifer Palmieri
Data: 7 de março de 2015, 18h33min44s, horário do leste

> Jen você provavelmente sabe mais sobre isso, mas parece que o POTUS disse que descobriu que HRC estava usando o *e-mail* pessoal quando estava vendo as notícias – Josh Schwerin

De: Cheryl Mills
Para: John Podesta
Data: 7 de março de 2015 (três horas depois)
Assunto: Fwd: POTUS sobre os *e-mails* de HRC

> Nós precisamos limpar isso – ele tem *e-mails* dela – eles não são do state.gov

De: Neera Tanden
Para: John Podesta
Data: 24 de julho de 2015, sexta-feira

> A gente sabe de verdade quem disse a Hillary que ela poderia usar um *e-mail* pessoal? E essa pessoa já foi afogada e esquartejada? Tipo, que a coisa toda é uma maluquice da porra.

De: John Podesta
Para: Neera Tanden
Data: 25 de julho de 2015, sábado

> Pelo menos agora a gente sabe porque a Cheryl não queria que ela concorresse.

---

86 KAHN, Chris. Nearly Half of Americans 'Very Concerned' About Clinton Emails: Reuters/Ipsos poll. Reuters, 14 set. 2016. Disponível em: <https://goo.gl/PhxoUg>. Acesso em: 23 jan. 2018.

SISTEMA ÚNICO DE SAÚDE

Esse é um exemplo de Clinton tendo posições diferentes, pública e privada, sobre um assunto. Durante os debates com Sanders ela tentou fazê-lo parecer um sonhador por sugerir um sistema único de saúde fosse sequer possível. Ela usou o tema para se apresentar como uma realista "que consegue fazer as coisas". O problema é que pesquisas de opinião pública mostram que a maior parte dos americanos apoia um sistema único de saúde.[87] Na verdade, como mostra o discurso vazado abaixo, Clinton disse em âmbito privado ser a favor de um sistema único de saúde.

Declarações em um discurso para a tinePublic Inc., uma empresa de planejamento de eventos. 21 de janeiro de 2015, Saskatoon, Sasketchewan, Canadá:

> CLINTON: Sabe, em relação à saúde pública nós somos prisioneiros do nosso passado. A forma como nós desenvolvemos nosso sistema de saúde foi durante a Segunda Guerra Mundial, quando as empresas que passavam por escassez de trabalhadores começaram a oferecer planos de saúde como um incentivo ao emprego. Então desde o começo da década de 1940 os serviços de saúde foram vistos como um privilégio associado ao emprego. E depois da guerra, quando os soldados retornaram e voltaram ao mercado de trabalho, havia muita concorrência, porque a economia estava aquecida. Então o modelo continuou.
>
> E é claro que os grandes sindicatos barganhavam por planos de saúde junto aos empregadores de seus filiados. Então desde o começo da década de 1940 até o começo da década de 1960 nós não tínhamos Medicare ou nosso programa para os pobres, chamado de Medicaid, até que a presidência Johnson conseguisse aprovar ambos em 1965. Então o modelo do empregador continuou como o meio principal pelo qual os trabalhadores tinham planos de saúde. As pessoas acima de 65 anos podiam conseguir o Medicare. O Medicaid, que era uma parceria, uma parceria de financiamento entre o governo federal e os governos estaduais, fornecia algum, mas de forma alguma todo, acesso a serviços de saúde para as pessoas pobres.
>
> Então é o que nós temos lutado contra – certamente Harry Truman, e depois Johnson, que foi bem sucedido com o Medicare e o Medicaid, mas eles não mexeram no sistema baseado no empregado. Depois Richard Nixon, que fez uma proposta que não chegou a lugar nenhum, mas era bastante abrangente.

---

87 NEWPORT, Frank. Majority in U.S. Support Idea of Fed-funded Healthcare System. Gallup, 16 maio 2016. Disponível em: <https://goo.gl/t1rNU4>. Acesso em: 23 jan. 2018.

Depois, no governo do meu marido, nós trabalhamos duro para chegar a um sistema, mas fomos muito limitados pela realidade política de que, se você tem um plano de saúde do seu empregador, você fica relutante para tentar qualquer outra coisa. E então nós estávamos tentando fazer um sistema universal em torno do sistema baseado no empregador.

E de fato agora com o sucesso do presidente Obama em aprovar o Affordable Care Act, que é o que nós fizemos... nós ainda estamos batalhando. Nós fizemos muitos progressos. Dez milhões de americanos agora têm planos de saúde que não tinham antes do Affordable Care Act, e esse é um grande passo à frente. [aplausos]... Então nós estamos só começando. Mas nós temos o Medicare para pessoas acima de 65 anos. E não seria possível, eu acho, tirá-lo, porque as pessoas estão bastante satisfeitas com ele, mas ainda temos muita resistência política e financeira a expandir esse sistema para mais gente.

Então nós estamos em período de aprendizado enquanto avançamos na implementação do Affordable Care Act. E eu espero que independentemente das falhas e pequenos problemas que aconteceram, e que são inevitáveis em uma lei extensa como essa, eles serão solucionados e nós poderemos olhar seriamente para o que está funcionando, consertar o que não está e continuar em frente para ter uma cobertura de saúde universal e baixo custo como vocês têm aqui no Canadá.

O local onde ela proferiu a fala acima é importante, uma vez que o Canadá tem há algum tempo um sistema único de saúde bem sucedido e administrado pelo governo. Dizer ao público o que ele quer ouvir é rotineiro para os políticos, e Clinton é experiente nisso. Nesse caso, ela provavelmente pensou que essas falas não chegariam aos eleitores americanos.

A REFORMA DOS PRIVILÉGIOS

Durante a campanha, Clinton não se livrou do alvo preferido dos neoliberais: privatizar a previdência social.[88] O governo de George W. Bush não conseguiu, mas isso continua na agenda e está recebendo ímpeto novo de Paul Ryan como presidente da Câmara. Wall Street está se coçando de vontade de pôr as mãos nos quase US$ 3 trilhões da aposentadoria que os cidadãos pagaram ao fundo do governo, um marco do New Deal.[89] Seria

---

88   SHERMAN, Erik. Clinton Might be Moving Toward Social Security Privatization. Forbes, 23 out. 2016. Disponível em: <https://goo.gl/94DcUq>. Acesso em: 23 jan. 2018.

89   SOCIAL SECURITY ADMINISTRATION. Social Security Trust Fund Cash Flows and Reserves. Disponível em: <https://goo.gl/o5h7k4>. Acesso em: 23 jan. 2018.

mais que arriscado deixar Wall Street brincar com esse dinheiro. Que Clinton esteja aberta à ideia não é surpresa. Afinal de contas, ela foi uma das figuras principais da "reforma dos privilégios" durante a presidência de seu marido – uma reforma desastrosa no bem-estar social.

De uma sessão de perguntas e respostas entre Clinton e Tim O'Neill, co-presidente da gerência de investimentos do Goldman Sachs, em 24 de outubro de 2013 em Nova York:

> CLINTON: Eu viajei principalmente pelo nosso país após deixar o Departamento de Estado e há, sabe, muitas questões por aí. As pessoas estão se esforçando para descobrir o que elas vão fazer em breve e como chegaremos lá. E muita gente jovem, que não está empregada onde eles achavam que estariam empregados hoje, formados na universidade que não estão trabalhando na área onde precisam estar, meio que deslocados entre as habilidades que os negócios precisam e o que as pessoas estão produzindo, então há questões estruturais que precisamos corrigir enquanto sociedade.

Clinton pelo menos reconhece os problemas crescentes entre os cidadãos.

> CLINTON: E não é só sobre o que o governo federal faz com o orçamento, mas estou principalmente impressionada porque nós simplesmente seguindo em frente... Então, quando eu olho para o futuro do nosso país, sabe, eu sou uma otimista por natureza e estou confiante que vamos construir nosso caminho, mas isso não vai acontecer por acidente. Vai acontecer porque os setores público e privado decidiram que é do nosso interesse tomar algumas decisões difíceis. E a lista das decisões difíceis é conhecida por todos, da reforma dos privilégios à renda para os crescimentos futuros em P&D, educação, habilidades e todo o resto.

PROBLEMA NA CLINTON FOUNDATION

Um dos temas mais problemáticos que Clinton encarou na campanha foram as alegações de corrupção em forma de troca de favores na fundação filantrópica de sua família. Fundada em 1997 por Bill Clinton ainda na presidência para arrecadar fundos para sua biblioteca, ela foi recriada como a William J. Clinton Foundation em 2001. A declaração anódina da missão sem fins lucrativos é "fortalecer a capacidade das pessoas nos Estados Unidos e no mundo para enfrentar os desafios da interdependência global". Em apenas quinze anos, ela arrecadou cerca de US$ 2 bilhões de empresas americanas – em sua maioria de Wall Street –,[90] corporações estrangeiras,

---

90 HELDERMAN, Rosalind S.; Hamburger, Tom; RICH, Steven. Clintons' Foundation Has Raised Nearly $2 billion and Some Key Questions. Washington Post, 18 fev. 2015. Disponível em: <https://goo.gl/AeHNAK>. Acesso em: 23 jan. 2018.

governos e indivíduos ricos. A fundação usa parte de seu dinheiro para financiar programas próprios, tais como seus braços de ajuda externa ao desenvolvimento e os esforços para reduzir o custo dos remédios em países em desenvolvimento e diminuir a poluição em grandes cidades.

A fundação tem sido desafiada pelas alegações de que doadores estavam comprando acesso e favores de Hillary Clinton, particularmente durante seu período como Secretária de Estado e em suas duas tentativas de chegar à presidência. A fundação publicou sua lista de doadores pela primeira vez em 2009, como condição para que Clinton assumisse a liderança da Secretaria de Estado. A fundação ainda impediu que novos governos estrangeiros doassem enquanto ela estava no cargo, mas indivíduos estrangeiros ricos ainda contribuíam, e governos que já tinham doado poderiam continuar a fazê-lo nos níveis anteriores.[91] A restrição foi desfeita quando ela deixou o cargo. Em fevereiro de 2015, o *Washington Post* noticiou: "A organização deu aos doadores acesso, fora da arena política tradicional, a uma possível presidente. Doadores estrangeiros e países que potencialmente têm interesses junto a um eventual governo Clinton – mas não podem doar para campanhas políticas nos Estados Unidos – afirmaram seu apoio para o trabalho da família por meio de doações de caridade. A revisão dos dados da fundação pelo *Post...* encontrou uma superposição substantiva entre a máquina política de Clinton e a fundação".

As alegações também envolveram a forma como os Clinton podem ter lucrado pessoalmente com a fundação. Uma forma foi o financiamento de seu modo de vida *jet-set*. A fundação gastou mais de US$ 50 milhões em viagens na década anterior a 2013, de acordo com um estudo do *New York Post*. Em 2011, US$ 12 milhões foram gastos só em viagens aéreas.[92]

Um dos *e-mails* a seguir mostra como Doug Band, um assistente de longa data de Bill Clinton que ajudou a criar a fundação e a deixou em 2015 para começar sua própria firma de consultoria, se preocupa com os detalhes de seus confusos acordos que possam se tornar públicos. Ele explica como as divisões foram borradas em seu trabalho simultâneo para Bill Clinton e para a fundação. Barreiras parecidas foram apagadas

---

91   HELDERMAN, Rosalind S.; HAMBURGER, Tom. Foreign Governments Gave Millions to Foundation While Clinton Was at State Department. The Washington Post, 25 fev. 2015. Disponível em: <https://goo.gl/XZsr8S>. Acesso em: 23 jan. 2018.

92   HENWOOD, Doug. *My Turn*: Hillary Clinton Targets the Presidency. Nova York: OR Books, 2015.

entre a fundação e o Derpatamento de Estado sob Hillary Clinton. A figura-chave lá era Huma Abedin, assistente de longa data de Hillary, que era empregada tanto pela Teneo – a firma de consultoria de Band – quando pelo Departamento de Estado como "empregada especial do governo", ganhando US$ 105.000 dos contribuintes. Isso deu a Abedin um pé nos negócios oficiais do Departamento de Estado e um na fundação.

"O Departamento de Estado de Hillary Clinton expandiu o uso dos 'empregados especiais do governo', um status originalmente raro, criado para cientistas e outros indivíduos com expertise técnica especial que não pode ser encontrada no setor público", escreve o *Politico*, que em abril de 2016 publicou uma das melhores investigações sobre esse emaranhado.[93] O *Politico* mostrou como Clinton tinha virtualmente privatizado a diplomacia americana para a Irlanda do Norte.

Um *e-mail* obtido pela *Judicial Watch* mostra Abedin marcando um encontro com Clinton no Departamento de Estado para um doador da fundação, o príncipe do Bahrein.[94]

Príncipe do Bahrein de amanhã a sexta:

De: Douglas Band
Para: Huma Abedin
Enviado: 23 de junho de 2009
Assunto: Príncipe do Bahrein de amanhã a sexta

Pedindo para vê-la[.] Grande amigo nosso [,]

De: Huma Abedin
Para: Douglas Band
Enviado: 25 de junho de 2009

Oferecendo prin Bahrein 10h amanhã para reunião cum [*sic*] hrc [.] Se vc o ver, avise [.] Nós contatamos p/ canais oficiais[.]

O príncipe Salman tinha criado uma bolsa de US$ 32 milhões com a Clinton Global Initiative em 2005, de acordo com o *site* da fundação.

---

93   BADE, Rachel. How a Clinton Insider Used His Ties to Build a Consulting Giant. Politico, 13 abr. 2016. Disponível em: <https://goo.gl/99gJZJ>. Acesso em: 23 jan. 2018.

94   WILLIAMS, Katie Bo. Emails: Clinton Aide Arranged Meeting with Foundation Partner. The Hill, 22 aug 2016. Disponível em: <https://goo.gl/FGwBkk>. Acesso em: 23 jan. 2018.

Evidências sólidas de trocas de favores são difíceis de achar, contudo. O governo do Catar deu US$ 1 milhão à fundação como presente de aniversário para Bill. O Departamento de Estado de Hillary depois aprovou a venda de armas para o Catar. Mas o Catar tem sido há tempos um comprador de armas dos Estados Unidos, assim como o governo saudita, que deu entre US$ 10 milhões e US$ 25 milhões para a fundação.[95]

Isso foi mais um escândalo de repercussão do que uma má conduta provada. O FBI estava investigando a organização, uma notícia que não pode ter ajudado sua candidatura. Após supostamente encerrar o caso às vésperas da eleição, houve relatos de que o FBI reabriu as investigações.[96] Enquanto isso, a percepção de que os Clinton estavam nesse meio, recebendo quantias tão altas, não ajudou Hillary com os eleitores americanos médios. A possibilidade de corrupção na fundação era uma preocupação séria para metade dos americanos entrevistados.[97]

Os *e-mails* de Band para Podesta formam as revelações mais excitantes sobre a fundação. No que segue, ele envia um rascunho de um memorando se defendendo contra as suspeitas levantadas por Chelsea Clinton em um *e-mail* vazado, segundo as quais ele teria usado a fundação para enriquecer e para financiar a Teneo, sua firma de consultoria.[98] Ela diz no *e-mail* que pessoas em Londres a disseram que Band e seus associados estavam usando o nome de Bill junto a membros das duas casas do Parlamento, presumivelmente para propagandear negócios para seus clientes, "sem o conhecimento de meu pai, de forma deselegante e pouco eficaz na melhor das hipóteses, e na pior delas levando pessoas em Londres a comparar os objetivos de lucro de meu pai e de Tony Blair. O que horrorizaria meu pai". Ela então acionou um escritório de advocacia para fazer uma revisão corporativa.[99]

---

95 CHOZICK, Amy; EDER, Steve. Foundation Ties Bedevil Hillary Clinton's Presidential Campaign. The New York Times, 20 aug. 2016. Disponível em: <https://goo.gl/7rTg47>. Acesso em: 23 jan. 2018.

96 ZERO HEDGE. Clinton Investigation Back on: FBI Agents in NY Ordered to Continue Foundation Probe. 15 dez. 2015. Disponível em: <https://goo.gl/Zz52mh>. Acesso em: 23 jan. 2018.

97 KAHN, Chris. Nearly Half of Americans 'Very Concerned' About Clinton Emails: Reuters/Ipsos Poll. Reuters, 14 set. 2016. Disponível em: <https://goo.gl/PhxoUg>. Acesso em: 23 jan. 2018.

98 WIKILEAKS. Email From Chelsea Clinton to John Podesta. Disponível em: < https://goo.gl/TsUGjU>. Acesso em: 23 jan. 2018.

99 WALLACE-WELLS, Benjamin. The Trouble with Doug Band. The New Yorker, 1 nov. 2016. Disponível em: <https://goo.gl/BBhhwy>. Acesso em: 23 jan. 2018.

Band trata aqui do memorando que ele escreveu – o texto completo está no anexo. Ele fornece um relato detalhado de como seu trabalho anterior para a fundação e para Bill Clinton pessoalmente enriqueceu Bill, que era um membro remunerado do conselho da Teneo. Detalhes da disputa pessoal entre Band e Chelsea Clinton estão entre os destaques desses *e-mails*.

De: Doug Band
Para: John Podesta
Enviado: 12 de novembro de 2011

Preciso mandar isso [o memorando] asap para eles ainda que estou certo que cvc [Chelsea Clinton] não vai acreditar que seja verdade pq ela não quer, Mesmo que os fatos falem por eles mesmo, John, eu gostaria do seu *feedback* e sugestões. Também estou começando a me preocupar que se essa história vá a público, nós estamos ferrados.

Dk [Declan Kelly] e eu abrimos um negócio. 65 pessoas trabalham para nós, têm esposas e maridos e filhos, todos dependem de nós. Nosso negócio quase não tem a ver com os clintons, a fundação ou o cgi [Clinton Global Intitiative] em qualquer sentido. O presidente do ubs [presidente do banco suíço UBS] não poderia se importar menos com a cgi. Nossos clientes dos fundos para os quais fazemos reestruturação e fusões e aquisições a mesma coisa... Essas são empresas reais que fornecem conselhos reais para pessoas muito sérias.

O sec de com[100] da Goldman, o vice sec de imprensa da bloomberg, o ex-chefe de banco e sua equipe do morgan stanley para ásia e américa lat. Eu entendo que é difícil confrontar e discutir com ela [Chelsea Clinton] mas isso pode ir para longe [*sic*] e então todos nós teremos um conjunto de novos problemas sérios e reais. Eu não mereço isso dela e mereço um pouco mais de respeito ou pelo menos um diálogo direto comigo para explicar essas coisas. Ela está agindo como uma criança mimada que não tem mais nada pra fazer além de criar problemas para justificar o que ela está fazendo porque ela, como ela mesma disse, não achou seu caminho e não tem foco na vida. Eu entendo que ela vai sair dessa rápido, mas se não sair rápido o bastante...

De: John Podesta
Para: Doug Band
Data: 13 de novembro de 2011

Algumas sugestões: 1) Eu daria um passo à frente e tiraria a parte defensiva (nós podemos não ter sido perfeitos, etc.) e deixaria mais factual. 2) Eu colocaria as seções sobre o que a Teneo faz e o que você faz no começo e depois iria para os detalhes e sobre como eles ajudaram WJC; nesse rascunho as atividades de ver-

---

100 N.T: o termo "sec com" faz referência ao cargo de secretário de comunicação.

dade meio que aparecem no final. 3) Se eu fosse você eu tiraria o Lasry disso. Você vai entrar numa discussão densa sobre quem está certo e quem não está com a CC sobre isso. A lista é realmente forte sem isso, então por que entrar no assunto.

As afirmações a seguir são tiradas do memorando de Band sobre a Teneo, que foi em anexo ao *e-mail*. No memorando ele diz que trabalhou para ajudar tanto a fundação quanto Bill Clinton "pessoalmente".

De: Cheryl Mills
Para: John Podesta cc: Doug Band
Enviado: Sábado, 12 de novembro de 2011
Assunto: Rascunho do memorando de Doug sobre a Teneo e outros

John. Em anexo segue o memorando do doug com as edições que eu incluí então os erros de digitação provavelmente são meus. Ele vai preencher o que falta.

"Ao longo dos últimos onze anos desde que o presidente Clinton deixou o cargo, eu busquei ampliar minhas atividades, incluindo meu papel de parceria na Teneo, para apoiar e arrecadar fundos... para apoiar a Clinton Foundation e o presidente Clinton pessoalmente".

"Em apoio das atividades empresariais do presidente, nós pedimos e conseguimos, de modo apropriado, serviços para o presidente e sua família – para viagens pessoais, hospitalidade, férias e similares."

"... mais de US$ 50 milhões em atividades empresariais..."

"Nós consideramos a natureza não ortodoxa de nossas funções."

Nesse *e-mail*, Band diz a Podesta que descobriu que Chelsea Clinton está liderando uma investigação interna nas finanças da fundação, e que um associado ao Partido Republicano descobriu isso. Band também acusa Chelsea Clinton de usar dinheiro da fundação para pagar seu casamento, intensificando a divergência entre eles.

De: Doug Band
Para: John Podesta
Data: 4 de janeiro de 2012

Eu aprendi com os melhores, a investigação sobre ela ser paga para fazer campanha, usando recursos da fundação para seu casamento e vida pessoal por uma década, impostos sobre o dinheiro de seus pais... Eu espero que você fale com ela e acabe com isso. Uma vez que nós entremos nesse caminho...

> Eu recebi uma ligação de um amigo próximo de wjcs [William Jefferson Clinton] que disse que a cvc contou para um dos filhos do bush 43 que ela está liderando uma investigação interna sobre o dinheiro dentro da fundação da cgi para a fundação. O filho do bush então contou pra alguém que então contou pra alguém no partido republicano. Eu ouvi mais e mais conversa da cvc e do bari falando sobre muita coisa que está acontecendo internamente. Pouco esperto.

Antes que Hillary Clinton anunciasse sua candidatura, ela havia se comprometido a falar em um evento no Marrocos pelo qual o Rei Mohammad VI prometido US$ 12 milhões para a fundação. O evento foi marcado para uma data depois do anúncio, soando alarmes na campanha de Clinton. Aqui, Huma Abedin perde a paciência com sua chefe de longa data. Por fim, Clinton fez o certo e não foi, enviando Bill e Chelsea em seu lugar. Não se sabe se o rei cumpriu sua promessa.[101]

De: Huma Abedin
Para: Robby Mook (chefe de campanha de Clinton)
Data: 18 de janeiro de 2015
Assunto: Re FYI CGI Africa

> Obrigado por compartilhar. Para te contextualizar, a condição pela qual os marroquinos aceitaram receber o encontro foi a participação dela. Se a hrc não participar, o encontro não acontece. A CGI não estava trabalhando por um encontro no Marrocos e isso não foi a primeira opção deles. Isso foi ideia da HRC, nosso escritório procurou os marroquinos e eles acreditam 100% que estão fazendo isso a pedido dela. O rei se comprometeu pessoalmente em dar aproximadamente US$ 12 milhões para o fundo e para o encontro. Vai ser uma confusão refugar agora quando nós tivemos muitas oportunidades de fazer isso nos últimos meses. Ela arranjou essa bagunça e ela sabe disso.

Esse *e-mail* de Amitabh Desai, diretor de política externa da Clinton Foundation, revela que o governo do Catar deu à fundação US$ 1 milhão como presente de aniversário para Bill Clinton em troca de "alguns minutos" com o 42º presidente. A fundação admitiu mais tarde que não avisou de maneira correta ao Departamento de Estado sobre o presente.[102]

---

101 STEIN, Jeff. The Hillary Clinton 'Scandal' Involving Morocco, Explained. Vox, 24 out. 2016. Disponível em: <https://goo.gl/rEoXWM>. Acesso em: 23 jan. 2018.

102 FOX NEWS POLITICS. Clinton Foundation Admits it Didn't Notify State Department of $1 Million Qatar Gift. 6 nov. 2016. Disponível em: <https://goo.gl/yZbwWt>. Acesso em: 23 jan. 2018.

De: Amitabh Desai
Para: Doug Band [*et al*]
CC: John Podesta
Data: 16 de abril de 2012
Assunto: Catar, Brasil, Peru, Malauí, Ruanda

> Na última terça, 12 de abril, eu me encontrei individualmente com os embaixadores do Catar, Brasil, Peru, Malauí e Ruanda em Washington, DC. Abaixo está um resumo dos pontos-chave de cada reunião, e nós estamos acompanhando cada ponto. Eu agradeço o retorno de vocês. Atenciosamente, Ami.

> CATAR – Gostaria de ver WJC "por cinco minutos" em Nova York, para presenteá-lo com o cheque de US$ 1 milhão que prometeu de aniversário em 2011.

> – O Catar pede sugestões nossas de investimentos no Haiti – particularmente em educação e saúde. Eles alocaram a maior parte dos seus US$ 20 milhões, mas estariam felizes em considerar projetos que nós sugeríssemos. Estou reunindo contribuições da equipe sobre Haiti da CF [Clinton Foundation]

Na troca de *e-mails* a seguir, que ocorreu ao longo de quatro dias em abril de 2015 – e que foi reordenada cronologicamente a partir da publicação original –, os membros da campanha de Clinton discutem se devem aceitar doações de lobistas estrangeiros. O Código de Regulamentação Federal dos Estados Unidos deixa claro que é ilegal aceitar doações de indivíduos estrangeiros,[103] mesmo indiretamente, isto é, de um cidadão americano que esteja fazendo *lobby* por eles.[104] "Um indivíduo estrangeiro não poderá, direta ou indiretamente, fazer contribuições ou doações de dinheiro ou outros itens de valor, ou prometer, expressa ou implicitamente, fazer uma contribuição ou doação, em conexão com qualquer eleição federal, estadual ou local."

Na segunda-feira, 13 de abril de 2015:

> Às 14h40min, Dennis Cheng (Diretor Nacional de Finanças, Hillary for America) escreveu: Nós realmente precisamos tomar uma decisão sobre isso logo – se nós vamos permitir que aqueles que estão fazendo *lobby* em nome de governos estrangeiros possam arrecadar dinheiro para a campanha. Ou caso a caso.

---

103 CODE OF FEDERAL REGULATIONS. Title 11. Disponível em: <https://goo.gl/q6nYpY>. Acesso em: 23 jan. 2018.

104 FROOMKIN, Dan. How Foreign Money Can Find its Way Into Political Campaigns. The Huffington Post, 18 jul. 2011. Disponível em: <https://goo.gl/CbJkT6>. Acesso em: 23 jan. 2018.

Às 14h46min, Karuna Seshasai (Uma integrante da campanha de Clinton que, em outro *e-mail* vazado, revelou "enormes discrepâncias" entre os pagamentos de homens e mulheres na Clinton Foundation. Ela escreveu: "o salário anual médio dos homens mais bem pagos é US$ 294.157,50, enquanto o das mulheres mais bem pagas é US$ 181.576,66 (diferença de $112 mil)" escreveu: Quero acrescentar que esse pessoal pode ser dividido em duas categorias – os que faziam *lobby* enquanto HRC estava no Departamento de Estado e os que estão registrados agora.

Às 14h59min, Marc Elias (Conselheiro-geral da campanha de Clinton em 2016) escreveu: esse é um tema diretamente político. Uma opção média é analisar caso a caso. Se, por exemplo, eles forem FARA [Foreign Agents Registration Act] registrados pelo Canadá, nós deixamos passar. Se for pela Coreia do Norte, nós analisamos. Mas realmente é uma decisão da comunicação.

Às 15h05min, Jesse Ferguson – uma porta-voz de campanha – escreveu: Existe algum jeito de estimar quantos por cento da nossa base de doadores entraria na conta (i.e. quanto dinheiro nós vamos jogar fora). É mais fácil analisar custo-benefício com os custos ☺

Às 15h07min, Dennis Cheng escreveu: Karuna, você pode reenviar a lista de agentes estrangeiros [lobistas de governos estrangeiros] que nós conhecemos até agora? Não é muito em termos de pessoas – mas inclui gente da qual nós somos próximos, como Tony Podesta, DLA Piper, etc.

Às 15h18min, Karuna Seshasai escreveu: Sim, está em anexo e também copiada/colada abaixo. Esses são só 23 nomes dos 350 primeiros doadores em potencial que nós averiguamos no pré-lançamento. Eu prevejo mais vindo por aí [Esse tipo de doadores em questão reúnem quantias legais de contribuições de campanha em um só lote]

Na terça, 14 de abril de 2015:

Às 12h57min, Karuna Seshasai escreveu: Queria retomar isso. Nós estamos encontrando mais registrados no FARA diariamente. Em termos de número – estamos no 27 de 370 possíveis, mas em relação à pergunta da Jesse – isso não representa os custos de quanto esse pessoal iria potencialmente arrecadar. Se nós estivéssemos olhando para esse pessoal abaixo caso a caso, eu gostaria de indicar esses especificamente: Tony Podesta (Iraque, Azerbaijão, Egito), Bem Barnes (Líbia), John Merrigan (EAU), Wyeth Weidman (Líbia) e Mike Driver (conexões com EAU).

Às 14h05min, Robby Mook escreveu: não quero pegar as picuinhas...mas podemos você, eu, Podesta, Tony (e Huma, se possível) e alguém da comunicação fazer uma ligação rápida, dez minutos, sobre isso? Nós vamos chegar a uma decisão.

Às 17h06m, Huma Abedin escreveu: Isso seria útil.

De: Karuna Seshasai
Para: Huma Abedin
CC: Robby Mook; Dennis Cheng; Marc Elias; Tony Carrk; John Podesta [*et al*]
Enviado: terça-feira, 14 de abril de 2015, 22h35min
Assunto: Re: Agentes estrangeiros registrados

Dando sequência na ligação das 9h30min. A medida seria não permitir que nenhum agente estrangeiro registrado hoje (os que registram na FARA) contribua ou arrecade na campanha. Se alguém encerrar o registro, ele terá permissão para contribuir ou arrecadar na campanha. Marc, nós gostaríamos especialmente da sua perspectiva ao adotar essa diretriz.

Na quarta-feira, 15 de abril de 2015

Às 23h09min, Dennis Cheng escreveu: Oi todo mundo – nós precisamos tomar uma decisão sobre isso ASAP já que nossos amigos que estão registrados no FARA já estão doando e arrecadando. Eu quero pressionar um pouco (é meu trabaho!): eu sinto que nós estamos deixando muito dinheiro aparecer (tanto para as primárias quanto no geral, e na DNC e nos partidos estaduais)... e como nós explicaremos para as pessoas que nós aceitamos dinheiro de lobistas empresariais mas não deles; que a fundação aceita $ de governos estrangeiros mas agora nós não. De todo modo, nós precisamos tomar uma decisão em breve.

Às 23h22min, Marc Elias escreveu: Respondendo a todos sobre isso. Eu não estava na ligação da manhã, mas eu sou contra desenhar uma linha mais clara aqui. Parece estranho dizer que alguém que representa Alberta, no Canadá, não pode doar, mas um lobista da Phillip Morris pode. Assim como nós vetamos lobistas caso a caso, eu faria o mesmo com a FARA. Enquanto isso pode levar a um grande número de registrados na FARA sendo negados, não seria um simples banimento nosso. Um banimento total soa arbitrário e mais engendrar a mesma chateação e má vontade que aconteceu com Obama.

Na quinta-feira, 16 de abril de 2015

Às 7h04min, Robby Mook escreveu: Então onde nós desenhamos a linha?

De: Marc Elias
Para: Robby Mook
Cc: Dennis Cheng; Huma Abedin; Tony Carrk; John Podesta [*et al*]
Enviado: 16 de abril de 2015, quinta-feira, 7h38min
Assunto: Re: Agentes estrangeiros registrados

Se nós vamos fazer caso a caso, então será subjetivo. Nós vamos ver quem é o doador e sob qual entidade estrangeira eles estão registrados. Ao julgar aceitar o dinheiro, nós vamos considerar a relação entre o país e os Estados Unidos, sua relação com o departamento de Estado durante o período de Hillary como secretária e seu relacionamento, se houve, com a fundação. Ao avaliar o indivíduo, vamos observar seu histórico de apoio a candidatos políticos no geral e para as campanhas passadas de Hillary especificamente. Trocando em miúdos, vamos usar os mesmos critérios que usamos para os lobistas, só que com uma peneira mais fina. Pelo lado legal, eu não estou dizendo que precisamos fazer isso – nós podemos decidir simplesmente banir os registrados como um todo. Eu só estou oferecendo isso como via média.

De: Dennis Cheng
Data: 16 de abril de 2015, quinta-feira, 18h13min
Assunto: RE: Agentes estrangeiros registrados
Para: Robby Mook, Marc Elias
Cc: John Podesta, Tony Carrk [*et al*]

Oi todo mundo – nós realmente precisamos tomar uma decisão final sobre isso. Estamos chegando em um ponto que não dá pra voltar...

Em 16 de abril de 2015, às 21h44min, Robby Mook escreveu: Marc me convenceu que esses tipos de restrições realmente não levam a lugar nenhum... e Obama de fato foi julgado com dureza como resultado. Ele me convenceu. Então... em uma volta completa, eu estou ok em pegar o dinheiro e lidar com os ataques. Caras, vocês estão ok com isso?

De: Jennifer Palmieri
Para: Robby Mook
CC: John Podesta
Data: 17 de abril de 2015
Assunto: Re: Agentes estrangeiros registrados

Peguem o dinheiro!

ESMAGANDO BERNIE SANDERS

Enquanto Bernie Sanders continuava a vencer Clinton de forma surpreendente nas primárias do Partido Democrata, o seu grupo entrou em pânico, buscando desesperadamente formas de descarrilhar a insurgência. Esperava-se que Sanders fosse só alguém ocupando lugar no palco para um punhado de debates, os quais o supostamente neutro DNC havia agendado fora do horário nobre da televisão.[105] Os *e-mails* abaixo revelam o incômodo que Sanders causou na campanha de Clinton. Aqui estava um autodeclarado socialista criando um contraste profundamente desfavorável com a centro-direitista Clinton, desmascarando-a como alguém que só finge ser progressista. Em resposta, Clinton "moveu" suas posições para a esquerda de modo significativo, como se convicções profundas sobre os assuntos mais importantes da pauta pudessem ser subitamente mudadas sem que ninguém notasse. A imprensa política, ao registrar essas manobras, as tachou de política normal nos Estados Unidos. Atingindo as suas vulnerabilidades em relação aos trabalhadores e a classe média, Trump usou as posições que ele dividia com Sanders, particularmente em relação ao comércio e à mudança de regime.

O trecho a seguir é de um *e-mail* enviado em 5 de fevereiro de 2016, para Podesta, do agora chefe do DNC Tom Perez, quando ele estava aconselhando Clinton durante sua disputa nas primárias com Sanders. Perez, que disse que não exclui a ideia de que Clinton concorra de novo em 2020, apresenta uma estratégia para retratar Sanders como alguém que só se importa com "brancos liberais". Ele está tentando usar a política da identidade para diminuir Sanders, que baseou sua campanha nos apelos à solidariedade de classe.

De: Tom Perez
Para: John Podesta
Data: 2 de fevereiro de 2016
Assunto: Observações da estrada

> Nevada é uma oportunidade para revidar em muitos níveis. Primeiro, a atual narrativa é de que ela não se liga bem aos eleitores jovens. Dado que Nevada é muito mais representativa demograficamente dos Estados Unidos, eu estou confiante que HRC vai se sair bem com todos os afro-americanos, latinos e asiáticos (não se esqueça da considerável população de asiáticos em Nevada, incluindo os

---

105 WIKILEAKS. Email From Charlie Baker. Disponível em: <https://goo.gl/he591V>. Acesso em: 23 jan. 2018.

filipinos). Emmy e a equipe tem um bom plano para atrair todos os eleitores das minorias. Quando nós formos bem por lá, a narrativa muda de Bernie Sanders mandando bem com os eleitores jovens para Bernie se dá bem só entre os jovens liberais brancos—essa é uma história diferente e uma manchete perfeita para a Carolina do Sul, onde mais uma vez nós podemos trabalhar para atrair jovens eleitores de cor. Então eu acho que Nevada é uma oportunidade real e eu urgiria fortemente HRC a ir pra lá poucos dias após Nova Hampshire.

Joel Johnson, diretor administrativo do Glover Park Group, uma firma de comunicação estratégica, e ex-conselheiro sênior para política e comunicação do presidente Bill Clinton entre 1999 e 2001, escreveu para Podesta no começo de 2016 sobre Sanders, sugerindo que Podesta "o esmagasse o mais forte o possível". O *e-mail* tem o título "Conselho de amigo. Sem misericórdia".

No sábado, 21 de fevereiro de 2016:

> Às 1h56min, Joel Johnson escreveu: Bernie precisa ser esmagado até virar farelo. Nós não podemos começar a acreditar na nossa própria bobagem sobre as primárias. Essa não é a hora de tratar as coisas como normais. Esmague ele o mais forte o possível. Além disso, espero que esteja tudo bem e parabéns por Nevada!

> Às 22h48min, John Podesta escreveu: Eu concordo com isso a princípio. Onde você enfiaria a faca?

> Às 00h09min do dia seguinte, Joel Johnson escreveu: Traiu Obama (WH [Casa Branca] vai confirmar). Legislador tosco (Senadores/membros do Congresso vão confirmar). Promete mentiras (elites políticas vão confirmar). Não consegue ganhar (o grupo negro vai afirmar).

No *e-mail* seguinte, Milia Fisher, uma assistente especial de campanha de Clinton, direciona sua raiva contra os apoiadores de Sanders que criticam a campanha de Clinton como sendo "o sistema". Ela diz que lutar por direitos reprodutivos e dos LGBT faz do lado de Clinton antissistema, ignorando a crítica de classe inerente à campanha de Sanders.

De: Milia Fisher
Para: John Podesta
Data: 20 de janeiro de 2016

> Mulheres tomando o controle de seus corpos e saúde, LGBTs lutando por igualdade e reconhecimento dificilmente são resultado do "sistema" (1/3). A campanha de Sanders tentando fazer uma crítica esgotada de Hillary e encaixar a peça quadrada no buraco redondo. (2/3)* Desvaloriza décadas de trabalho do @PPact [Planned Parenthood] & @HRC em prol dos povos marginalizados no processo.

Aqui Wasserman Schultz bate em Sanders como reação ao recebimento de notícias de que sua campanha continuaria na corrida até as primárias da Califórnia. Ela foi a co-presidente da malsucedida campanha de Clinton em 2008.

Em 24 de abril de 2016, às 15h19min, Mark Paustenbach escreveu:

> "Nós estamos nessa corrida para a Califórnia, e nós estamos orgulhosos da campanha que fizemos" http://www.politico.com/story/2016/04/bernie-sanders-democratic-party-fairness-222355

De: Debra Wasserman Schultz
Para: Mark Paustenbach
Data: 24 de abril de 2016, 17h25min
Assunto: Re: Politico – Sanders: O Partido Democrata não tem sido justo comigo

> Falou como alguém que nunca foi membro do Partido Democrata e não entende o que nós fazemos. DWS.

Nesse *e-mail*, outro membro do alto-escalão dá DNC, dessa vez o CFO Brad Marshall, sugere que levantar a questão sobre se Sanders acredita em Deus pode prejudicar sua campanha. Marshall foi obrigado a deixar a DNC depois que o WikiLeaks trouxe o *e-mail* a público.

De: Brad Marshall
Para: Luis Miranda, Mark Paustenbach
Data: 5 de maio de 2016, 3h31min
Assunto: Sem brincadeira

> Pode não fazer diferença, mas no Kentucky e na Virgínia Ocidental nós podemos arrumar alguém para questionar sua crença. Se ele acredita em um Deus. Ele se aproveitou dizendo que tem herança judaica. Eu acho que li que ele é ateu. Isso poderia dar muitos pontos de diferença junto a meu pessoal. Meus amigos Batistas do sul veriam muita diferença entre um judeu e um ateu.

Já em maio de 2016, Wasserman Schultz deixara bastante claras suas impressões neste *e-mail* sobre quem iria ganhar a indicação.

De: Debbie Wasserman Schultz
Para: Mark Paustenbach
Data: 17 de maio de 2016, 15h08min
Assunto: Re: Weaver na CNN Re: Nevada

> Essa á uma história besta. Ele não vai ser presidente.

Neste *e-mail* para Luis Miranda, diretor de comunicações da DNC, Debbie Wasserman Schultz está possessa após uma âncora de televisão, Mika Brzezinski, filha de Zbigniew Brzezinski, que disse para sair do cargo por demonstrar estar enviesada. Ela chama o fato de "última gota" e pede a um auxiliar que ligue para o presidente da MSNBC, Phil Griffin, para que ele peça desculpas. Junto de Wasserman Schultz, Miranda foi forçado a renunciar após a revelação pelos *e-mails* vazados de que a DNC era parcial.

De: Debbie Wasserman Schultz
Para: Miranda, Luis
Enviado: 18 de maio de 2016, 9h13min
Assunto: Fwd: MSNBC's Brzezinski: Wasserman Schultz "Deveria sair do cargo," as primárias democratas "têm sido injustas" com Sanders

> Essa foi A ÚLTIMA gota. Por favor ligue para Phil Griffin. Isso é ultrajante. Ela precisa pedir desculpas. DWS.

O LADO DE CLINTON SE MESCLA COM AS CORPORAÇÕES DA IMPRENSA

Brent Budowsky é um colunista do *The Hill*. Aqui ele escreve a Podesta para perguntar se teria algum problema com um texto que ele estava escrevendo, ainda que seu interlocutor esteja trabalhando para a campanha, e não para um veículo da imprensa.

Uma regra central do Jornalismo é nunca mostrar o conteúdo de um artigo com a fonte antes da publicação, a não ser para saber suas reações a uma informação específica da história. É completamente errado perguntar a uma fonte, especialmente em um artigo político, se ele ou ela aprova um texto que está sendo escrito. Isso é o trabalho de Relações Públicas, não do Jornalismo. Budowsky quebra outro padrão jornalístico quando ele dá uma dica a Podesta para que verifique um oponente de Clinton, anônimo, que está prestes a acusá-la de conduzir uma "campanha imperial".

De: Brent Budowsky
Para: John Podesta
Data: 18 de maio de 2015, segunda-feira, 14h02min
Assunto: John, tenha cuidado

> Eu não vou levar isso a público, mas um dos oponentes de HRC irá em breve acusá-la de conduzir uma "campanha imperial". Se for o oponente certo, Democrata ou Republicano, a acusação vai gerar impacto. Provavelmente 90% do total da cobertura de imprensa da HRC tem um viés negativo, dos seus discursos pagos

às doações para a fundação e a falta de resposta às questões da imprensa. Seu cuidado com a política criou um vácuo de notícias que é preenchido por essas outras histórias. E ainda que eu não tenha a mais alta estima pela maior parte do corpo de imprensa da campanha, eles estão ficando perigosamente infelizes em relação a recusa de HRC em responder perguntas. Se nós olharmos para a curva de longo prazo dos números [eleitorais] dela, há razão para preocupações sérias se as tendências continuarem, e eu não vejo nada hoje que irá mudá-las. O que eu escuto de muitos e muitos Democratas é que tem alguma coisa que não soa bem em relação à campanha dela e que há a esperança de que os candidatos Republicanos sejam tão ruins que ela possa ganhar só por agir cautelosamente. Isso é um jeito muito perigoso de concorrer à presidência. O que eu ouço dos "eleitores médios" é basicamente um muxoxo, sem entusiasmo, um vamos ver, com algumas dúvidas reais... Falta alguma coisa à campanha e isso é problemático. A acusação de "campanha imperial" irá ressoar quando o candidato certo descobrir isso... (enviado do meu iPad)

De: John Podesta
Data: 18 de maio de 2015, segunda-feira, 14h48min

Captei a mensagem, ainda que eu ache que o cuidado será medido em última instância pelo que ela diz e o que ela defende, do que por quantos encontros com a imprensa ela tem. Nesse sentido, eu não acho que ela será cautelosa ou imperial. Mas não faz sentido fazer isso crescer.

De: Brent Budowsky
Data: 18 de maio de 2015, segunda-feira

A propósito, eu posso escrever sobre Elizabeth Warren em breve. Caso eu escreva, meu cenário ideal seria a Elizabeth ao fim e ao cabo dar um grande apoio a HRC e fazer o discurso principal da Convenção, e totalmente em *off*, isso te daria algum problema? Seria apenas minha opinião pessoal, mas se você tiver algum problema com a minha sugestão, eu não vou comentar com ninguém e não vou incluir no texto, em respeito a você... (enviado do meu iPad)

De: John Podesta
Data: 18 de maio de 2015, segunda-feira, 18h03min

Sem problemas

O *e-mail* a seguir do diretor de comunicação da DNC sugere a ideia de insinuar para a imprensa um texto apresentando a campanha de Sanders como totalmente amadora. O artigo V, seção 4 do Estatuto da DNC determina que o órgão seja neutro em relação aos candidatos das primárias.

De: Mark Paustenbach
Para: Luis Miranda
Data: 21 de maio de 2016, 22h23min
Assunto: Narrativa do Bernie

> Fico pensando se há uma boa narrativa do Bernie para uma história, que seria que Bernie nunca deu um jeito nas coisas dele, que a campanha dele foi uma bagunça. Especificamente, DWS teve que ligar diretamente pro Bernie para fazer a campanha fazer as coisas porque eles ou ignoravam ou esqueciam algo crítico. Ela teve que ligar pro Bernie depois da brecha nos dados para fazer a equipe dele atender às nossas preocupações. E mesmo assim eles não deram retorno, e foi por isso que nós tivemos que tirar o acesso deles para que eles finamente nos deixassem saber como exatamente eles vasculharam os dados da HFA. O mesmo aconteceu com as indicações do comitê permanente. Eles nunca responderam com os nomes (HFA e mesmo o O'Malley fizeram isso seis semanas antes) para os comitês. Então, de novo, a chefia teve de ligar pro Bernie pessoalmente para que a equipe dele nos desse informações cruciais. Então eles nos deram uma lista terrível uns dias antes que nós fizéssemos os anúncios. Não é uma conspiração da DNC, é porque eles nunca tomaram jeito.

A relação confortável entre a imprensa tradicional e o lado de Clinton não era novidade. Aqui, de 2015, está um *e-mail* enviado por Jennifer Palmieri, diretora de comunicação da campanha, para Hillary Clinton e outros na campanha, no qual ela revela que um repórter do *New York Times* concordou em mostrar seu texto a Palmieri antes que fosse publicado. Essa conduta é passível de demissão nos jornais mais sérios.

De: Jennifer Palmieri
Para: Hillary Clinton, Jake Sullivan, John Podesta, Huma Abedin
Data: 8 de julho de 2015
Assunto: Matéria do NYT sobre os custos das propostas

> Madame secretária e demais — eu gostaria de atualizar vocês sobre a matéria futura do NYT sobre os custos das propostas. Brian e eu, com a ajuda de Jake e Neera, lutamos muito por isso. Eu tive conversas bem francas com eles sobre como uma história injusta poderia prejudicar nossa relação. Maggie acha que é uma matéria responsável e que nós não vamos ter problemas com ela — haverá todos os poréns indicando que HRC não propôs de fato essas medidas, e ela disse que nós vamos conseguir pagar pelas medidas futuras. Ela vai me mostrar a matéria mais tarde em off para me garantir. Eu informo vocês sobre como foi. Jen.

O repórter Ken Vogel do *Politico* faz a mesma coisa, enviando sua matéria sobre Clinton para ser revisada pelo vice-diretor de comunicação da DNC antes da publicação. O *Politico* subsequentemente se esquivou do tema chamando-o de "um erro".[106]

De: Mark Paustenbach

Para: Luis Miranda

Data: 30 de abril de 2016

Assunto: Fwd: por acordo... sugestões bem-vindas

> Vogel me deu a matéria mais cedo/antes de ir para os editores desde que eu não a mostrasse. Me avise se você notar qualquer coisa faltando e eu repasso.

Donna Brazile, membro de longa data do Partido Democrata, e que assumiu o cargo após Wasserman Schultz ser forçada a sair, ela própria foi tirada do emprego como analista televisiva da CNN após o aparecimento deste *e-mail*. Ele revela que ela tinha conseguido acesso a uma questão planejada para o debate entre Clinton e Sanders em 6 de março de 2016. Brazile mandou a pergunta para a central de campanha de Clinton um dia antes do debate.

De: Donna Brazile

Para: John Podesta

Data: 5 de março de 2016, 21h16min

Assunto: Uma das perguntas para HRC amanhã é de uma mulher com problemas

> A família dela foi contaminada com chumbo e ela vai perguntar o que, se for feito algo, Hillary fará como presidente para ajudar o povo de Flint. Pessoal, eu fiz um trabalho social hoje. É muito trágico. E o que é pior, algumas casas ainda não foram examinadas e é importante incentivar os mais velhos a serem examinados também. (enviado do iPad).

---

106 CALDERONE, Michael. Politico Admits 'Mistake' In Sending DNC an Article in Advance. The Huffington Post, 24 jul. 2016. Disponível em: <https://goo.gl/WV5C1K>. Acesso em: 23 jan. 2018.

PARTE DOIS: CLINTON, O FALCÃO

CLINTON E O MITO AMERICANO

Nas falas ao Goldman Sachs a seguir, Hillary Clinton pode ser vista contando uma história esfarrapada, sustentada pelos dois grandes partidos, que a principal função dos Estados Unidos no mundo é "espalhar a democracia". Ela fala com fervor do bem que líderes políticos e empresariais americanos fazer para a humanidade. Uma análise mais objetiva mostraria que esses líderes estão agindo principalmente em interesse próprio ao promover um sistema econômico que serve ao capital ocidental e a oligarcas locais, e deixa o povo comum a juntar os cacos. Isso é imposto de muitas formas: por meio das medidas de austeridade recomendadas pelo FMI, de domínio americano, por organizações não-governamentais financiadas pelo Departamento de Estado e pelo envolvimento da CIA na política interna dos Estados visados. Esse sistema em expansão é reforçado, se necessário, por bases militares americanas convenientemente localizadas por todo o planeta. Mercados, recursos e dependência política são os motivos. Nações dissidentes que querem controlar o próprio futuro são os alvos, mesmo quando seus líderes são democraticamente eleitos, como aconteceu no Irã em 1953, na Guatemala em 1954, no Chile em 1973 e em muitos outros países. Derrubar líderes eleitos demonstra a falta de consideração dos líderes americanos com o ato de "espalhar a democracia" – o próprio compromisso flexível de Clinton com a democracia foi revelado quando ela foi gravada dizendo que se "nós fossemos lutar por eleições" em 2006 nos territórios palestinos, ganhas pelo Hamas, "então nós deveríamos ter garantido que faríamos algo para determinar quem ganha". [107]

Sempre que os Estados Unidos intervieram nos anos recentes, o Goldman Sachs – e outros bancos de Wall Street – não está muito atrás. "A primeira coisa que você precisa saber sobre o Goldman Sachs é que ele está em todo lugar", escreveu o jornalista Matt Taibbi. "O banco de investimentos mais poderoso do mundo é uma grande lula vampira agarrada ao rosto da humanidade, incansavelmente enfiando suas presas sugadoras de sangue em qualquer coisa que cheire a dinheiro". Quando a União Soviética entrou em colapso, o Goldman Sachs apareceu para liderar o caminho do saque em antigas empresas estatais. O Goldman

---

107 Fonte: observer.com/2016/10/2006-audio-emerges-of-hillary-clinton- proposing-rigging-palestine-election/

Sachs também teve muita participação na criação da crise da dívida grega que estremeceu a Europa.[108]

Figuras muito bem sucedidas nesse sistema corrupto, pessoas como Clinton e os executivos do Goldman Sachs, não estão dispostas a encarar as consequências das ações que as enriqueceram enquanto destruíam as vidas de tantas pessoas em casa e nos exterior. Elas escondem as conexões e culpam as vítimas. Elas, por exemplo, se recusam a reconhecer a ligação entre suas fortunas e o empobrecimento endêmico, ou como a riqueza é deliberadamente transferida para poucos ao mandar os empregos para o exterior, esconder lucros não tributados em paraísos fiscais, criar uma base de empregados precarizados com contratos temporários e sem benefícios, conseguir benefícios fiscais, influenciar o Congresso por meio de doações para manter o salário mínimo congelado por oito anos e reduzir as regulamentações, tornando legal o que era ilegal. Os pagamentos dos CEOs ajustados pela inflação aumentaram 997% entre 1978 e 2014. O pagamento médio ao trabalhador aumentou 10,9% nesse período. A razão entre os salários de CEO e trabalhadores aumentou de 20/1 em 1965 para 340/1 em 2015. A atitude do Goldman Sachs em relação ao público foi revelada quando ele conscientemente vendeu lixo disfarçado de bom investimento, e depois, quando os preços desabaram, ameaçando todo o sistema financeiro, ele colocou a culpa nos enganados, se eximindo de culpa.

Para justificar o próprio "sucesso" nesse sistema, líderes políticos e empresariais americanos mantêm práticas autocongratulatórias e falam para públicos que eles veem como adolescentes sobre "cidades brilhantes" sobre a colina e o "excepcionalismo" dos Estados Unidos que o colocaria acima das leis. Essa retórica barata, a qual Clinton emprega abundantemente aqui, tem como objetivo não só convencer o público de que os líderes americanos são indivíduos desprendidos ajudando outras nações, como também convencer os próprios líderes disso. Geralmente é difícil descobrir se um líder americano qualquer acredita de verdade nesse mito ou se o está usando de modo cínico para conseguir vantagens. Clinton, muito inteligente e experiente nas artimanhas americanas no exterior, é especialmente difícil de ser lida nesse contexto. Ela realmente acreditava na retórica usada ou só sabe que isso é necessário para garantir o apoio do público para as medidas que ela propôs?

---

108 REICH, Robert. How Goldman Sachs Profited From the Greek Debt Crisis. The Nation, 16 jul. 2015. Disponível em: <https://goo.gl/JiqH6q>. Acesso em: 23 jan. 2018.

Nas declarações abaixo, Clinton, que apoiou uma proposta no Senado para tornar contravenção a queima da bandeira americana, fala da "História Americana". É uma História vivida por cada vez menos americanos e na qual se crê cada vez menos. Isso explica parcialmente o sucesso de Sanders, que questionou o falso otimismo que sustenta a fala a seguir. Infelizmente Trump se aproveitou do mesmo sentimento.

De um discurso para o Goldman Sachs em 29 de outubro de 2013, em Marana, Arizona:

ESPECTADOR: Como nós poderíamos reapresentar aquilo sobre o que falamos nos termos do bem que os Estados Unidos fazem para o mundo e de levar uma mensagem de esperança? Mesmo nessa conversa, nós falamos principalmente sobre medo e ameaça. Você poderia falar para nós sobre esperança e o bem que fazemos ao mundo?

CLINTON: Bem, você está completamente certo. E esse ainda é o caráter americano. Está no nosso DNA. Nós somos um povo generoso, esperançoso, otimista e confiante. E, como você sabe, eu fui senadora por Nova York durante o 11/09. E, sabe, a volta de Nova York, a sua resiliência, sua confiança em face de um ataque devastador foi um dos capítulos mais inspiradores da história americana. Então não há dúvidas de que nós temos uma bela história pra contar. Eu acho que, compreensivelmente, houve reações extremadas e reações apropriadas após o 11/09, e é por isso que agora, doze anos depois, nós estamos tendo essa conversa sobre o equilíbrio ideal entre privacidade e segurança, mas seria justo dizer, sabe, entre otimismo e ceticismo. Nós temos de voltar para o lado otimista.

Eu vejo isso em todos os lugares aonde vou. Quer dizer, muitas das pessoas com as quais eu encontro e converso estão animadas em relação ao futuro. Elas querem contribuir, seja nos negócios ou em atividades não lucrativas. Há uma quantidade enorme de animação e antecipação.

Mas muitas pessoas estão preocupadas pensando se há outro abalo por vir. E se de alguma forma nosso governo ou nossa cultura não irão refletir nosso reflexo de seguir em frente. Então, sim, nós temos de voltar a contar a Estória Americana, e repeti-la para nós mesmos antes de mais nada... Nós precisamos voltar a acreditar na nossa lenda. Nós precisamos jogar fora muito ceticismo. Quer dizer, ninguém aqui é cético quando se trata de empreender. Você não conseguiria sair da cama de manhã. Você não conseguiria encarar as dificuldades. Você não conseguiria fazer o que é preciso. Você precisa acreditar que vai conseguir, que vai chegar lá, que vai ter sucesso, que vai conseguir aqueles investidores. Quer dizer, isso representa o que os Estados Unidos sempre apoiaram e nós temos de lutar por isso.

> Eu vejo qualquer sociedade como um banquinho de três pernas. Você precisa ter um mercado livre ativo que dá às pessoas as chances de viver dos seus sonhos a partir de seu próprio trabalho e habilidade. Você precisa ter um governo eficaz, funcional, que fornece o equilíbrio certo entre supervisão e proteção da liberdade e privacidade e todo o resto que acompanha. E você precisa ter uma sociedade civil ativa. Porque muita coisa nos Estados Unidos que é sobre voluntariado, e trabalho religioso e atividades comunitárias e familiares. Então, se você tira uma dessas pernas, é difícil de equilibrar. Por isso é importante voltar ao equilíbrio.

Clinton aqui adota uma mensagem tipicamente conservadora sobre o voluntariado e a fé religiosa para dar conta das tragédias humanas do brutal fundamentalismo de mercado. O governo fica para conduzir a supervisão – normalmente um eufemismo para vigilância – e de algum modo proteger a privacidade e a liberdade.

Clinton também trata aqui de um de seus temas preferidos: a importância da sociedade civil. Em 16 de fevereiro de 2011, ela falou na sessão inaugural do Diálogo Estratégico com a Sociedade Civil, um evento do Departamento de Estado descrito como "um novo mecanismo para organizar a intervenção americana nas questões internas dos outros países", de acordo com Diana Johnstone em seu livro de 2015 sobre Clinton, *Queen of Chaos*.

> Como sempre, ela repetiu o mantra de que os Estados Unidos "apoiam a mudança democrática" porque ela acompanha "nossos valores e interesses"... Hillary repisou sua imagem preferida, de um banquinho de três pernas que sustenta sociedades estáveis: "um governo que responde à sociedade; uma economia de setor privado eficiente; e uma sociedade civil, que represente tudo mais que acontece no espaço entre o governo e a economia, e que sustente os valores e represente as aspirações."

> O banquinho é na verdade a imagem da governança frouxa de uma sociedade corporativa: um governo que responde às demandas do capital financeiro, uma economia capitalista e organizações bem-financiadas, privadas e não eleitas que irão determinar "nossos valores". Note o que falta: uma vida política vigorosa, imprensa rigorosamente independente, um sistema educacional que prepare cidadãos críticos e intelectualmente alertas.

"O que isso quer dizer", Johnstone escreve, "é que Hillary intensificou uma grande mudança em curso na diplomacia americana, que é se afastar do trato com outros governos, como é a prática tradicional, em direção a lidar com a 'sociedade civil' contra governos considerados inapropriados para tratar desses temas de modo que satisfaça Washington".[109]

---

109 JOHNSTONE, Diana. *Queen of Chaos*: The Misadventures of Hillary Clinton. [S.l]: CounterPunch, 2015.

David Ignatius relatou no *Washington Post* em 1991 que a "sociedade civil" apoiada pelos Estados Unidos estava fazendo abertamente aquilo que a CIA costumava fazer em segredo,[110] isto é, desestabilizar e derrubar governos problemáticos. Ele escreveu sobre uma "rede de agentes públicos que nos últimos dez anos vêm mudando lentamente as regras da política internacional. Eles estão fazendo em público o que a CIA fazia em segredo – dando dinheiro e apoio moral para grupos pró-democracia, treinando agentes de desobediência civil, trabalhando para subverter o mando comunista... O que pode resultar ser necessário abolir a função de ação secreta que era estranhamente dada à missão básica da CIA de espionar quando a agência foi criada em 1947... Pode ser a hora, finalmente, de dizer adeus. A CIA está obsoleta. Ela foi privatizada".

MEDO DA GUERRA COM A RÚSSIA

Das falas ao Goldman Sachs em Bluffton, Carolina do Sul, 4 de junho de 2013:

> CLINTON: Eu ficaria muito feliz se pudéssemos continuar a construir uma relação mais positiva com a Rússia. Eu trabalhei muito duro nisso quando fui secretária de Estado, e nós fizemos progresso com Medvedev, que era oficialmente presidente, mas que obviamente tinha obrigações para com Putin – mas o Putin meio que deu liberdade a ele e nós os ajudamos por muitos anos a entrar na OMC, e eles foram úteis para nós ao ajudar a transitar equipamentos, mesmo equipamento letal, para dentro e para fora do Afeganistão.
>
> Então nós estávamos fazendo progresso, e eu acho que o Putin tem uma visão diferente. Certamente ele se afirmou de uma forma que agora demandará algum ajuste do nosso lado, mas obviamente nós gostaríamos de ter uma relação positiva com a Rússia, e nós gostaríamos de ver Putin em uma postura menos defensiva em relação aos Estados Unidos para que pudéssemos trabalhar juntos em alguns temas.
>
> Nós tentamos muito trabalhar com Putin em questões comuns como a defesa de mísseis. Eles rejeitaram isso de primeira. Então eu acho que é disso que a diplomacia trata. Você continua insistindo e tentando.

Hillary Clinton fez essas observações antes da erupção da crise da Ucrânia no ano seguinte, o que jogou as relações Estados Unidos-Rússia no que parecia uma nova Guerra Fria, e isso três anos antes da reação

---

110 IGNATIUS, David. Innocence Abroad: The New World of Spyless Coups. The Washington Post, 22 set. 1991. Disponível em: <https://goo.gl/dbw38w>. Acesso em: 23 jan. 2018.

neo-McCarthista à suposta interferência russa nas eleições de 2016. Mas ela falou isso após sua postura agressiva contra a Síria enquanto estava à frente do Departamento de Estado. Na campanha de 2016 ela denunciou o envolvimento russo na Síria, levantando a preocupação de que uma presidência Clinton pudesse levar ao conflito com a segunda maior potência nuclear do planeta.[111]

Uma contextualização das relações recentes entre os Estados Unidos e a Rússia é necessária. Os eventos na Ucrânia aconteceram depois que Clinton deixou o Departamento de Estado. Conforme indicado na Introdução, os Estados Unidos ajudaram a maquinar o violento golpe de fevereiro de 2014 que derrubou o presidente democraticamente eleito Viktor Yanukovych, levando a uma resposta russa. Coube ao sucessor de Clinton, John Kerry, fazer a inflada e hipócrita acusação de que a Rússia "invadiu" a Ucrânia. "Você não se comporta em pleno século XXI com as maneiras do século XIX ao invadir um país com um pretexto completamente inventado", Kerry disse, mesmo após ter votado no Senado pela invasão do Iraque com força total onze anos antes. Os Estados Unidos nunca forneceram evidências convincentes de uma invasão russa. Na verdade, apresentaram informações alemãs, depois desmascaradas como invenções perigosamente propagandísticas" do general Philip Breedlove,[112] então chefe do comando militar europeu dos Estados Unidos e comandante supremo das forças da OTAN, que disse aos repórteres em 25 de fevereiro de 2015 que a Rússia tinha "mais de mil veículos de combate, tropas, algumas das suas mais sofisticadas peças de defesa aérea e batalhões de artilharia"[113] no leste ucraniano.

"Os líderes alemães em Berlim ficaram chocados. Eles não sabiam do que Breedlove estava falando. E não foi a primeira vez. Uma vez mais, o governo alemão, apoiado pelas informações levantadas pela Bundesnachrichtendienst (BND), a agência de inteligência exterior da Alemanha, não compartilhava das perspectivas do Comandante Supremo

---

111 SACHS, Jeffrey. Hillary Clinton and the Syrian Bloodbath. Huffpost, 14 fev. 2016. Disponível em: <https://goo.gl/p5xFpY>. Acesso em: 23 jan. 2018.

112 STAFF, Spiegel. Berlin Alarmed by Aggressive NATO Stance on Ukraine. Spiegel Online, 6 mar. 2015. Disponível em: <https://goo.gl/4fsgnZ>. Acesso em: 23 jan. 2018.

113 ALEXANDER, David. NATO Commander Says his Advice on Ukraine Crisis Being Reviewed. Reuters, 25 fev. 2105. Disponível em: <https://goo.gl/6Mznnj>. Acesso em: 23 jan. 2018.

Aliado para a Europa da OTAN", publicou a revista alemã *Der Spiegel*.[114] "Afirmações falsas e relatos exagerados, de acordo com um alerta de uma alta autoridade alemã em uma reunião recente sobre a Ucrânia, colocaram a OTAN – e, por extensão, todo o Ocidente – sob risco de perder sua credibilidade". Breedlove então disse ao jornal *Frankfurter Allegemeine* em novembro de 2014 que havia "unidades do exército russo no leste da Ucrânia".[115] Mas um dia depois ele reconheceu à revista *Stern* que eles eram "principalmente conselheiros e instrutores".[116]

Em marco de 2015, o general americano Bem Hodges indentificou uma "intervenção militar russa direta" no leste da Ucrânia.[117] "Altos oficiais em Berlim imediatamente pediram ao BND uma avaliação, mas as imagens de satélite da agência de inteligência mostravam apenas alguns veículos armados... um agente de inteligência diz que 'até hoje é uma incógnita' como [Hodges] chegou às suas conclusões".

No início da crise ucraniana, Breedlove disse que a Rússia havia concentrado 40 mil soldados na fronteira e alertou sobre uma invasão iminente. "Mas os oficiais de inteligência dos Estados membros da OTAN já haviam excluído a possibilidade de uma invasão russa", escreveu o *Der Spiegel*. Havia menos de 20 mil soldados na fronteira eles "já estavam lá antes do início do conflito".

Nada disso impediu Clinton. Como candidata à presidência, ela escolheu a Rússia como a "agressora" em relação à Ucrânia, e disse que a Rússia era a "agressora" na Síria, ainda que tivesse havido o convite do governo internacionalmente reconhecido para que a Rússia ajudasse a debelar uma rebelião iniciada com apoio estrangeiro.

Depois que os Estados Unidos venceram a primeira Guerra Fria no início da década de 1990, o governo de Bill Clinton, junto com os bancos de Wall Street como o Goldman Sachs à frente, se juntou aos oligarcas russos para saquear a economia até então estatal.

---

114 STAFF, Spiegel. Berlin Alarmed by Aggressive NATO Stance on Ukraine. Spiegel Online, 6 mar. 2015. Disponível em: <https://goo.gl/4fsgnZ>. Acesso em: 23 jan. 2018.

115 STAFF, Spiegel. Berlin Alarmed by Aggressive NATO Stance on Ukraine. Spiegel Online, 6 mar. 2015. Disponível em: <https://goo.gl/4fsgnZ>. Acesso em: 23 jan. 2018.

116 Idem.

117 Idem.

Os Estados Unidos estavam em uma posição inédita na história em relação a possibilidade de levar progresso ao mundo. Ao invés disso, o país auxiliou no crescimento da fortuna e do poder de seus governantes em detrimento de milhões de pessoas por todo o mundo. Hillary Clinton está no centro da farsa que finge levar a democracia e o progresso social, enquanto faz o oposto.

Anteriormente, quando a Segunda Guerra Mundial terminou, havia o medo de que os Estados Unidos voltassem à Grande Depressão. Mas em vez de fazer grandes investimentos públicos em indústrias civis, foi a indústria de defesa que salvou a economia e se tornou a base do crescimento ao longo de uma Guerra Fria na qual a ameaça russa era superestimada para manter os senhores da guerra no poder, as fábricas de armas rodando e os lucros entrando. Isso terminou com a queda do Muro de Berlim em 1989 e o subsequente colapso da União Soviética. Havia então muito dinheiro a se fazer pelas corporações e bancos ocidentais na economia completamente aberta da Rússia derrotada. O próprio Goldman Sachs foi contratado pelo governo russo para liderar a atração de investimentos estrangeiros no país.[118] O acordo foi assinado pelo Goldman por Robert Rubin, um ano de se tornar o secretário do Tesouro de Bill Clinton.

Um obediente Boris Yeltsin, cuja reeleição, ironicamente, deveu-se em grande parte à interferência de conselheiros eleitorais americanos na política doméstica russa,[119] abriu as portas para a ação à distância de bancos e negócios dos Estados Unidos.

Retornar a uma economia dos tempos de paz durante o governo Bill Clinton, pela primeira vez desde 1940, significaria desmantelar as relações do complexo militar-industrial sobre as quais Dwight Eisenhower havia alertado. Ao contrário, com o Pentágono e a OTAN lutando para fazer sentido no imediato pós-Guerra Fria, um novo inimigo estava para ser encontrado, primeiro no extremismo islâmico e depois na Sérvia durante a crise do Kosovo.

Nesse ínterim, o recém-eleito Vladmir Putin começou a reafirmar a soberania russa. Ele proibiu os oligarcas de entrarem na política e colocou alguns deles na prisão. Sob a presidência de Dmitiri Medvedev as relações com os Estados Unidos melhoraram. Foi justamente após esse período que Clinton fez as observações acima, nas quais ela diz que ela adoraria

---

118 THE WASHINGTON POST. Russia Hires Goldman Sachs as Adviser. 18 fev. 1992. Disponível em: <https://goo.gl/i3iB1s>. Acesso em: 23 jan. 2018.

119 KRAMER, Michael. Rescuing Boris. Time, 24 jun. 2001. Disponível em: <https://goo.gl/udPDHn>. Acesso em: 23 jan. 2018.

ter melhores relações com a Rússia. O público no Goldman Sachs sabia o que ela queria dizer: permitir a Wall Street manter seu acesso à economia russa. Mas Putin estava de volta e, como Clinton afirmou, "certamente ele se afirmou de uma forma que agora demandará algum ajuste do nosso lado". Ela ainda queria relações melhores com Moscou, mas Putin precisaria ser "ter uma postura menos defensiva em relação aos Estados Unidos." Então, Putin já tinha elevado os padrões de vida russos, restaurado seu orgulho e estava aproveitando taxas de aprovação muito altas.[120]

Os Estados Unidos escondem seu grande interesse nos mercados russos e nas vastas fontes de recursos naturais por trás das alegações de violação de direitos humanos em relação a Putin, alegando, por exemplo, o assassinato de jornalistas e opositores políticos – alegações que podem ser verdadeiras, mas são muito difíceis de serem provadas. A Rússia possui políticos de oposição liberais e pró-ocidentais, assim como muitos jornais de oposição que regular e abertamente criticam Putin. A Rússia não é um modelo de democracia – poucos países o são –, mas apresenta mais liberdade que muitos aliados dos Estados Unidos.

Cerca de um ano antes que Clinton proferisse estas falas ao Goldman Sachs, as relações com Putin haviam azedado quando, em 2011, ele a culpou nominalmente por incitar protestos contra o governo na Rússia.[121] Clinton não menciona isso. Ao contrário, ela acusa Putin de não cooperar com os Estados Unidos em um sistema de defesa de mísseis que posteriormente foi instalado na Romênia. Os Estados Unidos alegaram que os mísseis eram para propósitos defensivos contra o Irã, mas eles

---

120 Em novembro de 2015 eu fui à Rússia pela primeira vez desde novembro de 1995. Aqueles eram os anos Yeltsin, de capitalismo neoliberal sem freios, da aliança entre Wall Street e os oligarcas que derrubou o país e deixou milhões de russos sem nada. Fora das estações de trem eu vi acampamentos de sem-teto repletos de fogueiras. Os policiais paravam motoristas em busca de propinas. Eu corri de dois homens que tentavam me assaltar até despistá-los em uma estação de metrô. A Rússia que encontrei vinte anos depois, em São Petersburgo e Moscou, era ordeira e próspera, e tão moderna quanto qualquer lugar na Europa. É um testamento à resistência russa às tentativas americanas de restaurar seu controle político e financeiro. A Rússia é um país capitalista. Mas em seus próprios termos. E está totalmente ciente das maquinações americanas para obstá-la.

121 HERSZENHORN, David M.; BARRY, Ellen. Putin Contends Clinton Incited Unrest Over Vote. The New York Times, 8 dez. 2011. Disponível em: <https://goo.gl/g16Kte>. Acesso em: 23 jan. 2018.

também poderiam ser usados de forma ofensiva e a Rússia os viu como uma ameaça. Em seguida, Putin trabalhou para retirar ONGs americanas do país,[122] temendo que elas pudessem instigar revoltas para substituí-lo por uma figura semelhante a Ieltsin. As relações esfriaram de vez depois do envolvimento americano na derrubada do presidente democraticamente eleito da Ucrânia em fevereiro de 2014, detalhado na Introdução. Clinton se tornou uma crítica mordaz da Rússia, chamando Putin de Hitler após ele ter agido defensivamente na Crimeia.

De fato, a crise ucraniana pareceu um plano de inspiração neoconservadora para provocar Putin. Com a imprensa ocidental cheia de histórias sobre a "agressão russa", a OTAN realizou grandes treinamentos de guerra em 2016, com 31 mil soldados na fronteira ocidental russa. Pela primeira vez em 75 anos, as tropas alemãs refizeram os passos da invasão nazista à União Soviética.

"O que nós não deveríamos fazer agora é inflamar ainda mais a situação com o tilintar de espadas e a pregação da guerra", disse o então ministro das relações exteriores alemão Frank-Walter Steinmeier ao jornal *Bild am Sontag*.[123] "Quem quer que acredite que um desfile simbólico de tanques na fronteira leste da aliança vá trazer segurança está errado". Ao contrário, Steinmeier pediu por diálogo com Moscou. "Nós estamos agindo com sensatez ao não criar pretextos para renovar um velho confronto", ele disse, afirmando que seria "fatal buscar apenas por soluções militares e uma política de contenção".

Um dia depois das falas de Steinmeier, o general Petr Pavel, chefe do comitê militar da OTAN, soltou uma nova bomba. Pavel disse em uma conferência de imprensa em Bruxelas que a Rússia não era uma ameaça para o ocidente.[124] "Não é o objetivo da OTAN criar uma barreira militar contra uma agressão russa de larga escala porque tal agressão não está na agenda e nenhum relatório de inteligência sugere isso", ele disse.

Enquanto a crise da Ucrânia esquentava, eu estava em um encontro de imprensa de bastidores com um embaixador europeu veterano, que falou em condição de anonimato, na missão de seu país junto à ONU em

---

122 BBC NEWS. Russia's Putin Signs Law Against 'Undesirable' NGOs. 24 maio 2015. Disponível em: <https://goo.gl/xvxFwg>. Acesso em: 23 jan. 2018.

123 PRESSTV. NATO Should Not Fuel Tensions with Russia: German FM," 18 jun. 2016. Disponível em: <https://goo.gl/R5f7Jt>. Acesso em: 23 jan. 2018.

124 HOVET, Jason; MULLER, Robert. NATO Commander Sees No Imminent Russian Threat to Baltics. Reuters, 20 jun. 2016. Disponível em: <https://goo.gl/c9TSWU>. Acesso em: 23 jan. 2018.

Nova York. Eu o ouvi descrever a ameaça russa à Europa Oriental como "buchicho" feito para dar à OTAN "um motivo para existir". Falando em público nos encontros do Conselho de Segurança, o mesmo embaixador atacaria ferozmente a "ameaça" russa.

O *modus operandi* de Washington é provocar de forma contínua e culpar os oponentes até que eles reajam, como fez a Rússia de Putin, e então acusá-lo de agressão e depois atacar em "autodefesa". Assim, Washington, com ajuda da grande imprensa, constrói apoio popular para sua própria versão dos eventos e resistência ao outro lado da história. Infelizmente esse não é um truque novo no manual dos Estados Unidos. "Os estadistas vão inventar mentiras baratas, jogando a culpa sobre a nação atacada, e todos os homens ficarão satisfeitos com essas falsidades que aliviam a consciência, e irão diligentemente estudá-las, e se recusarão a examinar suas refutações; e logo ele se convencerá firmemente de que a guerra é justa, e agradecerá a Deus pelo bom sono que dorme após esse grotesco processo de autoengano", escreveu Mark Twain no final do século XIX.[125]

Também havia um motivo econômico para o golpe ucraniano. A derrubada do presidente com o apoio dos Estados Unidos aconteceu após ele ter recusado um acordo de associação com a União Europeia e, em seu lugar, escolheu um acordo russo. O ministro das finanças do governo golpista era uma americana, Natalie Jaresko, que recebeu a nacionalidade ucraniana no dia em que começou no cargo. A gigante da agroquímica Monsanto é só uma das muitas empresas americanas com interesses comerciais consideráveis na Ucrânia. Poucas semanas após o golpe, o filho de Joe Biden, Hunter Biden, junto com um amigo da família de John Kerry, se juntou ao conselho da Burisma Holdings, a maior empresa privada de produção de gás da Ucrânia.[126]

Nos debates presidenciais, Clinton jogou pesado com Trump usando a alegação de que a Rússia teria hackeado os *e-mails* do Partido Democrata para ajudá-lo a vencer, chamando-o de "marionete de Putin". Ela reforçou isso com a afirmação de que "17 agências de inteligência" apoiavam essa conclusão.[127]

---

125 TWAIN, Mark. The Mysterious Stranger. Disponível em: <https://goo.gl/egBBBj>. Acesso em: 23 jan. 2018.

126 SONNE, Paul; GRIMALDI, James V. Biden's Son, Kerry Family Friend Join Ukrainian Gas Producer's Board. The Wall Street Journal, 13 maio 2014. Disponível em: <https://goo.gl/6TZ3hE>. Acesso em: 23 jan. 2018.

127 FLEITZ, Fred. No, Hillary, 17 U.S. Intelligence Agencies Did Not Say Russia Hacked Dem E-mails. The National Review, 20 out. 2016. Disponível em: <https://goo.gl/j9dUxz>. Acesso em: 23 jan. 2018.

Aqui ela se referia a uma declaração do diretor de segurança nacional e inteligência,[128] que não forneceu evidências concretas da culpa russa, dizendo apenas que a ação foi consistente com os "métodos russos". Uma National Intelligence Estimate, mais legítima, nunca foi feita. Após assumir o cargo, agências de inteligência desgastaram Trump, vazando registros que fazem supor má conduta eleitoral porque alguns membros de seu gabinete se reuniram com russos. Durante a escrita desse livro, nenhuma evidência sólida foi apresentada para sustentar essas alegações. Mas o frenesi antirrusso chegou a patamares inéditos desde a caça às bruxas de McCarthy.

FAZENDO DA EUROPA UM VASSALO DOS ESTADOS UNIDOS

Mais de 70 anos depois do fim da Segunda Guerra Mundial, o exército dos Estados Unidos ainda mantém um profundo envolvimento militar com a Europa. A presença considerável de tropas e as numerosas bases militares, algumas das quais com armas nucleares, reforçaram o domínio americano sobre o Reino Unido e o continente. Imediatamente após a guerra, Allen Dulles, um cidadão comum que estava entre passagens o OSS e a direção da CIA, organizou o direcionamento de milhões de dólares para garantir que os comunistas não seriam eleitos na Itália,[129] o que começou uma longa história de interferência americana nas eleições europeias no pós-guerra.[130] O Mercado Comum Europeu e a União Europeia foram projetos políticos apoiados pela CIA.[131] Por meio de sua liderança na OTAN, os Estados Unidos desempenham um papel considerável na determinação da política militar europeia e é raro que países europeus se oponham à política externa americana – uma exceção notável foi quando Alemanha e França se opuseram à invasão do

---

128 DIRECTOR OF NATIONAL INTELLIGENCE. Joint DHS and ODNI Election Security Statement. 7 out. 2016. Disponível em: <https://goo.gl/1qRcNM>. Acesso em: 23 jan. 2018.

129 TALBOT, David. The Devil's Chessboard. Nova York: HarperCollins: 2015. Kindle loc. 2722.

130 THAROOR, Ishaan. The Long History of the U.S. Interfering with Elections Elsewhere. The Washington Post, 13 out. 2016. Disponível em: <https://goo.gl/eWch5R>. Acesso em: 23 jan. 2018.

131 EVANS-PRITCHARD, Ambrose. The European Union Always Was a CIA Project, as Brexiteers Discover. Telegraph, 27 abr. 2016. Disponível em: <https://goo.gl/n8BWsr>. Acesso em: 23 jan. 2018.

Iraque em 2003. A intervenção direta de Barack Obama para que o Reino Unido não deixasse a União Europeia em 2016 mostrou que o interesse americano em manter o *status quo* na Europa está forte como sempre. A dominação americana da política econômica europeia é demonstrada pela insistência de Washington em manter as sanções europeias à Rússia como resposta à crise ucraniana. A Alemanha concordou com isso se opondo aos próprios interesses, uma vez que mantém laços comerciais consideráveis com a Rússia.

Clinton, abaixo, fala em um contexto de crescente ressentimento popular contra a imposição de medidas de austeridade na Europa pelos bancos e pela liderança da União Europeia.

Da sessão de perguntas e respostas entre Clinton e o CEO do Goldman Sachs Lloyd Blankfein e outros funcionários em 4 de junho de 2013, em Bluffton, Carolina do Sul:

> BLANKFEIN: Não é incrível que nós possamos seguir adiante e pensar na Europa só depois?
>
> Os Estados Unidos estão hoje voltados para o Pacífico e olham para este lado. É outra surpresa, tendo crescido como nós crescemos, que nossa atenção esteja tão focada na Ásia... É claro que todo mundo aqui na indústria de serviços financeiros está bem focado em tentar harmonizar diferentes... – mas do nosso ponto de vista o que é incompreensível é a governança da Europa e as consequências de Bruxelas e da moeda única que ninguém se dá conta, e o fato de que elas podem não ser tão importantes se não conseguirem colocar a economia em forma e se não crescerem nos próximos – alguma observação sobre isso?
>
> CLINTON: Bem, certamente nós estamos sempre olhando para a Europa como nossa primeira aliada. Nossos valores comuns, nossa história comum. Tudo isso está no DNA de como nós pensamos sobre o futuro, e a OTAN permanece a mais importante e notável aliança militar, eu acho, da história humana.
>
> Então há muito sobre o que nós devemos prestar atenção e trabalhar. Não há dúvidas de que a Europa está passando – vocês sabem melhor do que eu – por reajustes sérios. Aonde eles vão dar eu acho que ninguém pode prever. Pode ser que aconteça na Europa o que Winston Churchill costumava dizer sobre nós: os americanos vão chegar na resposta certa depois de tentar quase tudo, e talvez eles tropecem e façam seu caminho rumo a acomodação ao reconhecer a realidade do que significa ter uma moeda comum sem um sistema comum que sustente essa moeda.

Então eu certamente não excluiria os europeus, mas acho que eles ainda têm muito trabalho a fazer. E eu estou de fato preocupada em relação a outra perspectiva. Eu acho que, a menos que os líderes nacionais e os líderes da União Europeia e da Eurozona comecem a agir juntos, nós vamos ver muitos líderes e partidos políticos imprevisíveis vindo à tona em muitos países. Vamos ver muito nacionalismo. Vamos ver muito chauvinismo. Vamos ver partidos no Reino Unido que – vencendo eleições no Reino Unido e forçando Cameron e seu governo de coalizão para a direita à medida que as eleições se aproximam – eu acho que em 2015. O que isso significa para a Europa? O que isso quer dizer para nosso relacionamento? Você tem a aliança militar da OTAN perdendo os fundos necessários por culpa dos orçamentos, e a maior parte dos orçamentos dos países europeus foram cortados. Então eu acho que – não está claro para mim agora aonde isso vai dar. Eles têm de tomar remédios amargos, e têm mais vontade que outros para fazer isso e ver se eles têm ou não a vontade política para tomar essas decisões individual ou coletivamente, e agora eu acho que a decisão está em curso.

Essa foi uma previsão precisa do que está acontecendo agora em grande parte da Europa e nos Estados Unidos também com a eleição de Trump. Previsivelmente, Clinton não vê a ascensão do populismo de direita nos Estados Unidos ligado ao elitismo que ela e seus apoiadores representavam, ou na Europa com a burocracia não-democrática que comanda a União Europeia. Não é surpreendente também que Blankfein e Clinton não falem sobre o papel dos bancos na crise da União Europeia, o do Goldman Sachs em particular. O banco teve um papel grande ao ajudar a Grécia esconder parte de sua dívida, o que em parte levou à sua enorme crise financeira[132] e às medidas de austeridade punitivas que subsequentemente foram impostas a seus cidadãos. Clinton sai em defesa da austeridade, descrevendo-a como "um remédio amargo".

A falha em produzir uma esquerda viável nos Estados Unidos e na Europa deixou a porta aberta para que a resistência popular aos bancos e à burocracia se unisse ao redor de partidos de extrema-direita e movimentos nacionalistas. Na esteira das observações de Clinton acima, o Reino Unido votou para deixar a União Europeia, a candidata do partido anti-imigração Front National, Marine Le Pen, concorreu com chances à presidência francesa e o Aurora Dourada, um partido neo-nazista, garan-

---

132 REICH, Robert. How Goldman Sachs Profited From the Greek Debt Crisis. The Nation, 16 jul. 2015. Disponível em: <https://goo.gl/JiqH6q>. Acesso em: 23 jan. 2018.

tiu 7% dos votos e dezoito parlamentares, se tornando o terceiro maior partido político na Grécia. Nas eleições mais recentes da Hungria, em 2014, o partido nacionalista cristão de extrema-direita Jobbik, recebeu 20,5% dos votos, também se tornando o terceiro maior partido do país. Um partido nacionalista anti-imigração recebeu a maior fatia dos votos nas eleições parlamentares de 2015 na Suíça e o Partido da Liberdade da Áustria, agremiação de extrema-direita, perdeu por muito pouco as eleições de maio de 2016 – que posteriormente seriam anuladas. Na Dinamarca, Finlândia, Suécia, Holanda, Eslováquia, Itália, Chipre e até mesmo na Alemanha os partidos extremistas nacionalistas estão ganhando popularidade considerável.

A Rússia tem sido suspeita de ajudar alguns desses partidos de extrema-direita,[133] uma acusação que o Kremlin nega. Mas, uma vez que a maior parte desses partidos apoia deixar a União Europeia, faz sentido, de uma perspectiva defensiva, dividir o que eles veem como um possível agressor em uma Europa dominada pelos Estados Unidos.

> CLINTON: Mas sobre a harmonização comercial e regulatória, nós somos muito sérios e é algo que eu apoiei fortemente. As discussões estão em andamento. No final a questão será, como costuma ser, sobre a agricultura, particularmente sobre a agricultura francesa, e nós só teremos de ver quanto conseguiremos por este processo.
>
> E não há dúvidas de que, se nós conseguirmos fazer progresso na fronte da regulamentação do comércio, isso seria bom para os europeus. Isso seria bom para nós. E eu gostaria que chegássemos tão longe quanto conseguirmos com um acordo real, não um acordo fajuto. Sabe, a União Europeia assina acordos a toda hora com todo mundo, mas eles não mudam nada. Eles meio que assinam e veem o que acontece. Eu acho que nós temos uma oportunidade para realmente economizar nos nossos respectivos esquemas regulatórios, aumentar o comércio não só entre nós, mas também sermos mais eficazes em ajudar a manter o mundo num caminho melhor para o sistema de comércio global para bens agrícolas ao estabelecermos os padrões que, junto com o comitê de política comercial, nós não falamos quando tratamos da Ásia, os quais eu acho que ainda estão em negociação.

---

133 FOSTER, Peter. Russia Accused of Clandestine Funding of European Parties as US Conducts Major Review of Vladimir Putin's Strategy. The Telegraph, 16 jan. 2016. Disponível em: <https://goo.gl/UQscCr>. Acesso em: 23 jan. 2018.

"Harmonização comercial e regulatória" é a senha do *lobby* sobre os órgãos regulatórios da União Europeia para desfazer os padrões de comércio e produção de modo a beneficiar os Estados Unidos. Desde que o Plano Marshall foi introduzido, ao final da Segunda Guerra Mundial, os Estados Unidos desempenham um papel dominante na economia europeia. O Departamento de Estado do governo Obama promoveu a Parceria Transatlântica para Comércio e Investimentos (TTIP), que visa desregular os mercados da Eurozona. Textos vazados das negociações secretas mostram que o TTIP "é sobre reduzir as barreiras regulatórias de comércio para o grande negócio,[134] coisas como as leis de segurança alimentar, legislação ambiental, regulamentação bancária e os poderes soberanos das nações individualmente", de acordo com o jornal britânico *Independent*.[135] Eles revelaram que o NHS, sistema nacional de saúde do Reino Unido, poderia ser privatizado e aberto para as empresas americanas; os padrões de vigilância alimentar europeus seriam aproximados das regras americanas, mais frouxas, permitindo alimentos geneticamente modificados, pesticidas adicionais e hormônios ligados ao câncer nas carnes; as leis sobre privacidade na internet seriam enfraquecidas; os tribunais poderiam receber processos de empresas contra governos por regulamentações que reduzissem os lucros.

O apoio de Clinton a esses acordos comerciais foi um dos temas-chave que a levaram para perto da derrota para Bernie Sanders nas primárias e para sua eventual derrota contra Trump – ambos se opuseram aos acordos como proposta central de suas campanhas.

DEFENDENDO O ESTADO CONTRA O POVO

Como uma figura central do sistema de segurança nacional dos Estados Unidos, não é surpreendente que Hillary Clinton tenha se oposto frontalmente a Edward Snowden, profissional de TI e antigo empregado da CIA, que vazou informações secretas da NSA em 2013, provando que a agência realiza vigilância não autorizada em massa sobre cidadãos americanos. Questionada sobre Snowden em um debate das primárias em 14

---

134 NELSON, Arthur. Leaked TTIP Documents Cast Doubt on EU-US Trade Deal. The Guardian, 1 maio 2016. Disponível em: <https://goo.gl/czTWkK>. Acesso em: 23 jan. 2018.

135 WILLIAMS, Lee. What is TTIP? And Six Reasons Why the Answer Should Scare You. The Independent, 6 out. 2015. Disponível em: <https://goo.gl/VutvR8>. Acesso em: 23 jan. 2018.

de outubro de 2015, Clinton disse: "Ele violou as leis dos Estados Unidos. Ele poderia ter sido um delator honesto. Ele poderia ter recebido todas as proteções dadas a esse tipo de delator. Ele poderia ter falado tudo o que falou. E eu acho que teria havido uma resposta positiva a isso. Além do mais – além do mais, ele roubou informações muito importantes que infelizmente caíram em muitas mãos erradas. Então eu não acho que ele deveria ser trazido de volta sem encarar as consequências".

Clinton não entendeu ou deliberadamente ignorou as motivações de Edward Snowden. Ele deixou claro a razão de não ter passado pelo chamado processo de delação honesta – precisamente porque ele avaliou que não receberia "as proteções" sobre as quais ela falou. Snowden disse que baseou sua avaliação no caso de Thomas Drake, um funcionário sênior da NSA, que levantou a questão dos grampos telefônicos não autorizados anos antes de Snowden e que passou pelo processo de fazer uma reclamação formal. Ele foi recompensado com um processo no âmbito da lei sobre espionagem. Ainda que a argumentação do governo tenha sido derrubada antes do julgamento, a vida de Drake foi arruinada.

Clinton sabe muito bem que o propósito da vigilância em massa é proteger os interesses do Estado, ainda que ela diga que é para proteger o povo. Que os direitos civis da população estejam sendo violados, como os vazamentos de Snowden revelaram, evidentemente quer dizer pouco para ela. Mas aparentemente quis dizer alguma coisa para os eleitores americanos em novembro de 2016.

Clinton ainda disse no debate das primárias do Partido Democrata em 14 de outubro de 2015 que não se arrependia de ter votado no Senado a favor do controverso Patriot Act, o qual, dentre outras coisas, abriu caminho para a politizada demissão de sete procuradores de justiça em 2006, a investigação de suspeitos não-terroristas sem causa provável e a verificação dos empréstimos de pessoas em bibliotecas.

> ANDERSON COOPER (CNN): Secretária Clinton, você se arrepende do voto no Patriot Act?
>
> CLINTON: Não. Eu acho que era necessário garantir que nós estivéssemos aptos, após o 11/09, a colocar em funcionamento a segurança de que precisávamos. E é verdade que isso precisou de um processo. O que aconteceu, contudo, é que o governo Bush começou a desfalcar esse processo. E eu comecei a reclamar do uso de vigilância não autorizada e de outras práticas que eles começaram. Nós sempre temos que manter o equilíbrio entre liberdades civis, privacidade e segurança. Não é fácil em uma democracia, mas nós temos de ter isso em mente.

Adepta de estar nos dois lados de um tema, Clinton criticou Bush uma vez iniciada a comoção pública após uma matéria bombástica do *New York Times* revelar um programa de grampos telefônicos sem autorização em dezembro de 2005.[136][137]

Abaixo, em uma conversa com Lloyd Blankfein oito anos depois, Clinton discute as então recentes revelações do WikiLeaks e os problemas que elas causaram para o governo dos Estados Unidos. De modo conveniente, não se menciona o fato de que os vazamentos revelam crimes de guerra praticados pelos Estados Unidos. A ênfase está na ameaça aos interesses do Estado naquilo que Clinton se refere como uma "derrota". A fala aconteceu quatro meses após as primeiras revelações de Snowden.

Falas ao Goldman Sachs em Marana, Arizona, 29 de outubro de 2013:

> BLANKFEIN: Me deixe fazer outra pergunta porque ela também será uma pergunta pontual. Digamos, hipoteticamente, que um país estava espionando outro.
>
> [risos]
>
> BLANKFEIN: E não houve nenhuma negação firme, mas também não houve confirmação. Como você – você estaria disposta a se explicar? Com você iria – o que você faria agora?
>
> CLINTON: Tudo bem. Isso é tudo sem registro, certo? Vocês não vão comentar isso com seus parceiros se eles não estiverem aqui.
>
> BLANKFEIN: Certo.
>
> CLINTON: Ok. Eu era secretária de Estado quando o WikiLeaks aconteceu. Vocês lembram daquela derrota toda. Então aparecem centenas de milhares de documentos. E eu tenho que fazer uma turnê de desculpas. E eu tinha um casaco feito como se fosse para uma turnê de uma estrela do rock. A Turnê de Desculpas de Clinton. Eu tive que ir e pedir desculpas para qualquer um que estava de qualquer modo citado em qualquer dos telegramas que fossem considerados qualquer coisa abaixo de elogiosos. E foi doloroso. Líderes que deveriam permanecer inominados, que foram retratados como fúteis,ególatras, sedentos por poder, corruptos. E nós sabíamos que eles eram assim.

---

136 THE ASSOCIATED PRESS. Sen. Clinton Criticizes Bush Wiretap Rationale. 25 jan. 2006. Disponível em: <https://goo.gl/H44RgR>. Acesso em: 23 jan. 2018.

137 RISEN, James; LICHTBLAU, Eric. Bush Lets U.S. Spy on Callers Without Courts. The New York Times, 16 dez. 2005. Disponível em: <https://goo.gl/t5ehXr>. Acesso em: 23 jan. 2018.

A publicação do WikiLeaks à qual ela se refere aqui foi a dos vazamentos dos telegramas diplomáticos americanos, que ficaram conhecidos como Cablegate. O WikiLeaks publicou mais de 250 mil telegramas secretos que tinham sido enviados ao Departamento de Estado por 274 de seus consulados, embaixadas e missões diplomáticas por todo o mundo. As revelações dignas de nota incluíam:

- O líder tunisiano Ben Ali estava atolado em corrupção, notícia que ajudou na sua derrubada em 2011, iniciando a Primavera Árabe;[138][139]

- Os Estados Unidos sabiam que doadores sauditas eram os principais financiadores dos grupos militantes sunitas como a Al-Qaeda;

- Os Estados Unidos vinham secretamente bombardeando o Iêmen. Em um encontro com o general David Petraeus, o presidente iemenita Ali Abdullah Saleh disse que "Nós vamos continuar a dizer que as bombas são nossas, não suas". Essa revelação aumentou a reação contra o agora deposto Saleh durante a Primavera Árabe;

- A espionagem americana nas Nações Unidas era muito mais ampla do que se supunha normalmente, com uso intenso de diplomatas em funções de recolhimento de informações, incluindo a obtenção de amostras de DNA do secretário-geral Ban Ki-moon. Os telegramas revelaram ameaças e espionagem americanas para ganhar influência em conferências diplomáticas como a Conferência do Clima em Copenhague;

- O Reino Unido prometeu em 2009 proteger os interesses dos Estados Unidos na investigação Chilcot, oficial, sobre o início da guerra no Iraque.

Os telegramas também revelaram que o vice-presidente afegão fugira de seu país com US$ 52 milhões em dinheiro; que agentes do governo iraquiano viam a Arábia Saudita, e não o Irã, como a principal ameaça à unidade iraquiana; a Shell, companhia gigante do setor petrolífero, afirmava ter "pessoal interno" com o objetivo de influenciar o governo da Nigéria; que o Reino Unido treinou esquadrões da morte em Bangladesh; que Israel queria levar Gaza "à beira do colapso"; que diplomatas ameri-

---

138 WIKILEAKS. Corruption in Tunisia. Disponível em: <https://goo.gl/q6YF-GB>. Acesso em: 23 jan. 2018.

139 WHITE, Gregory. This is the WikiLeak That Sparked the Tunisian Crisis. Business Insider, 14 jan. 2011. Disponível em: <https://goo.gl/KjKFWx>. Acesso em: 23 jan. 2018.

canos viam a Rússia como um "Estado mafioso"; e que os Estados Unidos usaram a Turquia como base para transportar suspeitos de terrorismo pelo programa de rendição extraordinária.

Completamente ignorados na conversa entre Clinton e Blankfein são os 70 mil documentos que a soldado Chelsea Manning baixou e enviou para o WikiLeaks,[140] os quais forneceram evidências diretas de crimes de guerra cometidos pelos Estados Unidos no Iraque. Eles incluem o vídeo de soldados estadunidenses em um helicóptero, atirando contra civis em Bagdá e rindo, soldados indiscriminadamente matando dezenove civis no Afeganistão, além de evidências de que o ISI, serviço de inteligência paquistanês, estava apoiando o Talibã no Afeganistão. Após a prisão de Manning, mas antes de seu julgamento, o presidente Obama insistiu em sua culpa. Ela foi subsequentemente condenada a 35 anos de prisão, onde foi tratada com dureza. Obama perdoou sua sentença pouco antes de deixar o cargo.

Os telegramas do Wikileaks que Clinton condena abrem as cortinas dos líderes americanos e do espaço entre o governo e o público que ele supostamente deve servir.

CLINTON: Isso não foi ficção. E eu tive de ir e dizer, sabe, nossos embaixadores se deixam levar, eles querem ser literatos. Eles vão pelas tangentes. O que eu posso dizer. Eu vi homens adultos chorarem. Quer dizer, literalmente. *Eu sou um amigo dos Estados Unidos, e você diz isso sobre mim.*

BLANKFEIN: Esse é um sotaque italiano

CLINTON: Tenha senso de humor.

BLANKFEIN: Tudo bem então, Silvio.

[risos]

CLINTON: Então um salto no tempo. Cá estamos. Sabe, veja, eu disse, e vou continuar a dizer, nós precisamos conversar sobre e olhar bem qual é o equilíbrio ideal que podemos atingir entre privacidade e segurança porque não há dúvidas, e eu vi e compreendo, não há dúvidas de que muito do que fizemos desde o 11/09 nos deixou mais seguros. Isso é um fato.

---

140 WALKER, Peter. Bradley Manning Trial: What We Know From the Leaked WikiLeaks Documents. The Guardian, 30 jul. 2013. Disponível em: <https://goo.gl/wrmTHW>. Acesso em: 23 jan. 2018.

Uma pesquisa de 2014 mostrou que quase metade dos americanos acreditava que o país estava menos seguro que antes do 11/09, sugerindo que a Guerra ao Terror agravou ao invés de reduzir o contágio da violência extremista.[141]

> CLINTON: Isso também deixou nossos amigos e aliados mais seguros. O compartilhamento de inteligência requer a coleta e a análise de inteligência. Então, assim como nós alertamos nossos amigos e trabalhamos com eles em tramas a ameaças sobre as quais nós tínhamos informações, eles fizeram o mesmo por nós. Obviamente, eles têm seus próprios métodos para angariar informações. Então não é o bastante dizer que todo mundo faz isso, porque nós deveríamos nos guiar pelos padrões mais altos, e nós deveríamos ter os freios e contrapesos certos no sistema inteiro.

> BLANKFEIN: Nós deveríamos melhorar.

> CLINTON: Bem, nós estamos fazendo o melhor, quer dizer, esse é o problema. Nós temos muito informação. E não é o tipo de informação que os nossos cidadãos se preocupam porque eu realmente não tenho evidências nem razão para acreditar que nós tenhamos gente ouvindo as conversas dos cidadãos americanos. Mas a coleta de metadados é uma coisa que se mostrou bastante útil.

A coleta de metadados – registros telefônicos mostrando a hora, a duração e os participantes de uma ligação – pela NSA é só a ponta do iceberg da vigilância: uma verdadeira montanha de dados que inclui o conteúdo de ligações e atividades na internet também. A NSA coletou mais de um bilhão de chamadas,[142] *e-mails* e outros dados todos os dias em 2010.[143] Porém, a grande imprensa se concentrou na história dos metadados como se fosse a única ameaça séria à privacidade revelada por Snowden.

Na verdade, a NSA grava todas as comunicações dos americanos, armazenando-as, como revelou o jornalista James Bamford, em um galpão de

---

141 MURRAY, Mark. ISIS Threat: Fear of Terror Attack Soars to 9/11 high, NBC News/WSJ poll finds. NBC News, 9 set. 2014. Disponível em: <https://goo.gl/Qxt2gM>. Acesso em: 23 jan. 2018.

142 GREENWALD, Glenn. Are All Telephone Calls Recorded and Accessible to the US Government? The Guardian, 4 maio 2013. Disponível em: <https://goo.gl/A5iMgg>. Acesso em: 23 jan. 2018.

143 PRIEST, Dana; ARKIN, William M. A Hidden World, Growing Beyond Control. The Washington Post, 19 jul. 2010. Disponível em: <https://goo.gl/UZZtUK>. Acesso em: 23 jan. 2018.

mais de 90mil metros quadrados em Utah.[144] Se por um lado é verdade que é impossível e desnecessário ouvir todas as conversas, por outro lado essas conversas são registradas e armazenadas nesse local, junto com os *e-mails*, mensagens de texto, buscas de internet e outros dados. Qualquer dessas conversas pode ser acessada por poderosos mecanismos de busca se alguém se torna do interesse do governo. Quase tudo isso é armazenado sem ordens judiciais, em clara violação da quarta emenda à Constituição dos Estados Unidos. Enquanto o Congresso aprovou uma mudança cosmética sobre apenas os metadados em 2015[145] – após Clinton ter feito essas observações defendendo seu uso – o Poder Legislativo deixou virtualmente intocado a rede ilegal de vigilância que permanece até hoje.

> CLINTON: E quem já viajou para outros países, alguns dos quais devem permanecer não citados, à exceção de Rússia e China, sabe que você não pode levar seus telefones ou computadores. E se fizer isso, boa sorte, quer dizer, nós deixávamos os aparelhos não só sem as baterias como dentro de caixas especiais no avião. Nós não fazíamos isso porque achávamos que seria divertido contar essa história. Fazíamos porque sabíamos que éramos alvos e que estávamos totalmente vulneráveis.

> Então não é só o que os outros fazem para nós e o que nós fazemos para eles e quantas pessoas estão envolvidas nisso. É qual é o propósito disso, o que está sendo registrado, e como pode ser usado. E certamente há pessoas nessa sala que sabem muito sobre isso, e alguns de vocês podem contribuir de modo muito útil para essa conversa, porque vocês são sofisticados o bastante para saber que não é justo o faça isso, não faça aquilo. Nós precisamos ter um modo de fazer, e um modo de analisar, e um modo de compartilhar...

> Acho que nós talvez precisemos ser honestos ao dizer que, sabe, talvez tenhamos ido longe demais, então vamos conversar sobre o que significa esse longe demais e como nós podemos proteger a privacidade para dar aos nossos cidadãos a garantia de que eles não estão sendo espionados pelo seu próprio governo, dar aos nossos amigos e aliados a garantia de que nós não vamos além do necessário na coleta e análise dos dados que compartilhamos com eles e vamos ter uma conversa madura.

---

144 BAMFORD, James. The NSA is Building the Country's Biggest Spy Center (Watch What You Say). Wired, 15 mar. 2012. Disponível em: <https://goo.gl/WBSch8>. Acesso em: 23 jan. 2018.

145 SIDDIQUI, Sabrina. Congress Passes NSA Surveillance Reform in Vindication for Snowden. The Guardian, 3 jun. 2015. Disponível em: <https://goo.gl/ebTZVk>. Acesso em: 23 jan. 2018.

Política experiente que é, Clinton dá a mesma resposta insatisfatória que Obama deu sobre Snowden. A "conversa" resultou na reforma inofensiva aprovada no Congresso.

> BLANKFEIN: Talvez aí você já tenha dado parte da resposta, mas quão sério, e quão ruim foi o que Snowden e Assange fizeram? Quais são os – digo, Assange – se essa fosse uma conferência sobre destruição e inovação, talvez pudéssemos ter Assange aqui.

> CLINTON: Eu não estaria aqui.

> BLANKFEIN: Mas quanto isso nos prejudicou? Além do constrangimento, agora é claro que algumas vias, algumas coisas com as quais contávamos, foram fechadas para nós. Eu sei que foi muito importante tentar legislar para legalizar a obtenção de alguns metadados, que foram muito úteis sem implicar que seus agentes fossem passíveis de culpa. Isso provavelmente foi para segundo plano. Quais são as consequências de longo prazo para nós em termos da nossa própria segurança e a segurança da república.

> CLINTON: Bem, separe os dois. O problema do WikiLeaks colocou alguns indivíduos em risco. Nós tivemos que – nós tivemos que formar uma espécie de time investigativo que verificou todos os nomes e todos os documentos, o que foi um desafio, para garantir que as identidades que foram reveladas ou descritas em detalhes de modo a serem determinadas não colocariam as pessoas em risco. Quer dizer, sem entrar em detalhes, sabe, talvez elas – vamos dizer hipoteticamente que havia alguém servindo às Forças Armadas em um país que estava receoso em relação às atividades dos militares por achar que eles estavam fazendo negócios com Estados párias ou redes terroristas, e então essa pessoa procuraria um diplomata americano para começar um diálogo. E aí o diplomata americano relataria quais seriam as preocupações expressadas e o que estaria acontecendo no país. E então a pessoa é exposta para o mundo. Então nós tivemos de identificar, e nós levamos muitas pessoas para a segurança – para fora de onde eles estavam para que eles não ficassem vulneráveis.

> Então, com o WikiLeaks, houve o fator constrangimento e houve o fator de vulnerabilidade potencial que os indivíduos encararam. O caso WikiLeaks foi, sabe, infeliz. A soldado Manning nunca deveria ter tido acesso ao tanto de informações que tinha. Então, com efeito, foi um problema. Mas não expôs o modo de como nós angariamos e analisamos informações.

Não há evidências de que alguém tenha sido morto devido aos vazamentos de Snowden ou das publicações do WikiLeaks. Clinton aqui admite que Snowden e o WikiLeaks foram cuidadosos o bastante para não expor fontes e métodos de coleta e análise de informações.

> CLINTON: Muito – sem saber exatamente porque eu acho que nós ainda não temos um retrato preciso do que Snowden revelou. Vocês viram Clapper e Alexander e outros afirmando que os repórteres não entendiam aquilo que eles estavam vendo. Isso é perfeitamente possível. Eu não descarto isso em absoluto. Muita informação secreta é difícil de entender sem algum contexto mais amplo. Então Alexander e Clapper disseram, olhem, muito do que Snowden tinha, e que foi interpretado pela imprensa, não é preciso.

Durante uma audiência do comitê do Senado sobre inteligência, em 12 de março de 2013, o senador Ron Wyden perguntou ao diretor nacional de inteligência James R. Clapper: "A NSA coleta qualquer tipo de dados de milhões ou centenas de milhões de americanos?".

"Não, senhor", disse Clapper.

"Ela não coleta?", perguntou Wyden.

"Não de propósito," disse Clapper. "Há casos nos quais ela pode involuntariamente talvez coletar, mas não de propósito".

Esse perjúrio infame, de mentir sob juramento para o Congresso e para o povo americano, é uma razão pelas quais tantos americanos estão céticos em relação à comunidade de inteligência e os políticos que a defendem.

> CLINTON: Eu não posso falar muito sobre isso. Mas o que eu acho que é verdade, apesar das negativas de Snowden, é que ele apareceu em Hong Kong com computadores e depois apareceu no México com computadores, e por que esses computadores não vão ser vigiados se meu celular vai ser vigiado.

Se ela sabia que seu celular poderia ser "vigiado", o que isso diz da sua decisão de conduzir questões do Departamento de Estado, incluindo o tratamento de material secreto, em um servidor no porão da sua casa em Chappaqua?

> CLINTON: Eu acho que houve uma perda real de informações importantes que não deveria pertencer ou estar disponível para pessoas que passam muito tempo tentando penetrar em nosso governo, em nossos negócios. E pior, sabe, algumas pessoas envolvidas em atividades terroristas.

Clinton aqui não mostra muita preocupação com a intrusão nas vidas privadas dos americanos, mas ao invés disso faz circular a falácia de que Snowden está ajudando terroristas. Em Hong Kong, Snowden protegeu seus aparelhos com métodos sofisticados de encriptação antes de transferir os dados protegidos para o jornalista Glenn Greenwald e destruir suas próprias cópias dos vazamentos. Informações sensíveis, que poderiam colocar lidas em risco, foram editadas antes de serem publicadas.

CLINTON: Então eu acho que o WikiLeaks foi uma grande pedra no caminho, mas creio que o material de Snowden pode ser potencialmente muito mais ameaçador para nós.

Esse comentário leva à pergunta: a quem Clinton se refere ao dizer "nós"? A resposta é clara: às elites políticas e econômicas, às pessoas para as quais ela falava no recinto, não às pessoas que ela queria liderar como presidente.

O ORIENTALISMO DE CLINTON

Da sessão de perguntas e respostas entre Clinton e o CEO do Goldman Sachs Lloyd Blankfein e outros funcionários em 4 de junho de 2013, em Bluffton, Carolina do Sul.

BLANKFEIN: China. Nós estamos acostumados com a equipe econômica da China. Nós vamos para lá o tempo todo. As regulamentações – e de vez em quando nós ouvimos um pouco sobre o sul da Cina, o lado militar. Como você, do ponto de vista Departamento de Estado – menos familiar para nós – pensa sobre a China, a ascensão da China, e o que isso trará para a as próximas duas décadas?

CLINTON: Bem, você começou com uma pergunta fácil. Mas primeiro, deixe-me agradecê-lo. Obrigado por me receber aqui e me dar a oportunidade tanto de responder às suas perguntas quanto de, mais tarde, talvez responder a algumas das perguntas que o público possa ter.

Eu acho que são boas notícias e notícias não tão boas assim o que está acontecendo agora na China. No lado das notícias boas, eu acho que a nova liderança – e nós vamos ver mais disso quando Xi Jinping vier aos Estados Unidos após passar pela América Latina. Ele é mais sofisticado e um líder público mais eficiente do que Hu Jintao era.

Ele é político no sentido genérico da palavra. Você pode imaginá-lo liderando uma reunião, o que eu o vi fazer. Você pode ter um papo corriqueiro com ele, como eu já tive com ele. Sua experiência como um jovem vindo aos Estados Unidos – indo a Iowa, passando tempo aqui, vivendo com uma família – foi uma parte muito importante do seu desenvolvimento.

BLANKFEIN: A filha dele está em Harvard?

CLINTON: Sim. Eles não gostam que saibamos disso, mas a maior parte dos filhos das lideranças chinesas está ou esteve em universidades americanas.

Eu disse para um funcionário chinês de alto, muito alto nível, cerca de um ano, um ano e meio atrás: Eu sei que sua filha foi a Wellesley. Ele disse: quem te contou? Eu disse: Ok. Eu não preciso punir a pessoa, então.

Então eu acho que a liderança – e para mim isso é importante, porque você já sabe os lances que ela fez antes. Ele não só foi à Rússia em sua primeira viagem, ele foi para à África e a África do Sul [sic]. Agora para a América Latina. Parte disso é a velha caça por *commodities*, mas parte é tentar dar outros níveis para isso e tentar amenizar algumas das dúvidas e algumas das preocupações que tem crescido nos últimos anos sobre as práticas chinesas, governamentais e comerciais.

Em 2012, os empréstimos do governo chinês para a América Latina totalizaram US$ 7 bilhões; em 2013, o número dobrou para US$ 14 bilhões. Eles caíram para US$ 10 bilhões em 2014, mas quase triplicaram em 2015, para US$ 29 bilhões. Nos últimos anos, investidores e industriais chineses têm adquirido enormes quantidades de terras ricas em recursos na América Latina. O governo chinês fez grandes empréstimos voltados para o desenvolvimento para a África, Austrália e Eurásia – a expansão global chinesa tem sido econômica e não militar.

CLINTON: Ele é alguém de quem pelo menos se tem uma impressão de ser mais pé no chão, um político mais experiente de alguma forma. E eu digo isso como um elogio, porque ele entende os diferentes mecanismos e bases de apoio com as quais ele tem de trabalhar interna e externamente. Isso é especialmente importante devido aos movimentos recentes que ele fez para consolidar seu poder sobre os militares.

Uma das maiores preocupações que eu tive nos últimos quatro anos foi em relação às diferentes manifestações de que o ELP, o Exército de Libertação Popular, estaria atuando de algum modo independente; que não seria só uma manobra de bom e mau policial quando nós analisássemos algumas das ações e das falas vindas do ELP, mas que ele estivesse fazendo algum tipo de política externa.

O Hu Jintao, ao contrário de seu antecessor Jiang Zemin, nunca conseguiu de verdade ter a autoridade sobre o ELP que é essencial para qualquer governo, seja ele um governo civil no nosso país ou o governo de um partido comunista na China. Então o presidente Xi está fazendo muito mais para afirmar sua autoridade, e eu acho que essa notícia é boa. Em terceiro lugar, parece haver – e vocês são os *experts* nisso. Parece que eles estão se ajustando em relação a alguns dos problemas econômicos estruturais que eles encaram hoje. E vejam, eles têm muitos. Existem limites ao que as empresas podem fazer, limites no esforço de baixar os salários para ser competitivo, e eles estão vindo à tona; limites para uma bolha imobiliária. Todas as questões de ciclos econômicos que eles terão de encarar como qualquer outra economia, e eles parecem estar caminhando para isso.

No lado não tão bom há uma ressurgência do nacionalismo na China, que está sendo aprovada, se não mesmo ativamente fomentada pelo novo governo. Sabe, as falas de Xi Jinping sobre o sonho chinês, que ele apresenta como um tipo de versão chinesa do sonho americano.

Tem havido o atiçamento de sentimentos antijaponeses residuais na China, não só nas lideranças como entre o povo. É essencialmente sobre a disputa em curso, mas é também mais profundo que isso e de alguma forma demanda observação cautelosa.

Há uma disputa territorial em curso entre a China e o Japão sobre as ilhas Senkaku – conhecidas como as ilhas Diaoyu na China e ilhas Pináculo em Taiwan. Elas formam um arquipélago desabitado situado entre o Japão, a China e Taiwan no Mar do Leste da China, que os japoneses reconhecem como seu território desde 1895. A posse dessas ilhas, que estão localizadas em meio a linhas de navegação chave e águas pesqueiras fartas, tem disso disputada desde a potencial descoberta de petróleo em 1968.

Em setembro de 2012, o Japão nacionalizou o controle das ilhas ao comprá-las da família Kurihara por 2,05 bilhões de ienes. Um ano depois a China respondeu incluindo as ilhas na Zona de Identificação da Defesa Aérea do Mar do Leste da China, demandando às aeronaves que entram na região que submetam seus planos de voo e frequência de rádio para a China. Em 2016, a guarda costeira do Japão gasta 27% de seu orçamento com a vigilância das ilhas Senkaku. A China gerou mais alertas após construir, e nelas colocar pistas de pouso, ilhas artificiais no Mar do Sul da China. Uma decisão arbitral de 2016 postulou que grande parte da área em disputa era de águas internacionais ou de zonas econômicas exclusivas de outros países. O laudo afirmou que a demanda territorial chinesa "era incompatível com as obrigações de um Estado durante o processo de resolução de controvérsias" e decidiu que Beijing tinha construído "uma grande ilha artificial na zona econômica exclusiva das Filipinas". A China rejeitou a decisão com ímpeto.[146]

CLINTON: No meu último ano, ano e meio de reuniões com os mais altos funcionários na China, a retórica em relação aos japoneses era feroz, e eu vi altos funcionários chineses, em seus 50, 60 anos, dizerem para mim: "todos

---

146 PHILLIPS, Tom. Beijing Rejects Tribunal's Ruling in South China Sea Case. The Guardian, 12 jul. 2016. Disponível em: <https://goo.gl/WkeeEP>. Acesso em: 23 jan. 2018.

nós conhecemos alguém que foi morto pelos japoneses durante a guerra. Nós não podemos deixá-los retomar os modos nacionalistas. Vocês, americanos, são ingênuos. Vocês não veem o que está acontecendo abaixo da superfície na sociedade japonesa".

Enquanto Clinton admoesta o crescimento do nacionalismo chinês, porque a China é um país rival, o nacionalismo japonês aparentemente desperta menos preocupações porque o Japão é um aliado, apesar da história japonesa e da devastação que ele causou na China. Clinton mostra inabilidade ou falta de vontade de ver a questão da perspectiva chinesa.

CLINTON: Revoltas que não foram reprimidas pela polícia contra fábricas japonesas, contra o carro do embaixador japonês – esse tipo de ações que emulam o senso de nacionalismo, o qual poderia ser uma ferramenta que o novo governo usa para tentar administrar algumas das mudanças econômicas. Desviar a atenção das pessoas. Deixá-las indispostas com os japoneses. Não incomodar o partido. Nós estamos um pouco preocupados com isso.

As revoltas citadas são os protestos antijaponeses de 2012 relacionados à disputa territorial de Senkaku. Durante marchas pacíficas, a China mandou dois navios-patrulha para as ilhas, desafiando a posse japonesa. O Japão respondeu nacionalizando-as. As marchas pacíficas se tornaram um movimento cultural de boicote aos produtos japoneses, e que rapidamente escalou para o vandalismo contra carros japoneses, o lançamento de garrafas com tinta contra o consulado japonês, o bloqueio do carro do embaixador americano na China para não entrar na embaixada japonesa e o incêndio de negócios japoneses. Os grupos nacionalistas japoneses fizeram marchas em Tóquio como resposta. Fuzileiros navais americanos e das Forças de Defesa Japonesas realizaram treinamentos de ataque anfíbio para treinar a retomada de ilhas ocupadas por forças inimigas.

BLANKFEIN: Isso faz algum dos outros países asiáticos ameaçados e, portanto, tendentes a se aproximar dos Estados Unidos?

CLINTON: Há muita ansiedade, mas é esquizofrênica, acho, pelo jeito que vejo. Por um lado, nenhum país quer ser visto como hostil à China. Isso não é interessante. Eles têm – se você é o Japão ou a Coreia do Sul em particular, você tem muitos negócios a fazer. Então você quer que a relação se mantenha estável.

Ao mesmo tempo, essa assertividade, a qual nós vimos primeiramente em relação ao Mar do Sul da China, começando em 2010, de alguma maneira encerrou a ofensiva de atração que os chineses estavam fazendo aos seus vizinhos no Sudeste Asiático, e trouxe a afirmação do controle sobre o mar inteiro.

Se você procurar no Google o que é a requisição chinesa, é o Mar do Sul da China inteiro. E eu discutia isso com o conselheiro de Estado, Dai Bingguo, com o chanceler, Yang Jiechi, e eu dizia: sabem, se vocês acreditam nisso, levem para arbitragem.

BLANKFEIN: É um nome infeliz.

CLINTON: Qual?

BLANKFEIN: Mar do Sul da China.

CLINTON: Pois é. E já tem muita gente que se recusa a chamá-lo assim agora. Os filipinos hoje chamam de Mar Filipino, e o Mar do Leste da China é chamado de Mar Japonês.

Enquanto a posição dos Estados Unidos tem sido de apoiar o Japão nos termos do Tratado de Segurança Estados Unidos-Japão, dos tempos da Guerra Fria, as preocupações sobre a estabilidade regional já foram agravadas pelo governo do presidente Trump, começando por Trump receber uma chamada congratulatória do presidente de Taiwan. Nenhum presidente americano tinha falado com um líder taiwanês desde 1971, quando Beijing recebeu a cadeira de Taipei no Conselho de Segurança das Nações Unidas. Trump depois deu para trás, dizendo que os Estados Unidos continuarão a apoiar a política de Uma China.

Em fevereiro de 2017, o secretário de Defesa general James "Cachorro Doido" Mattis disse que "Os Estados Unidos vão continuar a reconhecer a administração japonesa das ilhas e, assim, o artigo 5 do Tratado de Segurança Estados Unidos-Japão se aplica". O artigo 5 garante auxílio ao Japão em qualquer confronto militar acerca de território japonês.

O secretário de Estado e ex-CEO da ExxonMobil Rex Tillerson disse durante sua sabatina que a China deveria ser impedida de acessar as ilhas artificiais que construiu no espaço disputado no Mar do Sul da China. O conselheiro sênior de Trump, Steve Bannon, disse agourentamente em seu programa de rádio em março de 2016: "Nós entraremos em guerra no Mar do Sul da China, entre cinco a dez anos, não há dúvidas em relação a isso".

CLINTON: Sim. Nós temos esses desafios históricos e geográficos vindo para o primeiro plano, o que parece estranho se pensarmos sobre o desenvolvimento econômico e o crescimento dos últimos 30 anos, para ficar voltando à década de 1930 e a Segunda Guerra Mundial, em um momento que se ultrapassou o Japão.

Como uma cidadã de um país que um país que foi o único combatente da Segunda Guerra Mundial que saiu vitorioso, intacto e com uma economia recuperada, Clinton, como muitos americanos, pode não considerar quão fundas foram as feridas da guerra na China. Algumas das piores atrocidades dos japoneses na guerra do Pacífico ocorreram na China. Claro, uma das coisas mais importantes que um diplomata deve fazer é se colocar no lugar de seu oponente.

Os Estados Unidos impuseram sanções sobre a Rússia para isolá-la devido à crise da Ucrânia. Isso só levou a Rússia a se aproximar da China. As duas potências eurasianas concluíram acordos industriais, energéticos e de transporte de bilhões de dólares só nos últimos três anos – US$ 40 bilhões apenas em 2016.[147] A Rússia também vendeu armamento avançado para a China.[148] Beijing e Moscou estão liderando os países do BRICS – Brasil, Rússia, Índia, China e África do Sul – na tentativa de construir um mundo multipolar baseado no direito internacional, sem superpotências. Os Estados Unidos veem a China e a Rússia atravancando seu caminho rumo à dominação global. A ordem multipolar versus um mundo unipolar é a batalha geoestratégica dos nossos tempos.

> CLINTON: Você é agora a segunda maior economia do mundo. Isso realmente traz questões sobre o que está acontecendo nas considerações da liderança para encorajá-la a adotar esse tipo de abordagem. Nacionalismo, claro. Soberania, claro. E se você quiser entrar no assunto, existem – eu posso te falar sobre o lado deles na questão daquilo que os japoneses chamam de – sabe, você pode entender a razão de eles estarem tão agitados em relação a isso. Mas a questão é, eles têm mais lenha pra queimar no Mar do Sul da China e em outros lugares.
>
> Então por que eles querem encarar essa briga e deixam isso claro agora? Por que eles estão atacando navios de pesca filipinos? Sabe, um país pequeno que só está desesperado, tentando crescer um pouco e progredir nisso. Então é importante olhar isso, e obviamente isso importa para todos nós.

De fato, países pequenos como as Filipinas têm motivos pra estarem preocupados com o crescimento do poder chinês, ainda que a China não esteja envolvida em conflitos armados com outros países desde sua

---

147 RT. China-Russia Trade to Grow to $200bn – PM Medvedev. 7 nov. 2016. Disponível em: <https://goo.gl/14knvJ>. Acesso em: 23 jan. 2018.

148 CLOVER, Charles. Russia Resumes Advanced Weapons Sales to China. Financial Times. 3 nov. 2016. Disponível em: <https://goo.gl/YqN2mx>. Acesso em: 23 jan. 2018.

invasão ao Vietnã em 1979. Beijing, ao contrário, concentra-se em sua expansão econômica interna e externa. E está fazendo isso sem espalhar bases militares pelo mundo, com os Estados Unidos fazem. A China abriu sua primeira base extraterritorial em 2016, no Djibuti.[149] Os Estados Unidos têm cerca de 800 bases e instalações em 80 países.[150]

De uma sessão de perguntas e respostas entre Clinton e o CEO do Goldman Sachs, Lloyd Blankfein. 29 de outubro de 2013, em Marana, Arizona.

> CLINTON: É muita pressão sobre a China, em particular, continuar a explorar muitas fontes de energia. E eu diria que mesmo que nós não estejamos preocupados em conseguir tanta energia do Oriente Médio quando nós fizemos no passado, os Estados Unidos devem manter essas vias abertas. Quarenta e oito por cento do comércio mundial, e obviamente isso inclui energia, mas tudo o mais também, passa pelo Mar do Sul da China. Alguns de vocês podem ter visto o artigo longo na *New York Times Magazine* sobre o Mar do Sul da China na semana passada, um tema no qual eu trabalhei durante todo o tempo em que estive no Departamento de Estado porque a China basicamente quer controlá-lo. Você não pode culpá-los. Eles têm o direito de se afirmar. Mas se não há ninguém para se afirmar de volta e criar um equilíbrio, então eles vão construir um gargalo sobre as linhas de navegação e também nos países que margeiam o Mar do Sul da China.

> BLANKFEIN: É um nome infeliz.

> CLINTON: Qual, Mar do Sul da China?

> BLANKFEIN: É.

> CLINTON: É, bem, é uma postura infeliz a que eles adotaram.

> BLANKFEIN: É.

> CLINTON: Eles —

> BLANKFEIN: O nosso é chamado de Caribe. Nós não chamamos de Mar do Sul dos Estados Unidos.

> [risos]

---

149 MANSON, Katrina. China Military to Set Up First Overseas Base in Horn of Africa. Financial Times. 31 mar. 2016. Disponível em: <https://goo.gl/AQjyrk>. Acesso em: 23 jan. 2018.

150 VINE, David. The United States Probably has More Foreign Military Bases than Any Other People, Nation, or Empire in History. The Nation, 14 set. 2015. Disponível em: <https://goo.gl/c5gzZn>. Acesso em: 23 jan. 2018.

CLINTON: Eu acho que—sabe, uma das maiores discussões que eu tive continuamente foi com meus pares chineses em relação à demanda deles. E eu disse, em um momento do diálogo que, sabe, chamem do que quiserem chamar. Vocês não têm direito sobre ele inteiro. Eu disse que, de acordo com o argumento deles, os Estados Unidos deveriam requisitar o Pacífico inteiro. Nós o libertamos, nós o defendemos. Nós temos todo o direito de requisitar o Pacífico inteiro. Nós poderíamos batizá-lo como Mar Americano, e ele iria da costa oeste da Califórnia até as Filipinas. E aí, sabe, nessa hora minha contraparte se aprumou na cadeira e disse, bem, você não pode fazer isso. E eu disse, bem, nós temos tanto direito de requisitar quanto vocês. Quer dizer, vocês sustentam o pedido com base em cacos de cerâmica de, sabe, um navio pesqueiro qualquer que encalhou em um atol qualquer. Sabe, nós tínhamos as mobilizações de força militar. Nós descobrimos o Japão, pelo amor de Deus. Quer dizer, nós fizemos isso tudo.

Esse é um conjunto extraordinário de declarações de Clinton. Sua afirmação de que "Nós descobrimos o Japão" é particularmente chamativa. O país foi mencionado pela primeira vez no *Livro de Han*, no século I, e entre os séculos IV e IX ele foi centralizado por imperadores cujos descendentes ainda governam o Japão de forma simbólica. A empresa de funcionamento contínuo mais antiga do mundo era a firma de construção Kongō Gumi de Osaka, fundada em 578, em funcionamento até ser comprada em 2006.[151] O comodoro americano Matthew Perry chegou no Japão em 1853 para descobrir uma civilização de 2 mil anos de idade.

O Havaí também não foi comprado. Um grupo de empresários americanos liderados por Sandford Dole derrubou a rainha Liliuokalani em 1893, com 172 fuzileiros navais americanos cercando seu palácio e canhoneiras na costa. Foi um ato explícito de imperialismo, apagado do relato de Clinton. Mesmo assim, em 1993, durante o governo de seu marido, o Congresso pediu desculpas, dizendo que "o povo nativo do Havaí nunca cedeu aos Estados Unidos sua demanda à soberania que lhes é inerente".

Clinton sugere que os Estados Unidos poderiam legitimamente reclamar a posse do Oceano Pacífico. O Pacífico já é, na verdade, um mar bastante americano. Navios e bases militares dos Estados Unidos se espalham por toda sua extensão. Os Estados Unidos possuem 84 instalações militares no Japão, incluindo duas grandes bases em Okinawa e uma em Kanagawa. Tem ainda quatro bases navais no país, incluindo a base de Yokosuka próxima a Tóquio, o porto de base para o porta-aviões USS *George Washington*

---

151 THE CHOSUNILBO. End of the Road for World's Oldest Firm. 15 dez. 2005. Disponível em: <https://goo.gl/AYRKTY>. Acesso em: 23 jan. 2018.

e sua frota. Há cerca de 50 mil militares americanos no Japão e 40mil na Coreia do Sul. Uma super base de recursos aéreos e navais fica em Guam, que é território americano bem no meio do Pacífico, a cerca de três mil quilômetros da costa chinesa. Tropas americanas voltaram às Filipinas no ano passado. Três anos atrás, os Estados Unidos construíram uma pista de pouso na pequena ilha de Saipan. Como parte do chamado pivô para a Ásia, supervisionado por Clinton no Departamento de Estado, os Estados Unidos pretendem mandar uma força-tarefa terra-ar de 2500 fuzileiros navais para Darwin, na Austrália.

Vistos da perspectiva da China, os Estados Unidos são uma ameaça formidável – com também uma base ao sul em Singapura, o ponto de partida para as patrulhas americanas no Mar do Sul da China. Clinton talvez tenha se perguntado como os Estados Unidos se sentiriam se a China tivesse bases na América do Sul e no Canadá, e estivesse patrulhando a costa da Califórnia. Os Estados Unidos têm aliados aos quais prometeu proteger, mas a região está pronta para a ignição, com ambos os lados vendo o outro como uma ameaça. Clinton parece incapaz ou sem vontade de compreender como a China pode ver os Estados Unidos, batendo em sua porta, como uma ameaça.

SÍRIA: PROBLEMA COMPLICADO OU SOLUÇÃO COMPLICADA?

A pressão de Hillary Clinton pela intervenção militar direta dos Estados Unidos contra o governo sírio quando ela era secretária de Estado foi rebatida pelo presidente Obama. Mas em sua campanha pela presidência ela se agarrou às suas ideias de criar uma "zona segura" no solo e uma zona de exclusão aérea. Dada sua hostilidade a Moscou, caso ela tivesse se tornado a presidente e implementado essas medidas, ela teria corrido o risco de começar uma guerra de consequências inimagináveis com a Rússia.[152]

Da fala de Clinton para o CEO do Goldman Sachs Lloyd Blankfein e outros funcionários em 4 de junho de 2013, em Bluffton, Carolina do Sul.

> BLANKFEIN: A próxima área sobre a qual eu quero falar, eu acho que é literalmente mais perto de casa, mas é onde vidas americanas têm entrado em risco, que é o Oriente Médio. O que parece ser a ambivalência ou a falta de um conjunto claro de objetivos – talvez essa ambivalência venha de não saber qual resultado queremos...

---

152 ACKERMAN, Spencer. Why Clinton's Plans for No-fly Zones in Syria Could Provoke US-Russia Conflict. The Guardian, 25 out. 2016. Disponível em: <https://goo.gl/fchaAP>. Acesso em: 23 jan. 2018.

CLINTON: Bem, parte disso é um problema complicado, e é um problema complicado que é difícil de resolver em parte porque, como você disse, Lloyd, não está claro qual será o resultado e como nós poderíamos influenciar este ou outro resultado.

Essa é uma admissão sincera dos limites do poder americano.

CLINTON: Então vamos recuar um pouco e ver a situação que temos hoje na Síria. Quando—antes que a revolta começasse na Síria, era claro que havia um governo minoritário sendo conduzido pelos alauítas na liderança, com principalmente outros grupos minoritários—os cristãos, os drusos, alguns empresários sunitas importantes. Mas era claramente uma minoria se apoiando sobre a maioria.

A elite laica, política e militar, da Síria é tradicionalmente alauíta, uma seita do islã xiita. 74% da população se identifica como sunita, 10% como cristã e 3%, drusa. Sob Assad, a maioria sunita, os cristãos, as mulheres e as minorias eram protegidos, apesar da falta de direitos democráticos completos. Mas nas mãos dos jihadistas tentando derrubá-lo, as mulheres e minorias têm sido perseguidas e mortas.

CLINTON: Os levantes, quando começaram, eram bem brandos em termos de demandas, e Assad poderia muito bem ter, em minha opinião, ter comprado o apoio deles com algumas mudanças cosméticas que não teriam resultado no que nós temos visto pelos últimos dois anos e nas centenas de milhares de mortes e na desestabilização que está acontecendo agora no Líbano, na Jordânia e mesmo na Turquia, e na ameaça a Israel e no tipo de conflito no Irã, bem apoiado pela Rússia, e os sauditas e jordanianos e outros tentando equipar os combatentes da maioria sunita.

Não está claro o que ela quer dizer por "conflito no Irã, bem apoiado pela Rússia", mas de fato os sauditas e outros têm apoiado os combatentes sunitas na Síria.

O rei Mohammed VI do Marrocos conseguiu debelar a rebelião em seu país com uma série das tais "mudanças cosméticas" em 2011.[153] Porém, esforços parecidos de Bem Ali, na Tunísia, Hosni Mubarak, no Egito, e Muammar al-Kadafi, na Líbia, falharam.[154] Clinton também deveria estar ciente de que

---

153 LEWIS, Aidan. Why Has Morocco's King Survived the Arab Spring? BBC News, 24 nov. 2011. Disponível em: <https://goo.gl/ZQZfBk>. Acesso em: 23 jan. 2018.

154 MICHAEL, Maggie. Protesters in Libya Demand Gaddafi Ouster and Reforms. The Washington Post, 17 fev. 2011. Disponível em: <https://goo.gl/1ooPok>. Acesso em: 23 jan. 2018.

a CIA estava financiando e incentivando grupos de oposição na Síria desde 2006,[155] como revelou um telegrama do WikiLeaks.[156] Outra publicação do WikiLeaks incluiu um telegrama do Departamento de Estado que dizia que "A melhor maneira de ajudar Israel a lidar com a crescente capacidade nuclear do Irã é ajudar o povo da Síria a derrubar o regime de Bashar Assad".[157]

Houve relatos confiáveis de que nem todos os manifestantes eram pacíficos em Dera'a,[158] onde o levante sírio começou em meados de março de 2011. Sete policiais foram mortos nos dias iniciais, e prédios do governo foram atacados.[159]

Em 19 de junho de 2011, somente quatro meses depois do começo da revolta e exatamente dois anos antes dessa conversa, o confidente de Clinton Sidney Blumenthal enviou um *e-mail* com um artigo escrito por David W. Lesch, um professor de história do Oriente Médio na Trinity University de San Antonio, no qual dizia: "Os gestos de Assad por reformas são tentativas enganadores de recriar o padrão de seu passado recente, quando ele conseguiu algum respeito no Ocidente. Provavelmente o evento mais importante que poderia alterar a equação síria seja a queda de Kadafi, dando o exemplo de uma rebelião bem sucedida".[160]

Mais tarde, naquele dia, Clinton repassou o artigo para seu conselheiro Jake Sullivan, com a nota: "Abordagem interessante sobre a conexão Síria-Líbia".[161]

---

155 ZIRULNICK, Ariel. Cables Reveal Covert US Support for Syria's Opposition. The Christian Science Monitor, 18 abr. 2011. Disponível em: <https://goo.gl/WTDn2H>. Acesso em: 23 jan. 2018.

156 THE WASHINGTON POST. Behavior Reform: Next Steps for a Human Rights Strategy. Disponível em: <https://goo.gl/vsvwQV>. Acesso em: 25 jan. 2018.

157 WIKILEAKS. New Iran and Syria 2.Doc. Disponível em: <https://goo.gl/ou7eCB>. Acesso em: 23 jan. 2018.

158 CHOVANEC, Steven. The West Created & Perpetuates the Syrian Civil War. Mint Press News, 24 mar. 2015. Disponível em: <https://goo.gl/UW4Lor>. Acesso em: 23 jan. 2018.

159 ANDERSON, Tim. Daraa 2011: Syria's Islamist Insurrection in Diguise. Global Research, Centre for Research on Globalization, 16 mar. 2016. Disponível em: <https://goo.gl/ozTDcC>. Acesso em: 23 jan. 2018.

160 WIKILEAKS. SYRIA – Email From Sidney Blumenthal. Disponível em: <https://goo.gl/zdYVvo>. Acesso em: 23 jan. 2018.

161 WIKILEAKS. MEMO, SYRIA ON THE EDGE. SID – Email From Hillary Clinton. Disponível em: <https://goo.gl/Gq1DJf>. Acesso em: 23 jan. 2018.

O governo sírio parecia ao mesmo tempo muito seguro de si e despreparado. Eu estava em Damasco no começo de março de 2011, apenas duas semanas antes do levante, e fiquei surpreso ao ver que as autoridades sírias não tinham censurado as imagens de líbios se revoltando para evitar que seu próprio povo tivesse ideias parecidas.

> CLINTON: Eu acho que nós temos tentado bastante nos últimos dois anos usar as ferramentas diplomáticas que estavam disponíveis para nós e convencer, antes de mais nada, os russos de que eles estavam ajudando a criar uma situação que só poderia ficar mais caótica, porque quanto mais tempo Assad permanecesse e pudesse agir de forma mais agressiva contra os rebeldes, mais provável era que os rebeldes se tornassem aquilo que Assad disse que eles eram, terroristas, bem equipados e trazendo a Al Qaeda e seus asseclas.

Nesse momento Clinton está sendo pouco honesta ao culpar Assad pela presença de terroristas na Síria. Afinal de contas, esses eram terroristas que queriam derrubá-lo. O vice-presidente Joe Biden disse ao público em Harvard, em outubro de 2014: "Nossos aliados despejaram centenas de milhões de dólares e dezenas de milhares de toneladas de armas nas mãos de qualquer um que lutasse contra Assad",[162] incluindo a Fronte al Nusra, filial da Al Qaeda na Síria. Ele mais tarde precisou pedir desculpas aos aliados do Golfo Pérsico por dizer a verdade.[163] E houve o documento de 2012 da DIA, que claramente alertou que o apoio dos Estados Unidos e seus aliados aos salafistas no leste da Síria iriam levar à criação de um "Estado Islâmico". Os rebeldes não "viraram terroristas" devido a repressão de Assad. Essa mentira era a manobra discursiva básica dos Estados Unidos em relação à Síria, que Clinton a essa altura da conversa ainda tentava vender, mesmo a portas fechadas. O público foi deixado no escuro em relação ao documento da DIA, uma vez que nenhum veículo da grande imprensa o noticiou. Eu propus matérias sobre ele duas vezes a um grande jornal dos Estados Unidos, e fui rejeitado duas vezes. A ausência dessas informações levou a uma visão enviesada do conflito sírio como um levante essencialmente popular e democrata, e não um dominado por jihadistas apoiados por forças externas.

---

162 YOUTUBE. Joe Biden Speech at Harvard. Disponível em: <https://goo.gl/S1Lx7P>. Acesso em: 23 jan. 2018.

163 GIACOMO, Carol. Joe Biden Apologizes for Telling the Truth. The New York Times, 6 out. 2014. Disponível em: <https://goo.gl/FVwyZD>. Acesso em: 23 jan. 2018.

Também foi enganoso dizer que a Rússia estava ajudando a criar mais caos. Ela estava ajudando a defender um governo secular, ainda que antidemocrático, de uma insurgência jihadista muito mais perigosa. Um documento de 2013 da Agência de Inteligência do Estado-Maior dos Estados Unidos se opôs à derrubada de Assad, temendo uma tomada por jihadistas, de acordo com o jornalista Seymour Hersh. "A resistência militar remonta ao verão de 2013, quando um relatório altamente secreto, elaborado pela DIA e o Estado-Maior, então liderado pelo general Martin Dempsey, previu que a queda do regime de Assad levaria ao caos e, potencialmente, à tomada da Síria por extremistas jihadistas, como estava acontecendo com a Líbia", escreveu Hersh em janeiro de 2016.[164] "Um antigo conselheiro sênior do Estado Maior me disse que o documento era uma abordagem de 'todas as fontes', se apoiando em informações de tendências, satélites e inteligência humana, e que trazia uma visão negativa da insistência do governo Obama em continuar a financiar e armar os denominados grupos moderados". A secretária de Estado Clinton deve ter visto esse relatório.

> CLINTON: A visão russa do assunto é bem diferente. Digo, quem vê a Síria da mesma forma que vê a Chechênia? Sabe, você precisa apoiar a dureza e reações sem nenhuma piedade para conseguir estrangular a oposição, e você não pode ceder um centímetro e você precisa fazer o que basicamente Assad está disposto a fazer.
>
> Essa tem sido a posição deles. É bem o que permanece sendo a posição deles, e é uma posição que levou à reaquisição de sistemas sofisticados de armamentos ao longo do processo. A visão dos russos é que se fornecermos armas o suficiente para Assad e Assad conseguir manter o controle sobre a maior parte do país, incluindo a zona costeira onde está nossa base naval, está tudo bem para nós. Porque ainda existe a luta interna contra os curdos e os sunitas no que tange o extremismo. Mas se nós conseguirmos manter nossa base e conseguirmos manter Assad no comando do país, isso irá se refletir bem para nós porque conseguiremos demonstrar que estamos de volta ao Oriente Médio. Talvez de um jeito brutal, mas um jeito que da perspectiva deles, da perspectiva russa, os árabes entendam.

Aqui Clinton está defendendo a versão de que a posição russa na Síria é sobre nada além da ambição brutal de "estar de volta ao Oriente Médio", para restaurar sua "glória imperial", não importando o custo, e se centrando na manutenção da sua base naval em Tartis, no sul da Síria. Essa

---

164 HERSH, Seymour. Military to Military. *London Review of Books*, 7 jan. 2016. Disponível em: <https://goo.gl/RTpwmV>. Acesso em: 23 jan. 2018.

fala aconteceu antes da intervenção militar russa em setembro de 2015. Naquele mês o presidente Putin disse à Assembleia Geral da ONU que o objetivo da Rússia era derrotar o ISIS, a Al Qaeda e outros extremistas antes que eles pudessem ameaçar a Europa, o que o ISIS consegui posteriormente. Ele convidou os Estados Unidos a se aliar militarmente contra os extremistas, invocando a aliança antinazista entre os Estados Unidos e a União Soviética – uma oferta imediatamente rejeitada por Obama. Que líder convida um adversário para participar de um projeto imperial? Putin criticou os Estados Unidos por, ao contrário, apoiar os próprios extremistas. "O Estado Islâmico não surgiu do nada", disse Putin à Assembleia Geral. "Ele foi criado inicialmente como uma arma contra regimes seculares indesejáveis". Ele claramente tinha a Síria, e talvez a Líbia, em mente. Putin disse que era irresponsável "manipular grupos extremistas e usá-los para alcançar metas políticas, esperando que mais tarde se consiga um jeito de se livrar deles ou eliminá-los de alguma forma."

Putin disse: "Sou incitado a perguntar àqueles que criaram esta situação: vocês ao menos percebem agora o que fizeram? Mas temo que essa pergunta ficará sem resposta, porque eles nunca abandonaram suas medidas, que são baseadas na arrogância, no excepcionalismo e na impunidade".

A principal motivação russa na Síria emergiu quatro anos antes, como Clinton deve ter entendido. Citando vários *experts* em Rússia, eu relatei em junho de 2012,[165] um ano antes dessa fala ao Goldman Sachs, que derrotar o jihadismo, que ameaçava a Rússia, era o principal objetivo de Moscou.

De acordo com a ONU, tanto o governo quanto os vários grupos rebeldes cometeram atrocidades que podem ser consideradas crimes de guerra ao longo dos mais de seis anos de conflito. As autoridades ocidentais e a imprensa se concentraram na operação militar conjunta de Síria e Rússia no leste de Aleppo entre julho e dezembro de 2016. Uma vasta campanha da mídia foi lançada, acusando a Rússia de crimes de guerra. Isso se tornou o principal foco da cobertura da guerra, de modo parecido com o que aconteceu com a batalha de Sarajevo na assustadoramente complexa guerra da Bósnia na década de 1990. A Human Rights Watch acusou a Síria e a Rússia de crimes de guerra.[166] Ela citou uma rede de ativistas da

---

165 LAURIA, Joe. Why Russia Really Supports Syria. IOL, 18 jun. 2012. Disponível em: <https://goo.gl/t7vgaX>. Acesso em: 23 jan. 2018.

166 HUMAN RIGHTS WATCH. Russia/Syria: War Crimes in Month of Bombing Aleppo. 1 dez. 2016. Disponível em: <https://goo.gl/QBT91T>. Acesso em: 23 jan. 2018.

oposição chamada de Centro de Documentação das Violações na Síria, relatando que 440 civis foram mortos entre setembro e outubro de 2016 em bombardeios "indiscriminados", e pelo menos uma instalação médica teria sido deliberadamente visada. Durante a ofensiva, em 8 de outubro de 2016, a Rússia vetou uma resolução do Conselho de Segurança que clamava por uma trégua nos bombardeios.

A tática russa e síria de bombardeios aéreos pesados em áreas povoadas certamente foi uma questão importante, ainda que comprovar dolo, o que é necessário de acordo com o Estatuto de Roma que baseia o Tribunal Penal Internacional, seja reconhecidamente difícil para sustentar a alegação de crime de guerra. As mortes de civis em uma operação militar também devem ser proporcionais, isto é, não "excessivas em relação à vantagem militar concreta e direta prevista no ataque".[167] Não está claro o que a Rússia teria a ganhar ao intencionalmente atingir civis na tentativa de libertar a metade lesta da cidade do poder da Al Qaeda e outros jihadistas. Os repórteres ocidentais não entraram no leste de Aleppo e as suas fontes provavelmente estavam sob pressão de grupos terroristas. De acordo com o grupo de monitoramento Observatório Sírio dos Direitos Humanos, sediado em Londres, o número de civis mortos no leste de Aleppo em novembro e dezembro foi de cerca de 465, com outros 149 mortos por foguetes dos rebeldes disparados para o oeste da cidade, que permanecia leal ao governo.[168]

Um relatório da ONU de fevereiro de 2017 declarou que "centenas" de civis foram mortos e acusou os dois lados de cometer crimes de guerra no leste de Aleppo. "Os tipos de armas e as formas como elas foram usadas também foram indicativos de estratégia e dolo", afirmou o relatório.[169] "As escolhas dos métodos e meios de combate empregados pelas partes beligerantes no distrito de Aleppo sugerem o desrespeito deliberado, por todos os lados, das regras de direito internacional humanitário em relação à proporcionalidade e a distinção, ou em relação à obrigação de

---

167 FISCHER, Horst. Principle of Proportionality. Crimes of War. Disponível em: <www.crimesofwar.org/a-z-guide/proportionality-principle-of/>. Acesso em: 6 jul. 2017.

168 DAWN. Hundreds of Civilians, Rebels Evacuated From Aleppo. 16 dez. 2016. Disponível em: <https://goo.gl/oSFa4b>. Acesso em: 23 jan. 2018.

169 UNITE NATIONS HUMAN RIGHTS COUNCIL. Report of the Independent International Commission of Inquiry on the Syrian Arab Republic. 2 fev. 2017. Disponível em: <https://goo.gl/Y7As3j>. Acesso em: 23 jan. 2018.

tomar todas as precauções disponíveis para evitar perdas incidentais de vidas humanas, ferimentos ou danos à propriedade civil."

Bem antes desses eventos, Clinton estava perguntando quais grupos rebeldes o Ocidente deveria armar na Síria:

Da sessão de perguntas e respostas entre Clinton e o CEO do Goldman Sachs Lloyd Blankfein e outros funcionários em 4 de junho de 2013, em Bluffton, Carolina do Sul.

> CLINTON: Então o problema para os Estados Unidos e os europeus tem sido, desde o início: quem é você – quem você vai tentar armar? E vocês provavelmente nos jornais que minha visão era de que nós deveríamos tentar encontrar alguns dos grupos que estavam lá e dos quais nós achávamos que poderíamos construir relacionamentos e desenvolver conexões secretas que poderiam ao menos nos dar alguma ideia do que estava acontecendo na Síria.

Clinton fracassou na tentativa de convencer Obama, no verão de 2012, a armar os rebeldes sírios, ainda que a CIA já tivesse começado a fazer isso em sigilo. Seymour Hersh relatou que "então [no versão de 2013], a CIA já vinha conspirando por mais de um ano com aliados no Reino Unido, Arábia Saudita e Catar para enviar armas e bens – para serem usados na derrubada de Assad – da Líbia, via Turquia, para a Síria". O documento da DIA de agosto de 2012 também colocou que os Estados Unidos vinham, por tempo não especificado, apoiando os salafistas na Síria. Em 2014, Obama aprovou um programa de ajuda de US$ 500 milhões para o que ele chamou de rebeldes moderados. Menos de um ano depois, o programa foi descontinuado, considerado um enorme fracasso, com cerca de "quatro ou cinco" rebeldes treinados, de acordo com o Pentágono, e com muitas armas americanas chegando às mãos dos jihadistas.[170]

> CLINTON: Mas o outro lado do argumento era muito – era um argumento muito bom, que é que nós não sabemos o que vai acontecer. Nós não podemos enxergar o futuro. Nós só precisamos ficar fora disso. O problema é que agora o Irã está muito envolvido. Há provavelmente pelo menos 50 mil combatentes trabalhando para apoiar, proteger e sustentar Assad. E como em toda guerra, ou pelo menos as guerras que eu acompanhei, os caras durões que são os melhores combatentes vão para a linha de frente.

---

170 ACKERMAN, Spencer. US Has Trained Only 'Four or _Ve' Syrian Fighters Against Isis, Top General Testifies. The Guardian, 16 set. 2015. Disponível em: <https://goo.gl/noGTcE>. Acesso em: 23 jan. 2018.

> Então o Exército Livre da Síria e muitas das milícias rebeldes locais que eram compostas por farmacêuticos e donos de negócios, advogados e professores – eles não são páreo para esses combatentes experientes iraquianos, jordanianos, líbios, indonésios, egípcios, chechenos, usbeques, paquistaneses, que agora estão lá e que aprenderam por mais de uma década, com experiências de primeira mão, o que é necessário em termos de impiedade e capacidade militar. Então agora nós temos o que todo mundo avisou que nós teríamos, e eu estou bem preocupada com o transbordamento disso.

Clinton foi avisada desse exato desenrolar pelo documento de 2012 da DIA, e escolheu ignorá-lo. E ela sabia, quando disse isso, que os aliados dos americanos no Golfo Pérsico e a Turquia eram responsáveis por esses jihadistas estrangeiros "durões". O documento da DIA também deixava claro que os denominados grupos rebeldes moderados, feitos de "farmacêuticos e professores" eram insignificantes. "Os salafistas, a Irmandade Muçulmana e a AQI [Al Qaeda no Iraque] são as principais forças por trás da insurgência na Síria".

> CLINTON: E ainda há a discussão que percorre o governo e nossos amigos na OTAN e na Europa. Como intervir – minha visão é intervir de forma mais secreta possível para os americanos. Nós costumávamos ser muito melhores nisso do que agora.

De fato, nos primeiros anos da CIA – na Síria em 1949, no Irã em 1953, na Guatemala em 1954, e no Chile em 1973, ainda que de forma ilegal e injustificada, a agência tinha preparado líderes para assumir após o golpe. Mas isso mudou depois do fim da Guerra Fria. O pensamento positivo descuidado – ou o caos proposital – substituiu qualquer planejamento cuidadoso para o futuro dos países que estavam na ponta do processo de mudança de regime.

"Nós podemos usar nossas forças militares no Oriente Médio e os soviéticos não vão nos parar e nós teremos de cinco a dez anos para limpar aqueles velhos regimes clientes da União Soviética, Síria, Irã, Iraque, antes que a próxima superpotência venha nos desafiar", como escreveu o então subsecretário de Defesa Paul Wolfowitz, se gabando para o general Wesley Clark em 1991, como relatou Clark em um discurso de 2007[171] – Clark diz que ele descobriu, duas semanas após o 11/09, que os Estados Unidos tentariam derrubar sete governos no Oriente Médio, incluindo a Síria. Wolfowitz, incidentalmente, disse ao

---

171 YOUTUBE. Wesley Clark Speech. Disponível em: <https://goo.gl/7AkJ2V>. Acesso em: 23 jan. 2018.

Politico, em agosto de 2016, que ele provavelmente votaria em Hillary Clinton nas próximas eleições presidenciais.[172]

Hoje os neoconservadores e os intervencionistas liberais – como Clinton – agem como apostadores que não podem sair da mesa. Desastres para iraquianos, líbios e outros não dissuadem esses defensores americanos da guerra de colocar mais fichas na mesa em relação à Síria – seguindo o plano que Clark revelou. De fato, suas falhas – e a ausência de qualquer responsabilização pessoal pelas suas catástrofes – parecem apenas tê-los encorajado a continuar apostando. Esses esquemas de mudança de regime – disfarçados de "propagação da democracia" no Oriente Médio – só espalharam caos e terrorismo.

> CLINTON: Agora, sabe, ninguém consegue evitar. Eles têm de sair e contar para os repórteres amigos e outros: olha o que nós estamos fazendo, eu quero crédito por isso, e por todo o resto. Então nós não vamos ser tão bons quanto já fomos, mas nós ainda – não ainda conseguimos fazer as coisas, e nós deveríamos, na minha opinião, estar tentando fazer isso de modo a conseguir uma perspectiva melhor. Mas a ideia de que nós tivéssemos uma zona de exclusão aérea – a Síria, claro, tinha quando arranjou o quarto maior exército do mundo. Ela tinha sistemas bem sofisticados de defesa aérea. Eles estavam ficando mais sofisticados graças a importações russas.

Clinton aqui joga a culpa pela eficácia reduzida das operações secretas dos Estados Unidos nos vazamentos para a imprensa, que por sua vez acaba com o segredo sobre as operações, e não no planejamento mal feito. Ela ignora o fato de que esses golpes violam a Carta das Nações Unidas e, portanto, são ilegais. Alguns exemplos dos vazamentos aos quais ela alude teriam deixado a ideia mais convincente. Ela também está sendo desonesta de alguma forma ao dizer que armar os rebeldes teria como propósito descobrir o que está acontecendo na Síria ao invés da meta declarada: derrubar Assad. A posição dela, de conseguir a derrubada primeiro e dar um jeito nos extremistas depois, faz pouco sentido. Isso teria criado um vácuo em Damasco, abrindo as portas para um grupo como o ISIS tomar o poder, como o Estado-Maior já temia em 2013.

> CLINTON: Para ter uma zona de exclusão aérea, você precisa tirar todas as defesas aéreas, muitas das quais estão em áreas povoadas. Então nossos mísseis, ainda que sejam mísseis de longa distância, de modo a não colocar nossos pilotos em

---

172 NELSON, Louis. Paul Wolfowitz: 'I Might Have to Vote for Hillary Clinton'. Politico, 26 ago. 2016. Disponível em: <https://goo.gl/8Z6Ewz>. Acesso em: 23 jan. 2018.

> risco – vão matar muitos sírios. Então de uma hora pra outra essa intervenção sobre a qual as pessoas falam com tanta confiança, se torna um envolvimento americano e da OTAN no qual se atinge muitos civis. Na Líbia nós não tínhamos esse problema. É um lugar enorme. As defesas aéreas não eram tão sofisticadas e não havia muito – na verdade, houve muito poucas vítimas civis.

Quando a OTAN interveio na Líbia, o total de mortes foi estimado entre mil e 2mil. Mais tarde, as estimativas da ONU calcularam o total de mortes entre 10 mil e 30mil, com 50 mil feridos e pouco discernimento entre as vítimas civis e militares. Os Estados Unidos e a OTAN na verdade se recusaram a fazer a contagem de vítimas civis.[173] Os Estados Unidos usaram a Líbia como parada para enviar armas aos rebeldes da Síria. Durante o ataque à embaixada em Benghazi, em 2012, mais de 35 agentes da CIA estavam trabalhando na cidade, muitos no anexo próximo ao consulado, em um projeto para levar mísseis das guarnições líbias para os rebeldes sírios.[174]

Apesar de admitir aqui que uma zona de exclusão aérea na Síria levaria a vítimas civis, Clinton se agarrou à ideia no último debate com Trump. E de forma ainda mais funesta, ela dispensou as preocupações de que isso pudesse levar a um conflito com a Rússia. Na base de suas posições em relação à Síria e a Líbia, está a mentira de que os Estados Unidos intervêem em tais lugares por razões humanitárias ou para levar a democracia.

> CLINTON: Não seria o caso. E depois você soma a isso muitas defesas aéreas que estão não só em centros povoados como próximas a estoques de armas químicas. Você não quer que um míssil acerte um estoque de armas químicas.

> Nós temos muitas questões sobre o que vai acontecer com esses armazéns de armas químicas, uma vez que muita gente quer colocar as mãos deles. Os afiliados da Al Qaeda querem, e nós estamos trabalhando com os turcos e os jordanianos e a OTAN para tentar descobrir como nós vamos evitar isso.

Obama fez uma linha de não ultrapassagem acerca do uso de armas químicas pelo governo sírio. Após a saída de Clinton do Departamento de Estado, um ataque químico nos arredores de Damasco, em agosto de 2013, colocou

---

173 CHIVERS, C. J.; SCHMITT, Eric. In Strikes on Libya by NATO, an Unspoken Civilian Toll. The New York Times, 17 dez. 2011. Disponível em: <https://goo.gl/ue9y1g>. Acesso em: 23 jan. 2018.

174 SHILLING, Ian. Arms Smuggling to Terrorists in Syria, Attack on Benghazi... a Primer in Connecting the Dots. Signs of the Times, 17 nov. 2016. Disponível em: <https://goo.gl/t9ZB2Q>. Acesso em: 23 jan. 2018.

Obama sob pressão dos falcões para atacar. A CIA, contudo, não estava certa de que o governo sírio estivesse por trás do ataque.[175] Aqui Clinton admite que os jihadistas estavam tentando conseguir armas químicas. De acordo com o jornalista Seymour Hersh, os extremistas encenaram o ataque de modo a influenciar por uma intervenção militar americana contra Assad, favorável a eles.[176] Havia muitas questões técnicas sobre o tipo de foguetes usados e suas trajetórias, o que deixou dúvidas sobre a responsabilidade do governo sírio.[177] O momento do ataque também foi suspeito, já que os inspetores de armas químicas da ONU haviam acabado de chegar a Damasco após convite de Assad. Após o Parlamento britânico rejeitar a intervenção militar, Obama deixou a decisão para o Congresso, onde ela não conseguiu ter apoio. Obama então aceitou uma oferta russa para levar Assad a destruir seu estoque de armas químicas, um processo concluído em 2016.

> BLANKFEIN: Israel se importa com isso.

> CLINTON: Israel se importa bastante com isso. Israel, como se sabe, fez os dois ataques que visavam comboios de armas e talvez outras coisas, mas claramente havia armas. Parte da troca que os iranianos negociaram com Assad.

> BLANKFEIN: Sobre isso, é outra tendência, talvez o isolacionismo seja muito forte, mas digamos, a tendência isolacionista agora. Eu acho que o presidente pode ter perdido seu voto sobre a Síria, mas foi poupado de algum jeito, o que pode ter sido para melhor, pode ser o melhor resultado, mas não soa bem. Pode haver muitos fatores. Pode ser que, porque a situação na Síria é tão complicada, nós simplesmente não saibamos o que fazer. Então, portanto, não fazemos nada. Mas, sabe, do lado esquerdo do Partido Democrata, do lado direito do Partido Republicano, parece haver uma certa antipatia contra as intervenções agora. Qual você acha que é a tendência para os Estados Unidos [inteligível]?

> CLINTON: Bem, eu sou otimista, então eu acho que a tendência continua a ser positiva, mas também acho que você salientou um dos temas sobre isso,

---

175 GOLDBERG, Jeffrey. The Obama Doctrine: the U.S. President Talks Through his Hardest Decisions About America's Role in the World. The Atlantic, abr. 2016. Disponível em: <https://goo.gl/gaihLj>. Acesso em: 23 jan. 2018.

176 HERSH, Seymour M. The Red Line and the Rat Line. *London Review of Books*, v. 36, n. 8, 17 abr. 2014. Disponível em: <https://goo.gl/LSw1Ks>. Acesso em: 23 jan. 2018.

177 PARRY, Robert. NYT Backs Off Its Syria-Sarin Analysis. Consortium News, 29 dez. 2013. Disponível em: <https://goo.gl/RYxjUm>. Acesso em: 23 jan. 2018.

sabe, que me preocupa – sabe, se você olha para – o voto sobre a Síria é um pouco desafiador para se extrair grandes conclusões porque é um problema complicado. Há muitos fatores em jogo ali. Mas a rejeição subjacente a um ataque militar para reforçar a linha sobre as armas químicas falou mais alto sobre, sabe, a preocupação do país com nossa própria situação doméstica, a sensação de que nós temos de arrumar nossa própria casa, que nós precisamos fazer a nossa economia, com a qual todo mundo aqui está tão envolvido, produzir mais, voltar a crescer, lidar com as taxas de desemprego que ainda estão inaceitavelmente altas em alguns lugares.

Então foi tanto a rejeição de qualquer ação militar no Oriente Médio agora quanto uma conclusão que, sabe, as pessoas com entendimento analítico da região também poderiam chegar nesse ponto, sabe, nós estamos em um momento na Síria em que eles ainda não terminaram de matar uns aos outros, e que é difícil para qualquer um prever o resultado, então é preciso esperar e ver. Por outro lado, você não pode desperdiçar sua reputação e seu capital de liderança. Você tem de fazer o que você disse que ia fazer. Você precisa ser esperto ao executar suas estratégias. E você precisa ter cuidado para não mandar as mensagens erradas para os outros, como o Irã.

Clinton aqui dá uma alfinetada sutil em Obama por não atacar a Síria quando a linha foi supostamente ultrapassada. Mas ela vê os dois lados da discussão em relação à intervenção militar direta no "problema complicado" da Síria. Sua explicação de que Obama não interveio após o ataque químico devido à política interna por ter sido só um drible. Hersh relata que a inteligência britânica informou ao Pentágono que o governo não foi responsável pelo ataque com armas químicas.[178]

Falas ao Goldman Sachs em 29 de outubro de 2013. Marana, Arizona.

CLINTON: Há cada vez mais cooperação entre grupos terroristas. Eles, infelizmente, não foram derrotados após terem sido quase expulsos do Afeganistão e dizimados no Paquistão, e encontraram guarida na Somália e no norte da África. A Primavera Árabe, que trouxe tantas promessas, ainda não foi concluída. E a situação na Síria coloca uma divisão muito difícil e perigosa entre sunitas e xiitas, que trouxe ampla repercussão na região. Há todos os tipos de ameaças vindas de armas de destruição em massa. Uma das coisas positivas do mês passado foi conseguir o controle do programa de armas químicas da Síria, o que é bom e é um bem em si mesmo, ainda que isso não pare a guerra civil e a radicalização crescente dos muitos grupos lutando contra Assad.

---

178 HERSH, Seymour M. The Red Line and the Rat Line. *London Review of Books*, v. 36, n. 8, 17 abr. 2014. Disponível em: <https://goo.gl/LSw1Ks>. Acesso em: 23 jan. 2018.

Posteriormente em sua fala, Clinton se abre. Ela declara claramente que Turquia, Emirados Árabes Unidos, Arábia Saudita e Catar, aliados dos Estados Unidos, estão financiando jihadistas. Ela também mostra que a Turquia estava começando a ter dúvidas em relação ao apoio de extremistas. De fato, após vários ataques do ISIS na Turquia, Ancara começou a se voltar contra o grupo e até entrou em uma aliança improvável com a Rússia para tentar derrotá-lo.

> CLINTON: Se você olha para o que está acontecendo na Síria, é claramente uma batalha multinível de *proxys*. Há o Irã com seus agentes no Hezbollah, e eles são atacados por rebeldes locais, mas há também crescentemente um conjunto de jihadistas que são financiados pelos sauditas, financiados pelos emiráticos, financiados pelo [Catar], e você tem os turcos, que eram bem ativos no começo, mas começaram a ficar preocupados por alguns dos acontecimentos na Síria, particularmente entre a população curda no norte e nordeste da Síria.

Em um *e-mail* para Podesta, em agosto de 2014, Clinton aborda novamente o tema, escrevendo "Nós precisamos usar nossas fontes diplomáticas e de inteligência mais tradicional para pressionar os governos do Catar e da Arábia Saudita, que estão fornecendo apoio financeiro e logístico clandestino ao ISIS e a outros grupos sunitas radicais na região".

No *e-mail*, Clinton apresenta sua estratégia para derrotar o ISIS. Como os Estados Unidos começam agora a entender, o país ajudou a criar um Frankenstein, com o principado salafista se metamorfoseando no Estado Islâmico. Obama começou sua campanha de bombardeios contra o ISIS em agosto de 2014, após o grupo terrorista estabelecer seu quartel-general em Mosul e chegar à periferia de Erbil, no norte do Iraque.[179] Um mês mais tarde, Clinton estabelecia seu plano para derrotá-lo. Ele se sustentava no fornecimento e coordenação do exército nacional iraquiano e o Peshmerga curdo, usando as forças especiais dos Estados Unidos para evitar "a solução da velha guarda, que demanda mais operações militares tradicionais".

Três anos mais tarde, essa continua a ser a fórmula para derrotar o ISIS em Mosul. Na Síria, Clinton se agarrou à esperança de que algum tipo de força moderada emergisse para que os Estados Unidos a apoiassem e pudessem derrubar Assad e lutar contra o ISIS. "Nós devemos voltar aos planos de fornecer ao Exército Livre da Síria, ou outro grupo de forças moderadas, equipamentos que permitam a eles

---

179 ROBERTS, Dan; ACKERMAN, Spencer. US Begins Air Strikes Against Isis Targets in Iraq, Pentagon. The Guardian, 8 ago. 2014. Disponível em: <https://goo.gl/Q5JnnQ>. Acesso em: 23 jan. 2018.

lidar com um ISIS enfraquecido e realizar operações mais intensas contra o regime na Síria". Esse plano nunca se materializou, na medida em que o ISIS ganhou força e as forças moderadas nunca estiveram disponíveis em quantidades suficiente.

"Se nós não fizermos as mudanças necessárias para tornar nossa política de segurança para a região mais realista, há um perigo real de que os veteranos do ISIS se mudem para outros países para facilitar as operações por forças islâmicas", ela escreveu. "Isso já aconteceu na Líbia e no Egito, onde combatentes estão vindo da Síria para trabalhar com forças locais. O ISIS é só o último e mais violento exemplo desse processo. Se nós não agirmos para derrotá-los no Iraque, alguma coisa ainda mais violenta e perigosa vai se desenvolver".

Isso, de fato, foi o que aconteceu após o ISIS se espalhar na Síria e no Iraque, e ataques em seu nome ocorreram em Paris, Bruxelas, San Bernardino e outros lugares.

"Esses acontecimentos são importantes para os Estados Unidos por motivos que frequentemente diferem de país para país: energia e compromisso moral com o Iraque, questões energéticas na Líbia, e compromissos estratégicos na Jordânia. Ao mesmo tempo, enquanto a Turquia vai em direção a uma nova e mais séria realidade em sua relação com o Islã, será importante para eles perceber que nós estamos dispostos a fazer ações sérias, que podem durar, para proteger nossos interesses nacionais", Clinton escreveu.

Esse é um olhar raro e sincero nos interesses que os Estados Unidos buscam defender em vários países. O Iraque vem em primeiro lugar pelo petróleo e em segundo lugar pelo compromisso com um país que os Estados Unidos essencialmente destruíram. A Líbia é sobre o petróleo. E a Jordânia é um país árabe pró-ocidental que se mantém em paz com Israel. A democracia não é, aqui, um tema da agenda.

HILLARY "SALVA" A LÍBIA

A grande falha de Hillary Clinton como secretária de Estado foi sem dúvidas o enorme papel que ela desempenhou ao levar o desastre à Líbia. Seus apologistas negam que ela fosse a força motriz por trás do ataque da OTAN em 2011 que criou um Estado falido na costa do norte da África e disparou dezenas de milhares de pessoas buscando refúgio na Europa, muitas das quais encontraram, ao invés disso, um túmulo marítimo no Mediterrâneo.

Jake Sullivan, principal conselheiro de política externa de Clinton durante a campanha, não poderia deixar isso mais claro. Em um *e-mail* publicado pelo WikiLeaks, ele escreveu sobre a "liderança/propriedade/comando [de Clinton] da política desse país para a Líbia do começo ao fim... ela foi instrumental em garantir a autorização, construir a coalizão e pressionar Kadafi e seu regime".

O motivo publicamente alegado pelo governo Obama e Clinton para lançar o ataque aéreo e naval de sete meses era a prevenção de um "massacre iminente" pelas forças de segurança do coronel Muammar al-Kadafi contra os civis em rebelião na cidade de Bengazi. Os motivos privados, como nós veremos, se revelaram bem diferentes.

"Em vista da condenação mundial, Kadafi escolheu escalar seus ataques, lançando uma campanha militar contra o povo líbio", Obama disse à nação em 28 de março de 2011:[180] "Pessoas inocentes se tornaram alvos. Hospitais e ambulâncias foram atacados. Jornalistas foram presos, abusados sexualmente e mortos... Cidades e vilarejos foram bombardeados, mesquitas foram destruídas e prédios de apartamentos foram reduzidos a escombros. Jatos militares e helicópteros armados foram empregados contra o povo, que não tinha meios de se defender contra ataques vindos do ar".

Clinton havia dito quatro dias antes: "Quando o povo líbio buscou concretizar suas aspirações democráticas, ele foi recebido com extrema violência por seu governo".[181] John Kerry, então na chefia do comitê de relações exteriores do Senado, também opinou: "O tempo está se esgotando para o povo líbio. O mundo precisa responder imediatamente".[182]

Mustafa Abdul Jalil, chefe do conselho de transição que os Estados Unidos, o Reino Unido e a França reconheceram como o governo legítimo da Líbia, pediu por uma zona de exclusão aérea. Ele disse que, se as forças de Kadafi chegassem a Bengazi, eles iriam matar "meio milhão" de

---

180 President Obama Address to the Nation. 28 mar. 2011. Disponível em: <www.gpo.gov/ fdsys/pkg/DCPD-201100206/html/DCPD-201100206.htm>. Acesso em: 06 jul. 2017.

181 Hillary Clinton Quoted by American Armed Services Press. 24 mar. 2011. Disponível em: < archive.defense.gov/news/newsarticle.aspx?id=63303>. Acesso em: 6 jul. 2017.

182 KERRY, John. Chairman of the Senate Foreign Relations Committee, Statement on Libya, 17 mar. 2011. Disponível em: <www.foreign.senate. gov/press/chair/release/chairman-kerry-highlights-urgent-libya-actions-at-hearing-on-middle-east-uprisings >. Acesso em: 6 jul. 2017.

pessoas.[183] "Se não houver a imposição de uma zona de exclusão aérea imposta sobre o regime de Kadafi, e se seus navios não forem impedidos, nós teremos uma catástrofe na Líbia", ele afirmou.

Jalil, formado na universidade de Pittsburgh, estava jogando o mesmo jogo de Ahmed Chalabi no Iraque. Ambos buscaram o poderio militar americano para levá-los ao poder e, ao fazer isso, contaram histórias fortes para persuadir os funcionários americanos com conhecimento deficiente das situações intrincadas de seus países.

A política que os Estados Unidos invocaram para justificar a intervenção é a chamada Responsabilidade de Proteger, ou R2P, que Clinton defendeu. A medida aparentava ser uma rara instância de moralidade na política externa e militar: uma coalização de nações com autorização do Conselho de Segurança da ONU realizaria ações militares para parar um massacre em curso. A medida foi uma reação à inação do mundo em relação a Ruanda, quando, em apenas três meses no verão de 1994, cerca de 800 mil civis inocentes foram chacinados – seus corpos entupindo o rio Kagera ao seguir o curso para o lago Vitória.[184]

Teria sido difícil se opor a essa proposta se seu propósito genuíno fosse evitar um massacre e, em seguida, a operação militar se retirasse. Mas também era difícil de acreditar que ela terminaria ali.

Depois que a R2P foi invocada por Bill Clinton para o Kosovo, em 1999, os Estados Unidos não deixaram o território. Ao contrário, eles construíram uma das maiores bases militares na Europa, e dentro de cinco anos uma câmara americana de comércio foi criada no Kosovo para ajudar a enxurrada de negócios americanos que se seguiram à intervenção.

O governo Obama buscou autorização para a operação na Líbia no Conselho de Segurança da ONU e obteve uma resolução em 17 de março de 2011, que demandava um "[...] cessar-fogo imediato e o fim completo de todos os ataques contra civis", sobre os quais se dizia que "[...] poderiam ser considerados crimes contra a humanidade". A resolução também impôs o "banimento de todos os voos no espaço aéreo da Jamairia Árabe Líbia, com o objetivo de ajudar a proteger os civis".

---

183 MCGREAL, Chris. Gaddaffi's Army Will Kill Half a Million, Warn Libyan Rebels. The Guardian, 12 mar. 2011. Disponível em: <https://goo.gl/VaJBVm>. Acesso em: 23 jan. 2018.

184 LORCH, Donatella. Thousands of Rwanda Dead Wash Down to Lake Victoria. The New York Times, 21 maio 1994. Disponível em: <https://goo.gl/p5V-DKz>. Acesso em: 23 jan. 2018.

Uma vez que a OTAN lançou a operação com mais de cem mísseis disparados contra alvos do governo, Clinton deixou escapar em uma entrevista no *Meet the Press*: "[Os líbios] não nos atacaram, mas o que eles estão fazendo, mais o histórico de Kadafi e o potencial para ruptura e instabilidade" levaram "nossos amigos na Europa e nossos parceiros árabes" a ver que "estava bastante dentro dos nossos interesses" parar Kadafi.

De fato, a subsequente redução ao caos no país com a maior renda *per capita* da África foi feita com base nos interesses americanos,[185] em lugar de preocupações humanitárias. A primeira confirmação oficial de que esse era o caso veio em setembro de 2016. Um relatório parlamentar britânico mostrou que as alegações de genocídio iminente eram infundadas.[186] O resumo do Comitê de Negócios Estrangeiros afirmou: "Nós não encontramos evidências de que o governo do Reino Unido tenha feito a devida análise da natureza da rebelião na Líbia... a estratégia do Reino Unido foi baseada em pressupostos incorretos e no entendimento incompleto das evidências".

O relatório ainda colocou: "Apesar de sua retórica, a afirmação de que Muammar Kadafi teria ordenado o massacre de civis em Bengazi não se sustenta pelas evidências disponíveis. Enquanto [ele] certamente ameaçou usar de violência contra aqueles que pegassem em armas contra seu poder, isso não necessariamente se torna uma ameaça a todos em Bengazi", seguia o relatório. "Em suma, a escala da ameaça aos civis foi apresentada com certeza injustificada".

O relatório aponta que as forças de Kadafi haviam tomado cidades dos rebeldes sem atacar civis. Em 17 de março, dois dias antes do início do ataque da OTAN, Kadafi disse aos rebeldes em Bengazi para "abandonar suas armas, igual fizeram seus irmãos em Ajdabiya e outros lugares. Eles abandonaram suas armas e estão seguros. Nós não os perseguimos de maneira alguma". O líder líbio "também

---

185 A renda per capita da Líbia de cerca de US\$ 12 mil em 2011 não revela totalmente a realidade sobre um país com alta renda derivada das exportações de petróleo e uma população de apenas seis milhões de pessoas. De todo modo, desde a intervenção da OTAN a renda per capita do país caiu para cerca de US\$ 5 mil. Ver: TRADING ECONOMICS. Libya GDP per capita. Disponível em: <https://goo.gl/jxkLLA>. Acesso em: 23 jan. 2018.

186 PARLIAMENT. Libyan Intervention Based on Erroneous Assumptions; David Cameron Ultimately Responsible. 14 set. 2014. Disponível em: <https://goo.gl/3r9CSN>. Acesso em: 23 jan. 2018.

tentou apaziguar os manifestantes em Bengazi com uma oferta de ajuda para o desenvolvimento antes de finalmente enviar tropas", conforme o relatório.

Em outro exemplo, o relatório indica que, após as lutas de fevereiro e março na cidade de Misrata, só um 1% das pessoas mortas pelo governo líbio eram mulheres ou crianças. "A disparidade entre vítimas homens e mulheres sugere que as forças do regime de Kadafi visavam os combatentes homens em uma guerra civil, e não indiscriminadamente atacaram civis", disse o relatório.

A ameaça bem real de violência jihadista foi ignorada por Clinton e outros líderes ocidentais, de acordo com o relatório. Kadafi havia alertado que Bengazi estava cheia de terroristas jihadistas que, segundo ele disse ao povo líbio em uma de suas grandes falas tragicômicas, iriam "colocar pílulas alucinógenas em seus drinques, seu leite, seu café, seu Nescafé". De fato, terroristas tiveram um papel destacado nos levantes e ainda estão provocando a desordem.

Em essência, o relatório parlamentar afirma que Kadafi não estava planejando um massacre. Ainda assim essa inverdade foi propagada pelos rebeldes e agentes ocidentais, incluindo Hillary Clinton. O relatório também concluiu que, sem o apoio aéreo da OTAN, a rebelião provavelmente teria falhado. Em outras palavras, se a missão da OTAN tivesse realmente sido sobre a R2P, Kadafi não teria sido derrubado. O fato de que isso aconteceu sublinha que a intenção da OTAN era a mudança de regime e não a intervenção humanitária.

Um *e-mail* do servidor privado de Clinton, que perdeu a classificação de secreto e foi publicado pelo Departamento de Estado em 31 de dezembro de 2015, nós dá mais perspectivas de alguns dos possíveis motivos privados por trás do ataque da OTAN.[187] O *e-mail* de Sidney Blumenthal, confidente de Clinton, para a secretária de Estado, apresenta os interesses franceses em jogo, de acordo com as fontes de inteligência de Blumenthal. A França tomou a liderança na operação da OTAN. Ainda que alguns tenham colocado em dúvida essas informações, Clinton a considerou crível o bastante para encaminhá-la para auxiliares do Departamento de Estado.[188]

---

187 WIKILEAKS. Sidney Blumenthal Email to Hillary Clinton, 2 abr. 2011. Disponível em: <https://goo.gl/aSnmXr>. Acesso em: 23 jan. 2018.

188 ASHER-SCHAPIRO, Avi. Libyan Oil, Gold, and Qaddaffi: The Strange Email Sidney Blumenthal Sent Hillary Clinton In 2011. Vice News, 12 jan. 2016. Disponível em: <https://goo.gl/zWDJFP>. Acesso em: 23 jan. 2018.

Nós descobrimos pelo *e-mail* que Kadafi havia acumulado 143 toneladas de ouro para serem usadas para sustentar uma moeda pan-africana que ele planejava lançar. A França não queria a moeda nas ex-colônias francesas no continente.

"De acordo com indivíduos de notório saber, essa quantidade de ouro e prata é avaliada em mais de US$ 7 bilhões. Agentes de inteligência franceses descobriram esse plano pouco após o começo da rebelião atual, e esse foi um dos fatores que influenciaram a decisão do presidente Nicolas Sarkozy a comprometer a França com o ataque à Líbia", escreve Blumenthal. "De acordo com esses indivíduos, os planos de Sarkozy são guiados pelos temas em questão:

a. Desejo de conseguir uma fatia maior da produção de petróleo na Líbia;

b. Aumentar a influência francesa no norte da África;

c. Melhorar sua situação política interna na França;

d. Dar aos militares franceses uma oportunidade de reafirmar sua posição no mundo;

e. Tratar da preocupação de seus conselheiros em relação aos planos de longo prazo de Kadafi de superar a França como a potência dominante na África francófona".

Um segundo *e-mail* de Blumenthal,[189] lançado pelo WikiLeaks oito dias antes das eleições de novembro, revelaram que forças especiais britânicas e francesas estavam do lado egípcio da fronteira – com alguns possivelmente dentro da própria Líbia – treinando e fornecendo material aos rebeldes, outra indicação de que a mudança de regime, em lugar da ação para lidar com a ameaça de um massacre, foi o motivo. A resolução do Conselho de Segurança tinha autorizado somente força aérea para parar um morticínio em Bengazi, não o treino de rebeldes que ao final iriam derrubar o governo. Na verdade, a resolução especificamente não permitia tropas estrangeiras de solo na Líbia. O Catar posteriormente admitiu ter enviado centenas de tropas para a Líbia.[190]

---

189 WIKILEAKS. Sidney Blumenthal Email to Hillary Clinton – LOTS OF NEW INTEL; POSSIBLE LIBYAN COLLAPSE. SI. 27 mar. 2011. Disponível em: <https://goo.gl/nsczyC>. Acesso em: 23 jan. 2018.

190 BLACK, Ian. Qatar Admits Sending Hundreds of Troops to Support Libya Rebels. The Guardian, 26 out. 2011. Disponível em: <https://goo.gl/qhbhqe>. Acesso em: 23 jan. 2018.

O segundo *e-mail* de Blumenthal, enviado para Clinton em 27 de março de 2011, mostrou que ela foi informada da crescente presença da Al Qaeda no pessoal e na liderança dos rebeldes apoiados pelos Estados Unidos apenas dez dias da operação da OTAN ser lançada. Blumental cita "agentes de segurança europeus sêniores" como sua fonte. O *e-mail* alerta que a Al Qaeda poderia estabelecer "Califados" nas "regiões produtoras de petróleo e gás do sudeste da Líbia". Isso não impediu Clinton de apoiar os rebeldes. Enclaves terroristas foram realmente criados e o Estado Islâmico atacou aquela exata região em 2015. Blumenthal também escreve que alguns dos rebeldes apoiados pelos Estados Unidos continuaram a "executar sumariamente todos os mercenários capturados em combate."

A Rússia, que não exerceu seu poder de veto e se absteve em relação à resolução, permitindo sua aprovação, expressou sua raiva ao que rapidamente ficou claro: a resolução estava sendo usada para justificar a mudança de regime e não para a R2P. O truque teve consequências negativas para os Estados Unidos. O presidente da Rússia Dmitri Medvedev disse que, por causa disso, ele vetaria uma resolução que estava sendo planejada para a Síria, condenando Assad.[191] A Rússia temia que a resolução sobre a Líbia também pudesse justificar a mudança de regime em Damasco. "É triste que essas resoluções possam ser manipuladas", disse Medvedev de acordo com citação da Ria Novosti. "Eu não vou apoiar essa resolução nem que meus amigos me implorem por isso".

Susan Rice, a então embaixadora dos Estados Unidos junto à ONU, disse publicamente nas Nações Unidas, antes da aprovação da resolução, que os Estados Unidos precisavam "contemplar passos que vão além de uma zona de exclusão aérea. Uma zona de exclusão aérea tem limitações inerentes em termos de proteção de civis".[192] Em uma conferência de bastidores em que estive, junto com outros repórteres, na ONU, após a Rússia ter feito objeções à resolução por ter sido usada para derrubar Kadafi, Rice afirmou de modo enfático que ela tinha dito aos russos que haveria ataques aéreos da OTAN contra as forças de solo de Kadafi. Ela não disse que a intenção era derrubar Kadafi, contudo.

---

191 GOODENOUGH, Patrick. Russia, Angry About Libya, Won't Support Resolution on Syria. CNS News, 19 maio 2011. Disponível em: <https://goo.gl/soLVJT>. Acesso em: 23 jan. 2018.

192 MACASKILL, Ewen. UN Security Council to Vote on Libya No-fly Zone Resolution. The Guardian, 17 mar. 2011. Disponível em: <https://goo.gl/eK5VMY>. Acesso em: 23 jan. 2018.

Desde que Clinton "se apropriou" da política desastrosa em relação à Líbia, de acordo com seu maior auxiliar, ela foi criticada severamente por isso tanto por Sanders quanto por Trump nos debates. Em um debate em 19 de dezembro de 2015, em Manchester, Nova Hampshire, ela tentou se defender, dizendo a Sanders: "Sempre há um passado para dizer quais erros foram cometidos, mas eu sei que nós oferecemos muita ajuda e sei que foi difícil para os líbios aceitar essa ajuda".

Sanders disparou de volta: "A verdade é que é relativamente fácil para uma nação poderosa como os Estados Unidos derrubar um ditador, mas é muito difícil prever as consequências não intencionais e a turbulência e a instabilidade que se segue após derrubar esse ditador... Eu não sou o fã da mudança de regime que ela é".

Mas Clinton não parou por aí. "Eu acho que é justo deixar registrado que o senador Sanders votou no Senado por uma resolução pedindo pelo fim do regime de Kadafi e pedindo para que a ONU fosse envolvida", ela disse.

De modo semelhante, Clinton enfraqueceu o ataque de Trump quanto as suas medidas em relação à Líbia, lembrando que ele também tinha apoiado a intervenção. "Há muitos registros dele apoiando a intervenção na Líbia, quando Kadafi estava ameaçando massacrar seu povo", Clinton disse em um fórum de notícias da NBC em 7 de setembro de 2016.[193] É verdade que em um debate republicano em 25 de fevereiro de 2016 em Houston, Trump tinha dito: "Nós estaríamos muito melhor se Kadafi estivesse no poder agora".[194] E, em 26 de setembro de 2016, em um debate em Long Island, ele tinha atacado Clinton em relação à Líbia, chamando de "um dos desastres dela".[195]

Mas, em um vídeo de fevereiro de 2011, um mês antes da intervenção, Trump disse: "Kadafi, na Líbia, está matando milhares de pessoas, ninguém sabe quão ruim é isso, e nós estamos parados, nós temos soldados

193 GREENBERG, Jon. Hillary Clinton Says Trump Supported Intervention in Libya. Politifact, 7 set. 2016. Disponível em: <https://goo.gl/fH9xvQ>. Acesso em: 23 jan. 2018.

194 Transcript of Republican Primary Debate. 25 fev. 2016. Disponível em: <www.washingtonpost.com/news/the-fix/wp/2016/02/25/the-cnntelemundo-republican-debate-transcript-annotated/?utm_term=.6dc9bed41da6>. Acesso em: 6 jul. 2017.

195 Transcript of Presidential Debate. 26 set. 2016. Disponível em: <www.washingtonpost.com/news/the-fix/wp/2016/09/26/the-_rst-trump-clintonpresidential-debate-transcript-annotated>. Acesso em: 6 jul. 2017.

no Oriente Médio todo, e nós não estamos colocando eles para parar essa carnificina terrível e é isso que é: uma carnificina. A gente tem de entrar, nós temos que parar esse cara, o que vai ser muito fácil e rápido".[196]

Essas falam sublinham a terrível escolha que os eleitores americanos encararam em novembro de 2016.

Os textos completos do *e-mail* de Sullivan, que mostram em detalhes os extensos esforços de Clinton em relação à Líbia, e os dois *e-mails* de Blumenthal podem ser encontrados no Anexo.

---

196 MACKEY, Robert. Donald Trump is Not Anti-War, He Just Wants the U.S. Military to Focus on Stealing Oil. The Intercept, 14 set. 2016. Disponível em: <https://goo.gl/9mrQ9m>. Acesso em: 23 jan. 2018.

REFERÊNCIAS

ACKERMAN, Spencer. US Has Trained Only 'Four or _ve' Syrian Fighters Against Isis, Top General Testifies. The Guardian, 16 set. 2015. Disponível em: <https://goo.gl/noGTcE>. Acesso em: 23 jan. 2018.

ACKERMAN, Spencer. Why Clinton's Plans For No-fly Zones in Syria Could Provoke US-Russia Conflict. The Guardian, 25 out. 2016. Disponível em: <https://goo.gl/fchaAP>. Acesso em: 23 jan. 2018.

ADAMS, T. Becket. Bill Clinton's Lonely, One-Man Effort to Win White Working-class Voters. Washington Examiner, 12 nov. 2016. Disponível em: <https://goo.gl/eqNMZa>. Acesso em: 23 jan. 2018.

ADELMAN, Jeremy. Donald Trump is Declaring Bankruptcy on the Post-War Wordl Order. Foreign Policy, 20 nov. 2016. Disponível em: <https://goo.gl/BXDj7M>. Acesso em: 23 jan. 2018.

ALEXANDER, David. NATO Commander Says His Advice on Ukraine Crisis Being Reviewed. Reuters, 25 fev. 2105. Disponível em: <https://goo.gl/6Mznnj>. Acesso em: 23 jan. 2018.

ALLISON, Graham T. Conceptual Models and the Cuban Missile Crisis*. *American Political Science Review*. v. 63, n. 3, p. 689-718, 1969. Disponível em: <https://goo.gl/WLnUFr>. Acesso em: 23 jan. 2018.

ANDERSON, Tim. Daraa 2011: Syria's Islamist Insurrection In Diguise. Global Research, Centre for Research on Globalization, 16 mar. 2016. Disponível em: <https://goo.gl/ozTDcC>. Acesso em: 23 jan. 2018.

ASHER-SCHAPIRO, Avi. Libyan Oil, Gold, and Qaddaffi: The Strange Email Sidney Blumenthal Sent Hillary Clinton in 2011. Vice News, 12 jan. 2016. Disponível em: <https://goo.gl/zWDJFP>. Acesso em: 23 jan. 2018.

BADE, Rachel. How a Clinton Insider Used His Ties to Build a Consulting Giant. Politico, 13 abr. 2016. Disponível em: <https://goo.gl/99gJZJ>. Acesso em: 23 jan. 2018.

BAMFORD, James. The NSA is Building the Country's Biggest Spy Center (Watch What You Say). Wired, 15 mar. 2012. Disponível em: <https://goo.gl/WBSch8>. Acesso em: 23 jan. 2018.

BBC NEWS. Russia's Putin Signs Law Against 'Undesirable' NGOs. 24 maio 2015. Disponível em: <https://goo.gl/xvxFwg>. Acesso em: 23 jan. 2018.

BEAMON, Todd. David Petraeus: Putin Trying to Rebuild Russian Empire. Newsmax, 22 set. 2015. Disponível em: <https://goo.gl/sx9sKH>. Acesso em: 23 jan. 2018.

BINNEY, William; MCGOVERN, Ray. Emails Were Leaked, not Hacked. The Baltimore Sun, 5 jan. 2017. Disponível em: <https://goo.gl/bbWEmH>. Acesso em: 23 jan. 2018.

BLACK, Ian. Qatar Admits Sending Hundreds of Troops to Support Libya Rebels. The Guardian, 26 out. 2011. Disponível em: <https://goo.gl/qhbhqe>. Acesso em: 23 jan. 2018.

BLAKE, Aaron. Voters Strongly Reject Hillary Clinton 'Basket of Deplorables' Approach. The Washington Post, 26 set. 2016. Disponível em: <https://goo.gl/Yq6uxX>. Acesso em: 23 jan. 2018.

BLOOM, Dan. Bill Clinton Branded Jeremy Corbyn a 'Guy off the Street' in Brutal Leaked Speech. The Mirror, 8 nov. 2016. Disponível em: <https://goo.gl/cNZDLn>. Acesso em: 23 jan. 2018.

CALDERONE, Michael. Politico Admits 'Mistake' In Sending DNC an Article in Advance. The Huffington Post, 24 jul. 2016. Disponível em: <https://goo.gl/WV5C1K>. Acesso em: 23 jan. 2018.

CENTER FOR RESPONSIVE POLITICS. Statistics on 2016 Presidential Campaign Contributions. Disponível em: <https://goo.gl/HRQpXd>. Acesso em: 23 jan. 2018.

CHEONG, Ian Miles. Study: Hillary Clinton Ran One of the Worst Campaigns in Years. FOX News Politics, 10 mar. 2017. Disponível em: <https://goo.gl/7FVhv1>. Acesso em: 23 jan. 2018.

CHIVERS, C.J.; SCHMITT, Eric. In Strikes on Libya by NATO, an Unspoken Civilian Toll. The New York Times, 17 dez. 2011. Disponível em: <https://goo.gl/ZkCZVe>. Acesso em: 23 jan. 2018.

CHOVANEC, Steven. The West Created & Perpetuates the Syrian Civil War. Mint Press News, 24 mar. 2015. Disponível em: <https://goo.gl/UW4Lor>. Acesso em: 23 jan. 2018.

CHOZICK, Amy. Hillary Clinton Blames FBI Director for Election Loss. The New York Times. 12 nov. 2016. Disponível em: <https://goo.gl/xsdLxk>. Acesso em: 23 jan. 2018.

CHOZICK, Amy. Hillary Clinton's Expectations, and Her Ultimate Campaign Missteps. The New York Times, 9 nov. 2016. Disponível em: <https://goo.gl/zGiDzt>. Acesso em: 23 jan. 2018.

CHOZICK, Amy; EDER, Steve. Foundation Ties Bedevil Hillary Clinton's Presidential Campaign. The New York Times, 20 aug. 2016. Disponível em: <https://goo.gl/7rTg47>. Acesso em: 23 jan. 2018.

CILLIZA, Chris. Hillary Clinton is Going to Really Regret Saying These 4 Words About Goldman Sachs. The Washington Post, 4 fev. 2016. Disponível em: <https://goo.gl/FdMvwk>. Acesso em: 23 jan. 2018.

CLOVER, Charles. Russia Resumes Advanced Weapons Sales to China. Financial Times. 3 nov. 2016. Disponível em: <https://goo.gl/YqN2mx>. Acesso em: 23 jan. 2018.

COCKBURN, Patrick. We Finally Know What Hillary Clinton Knew All Along – US Allies Saudi Arabia and Qatar are Funding Isis. *The Independent,* 14 out. 2016. Disponível em: <https://goo.gl/BmocDY>. Acesso em: 23 jan. 2018.

CODE OF FEDERAL REGULATIONS. Title 11. Disponível em: <https://goo.gl/q6nYpY>. Acesso em: 23 jan. 2018.

CROWLEY, Michael. Hillary Clinton's Unapologetically Hawkish Record Faces 2016 Test. Time, 24 jan. 2014. Disponível em: <https://goo.gl/SpbbDF>. Acesso em: 23 jan. 2018.

DAWN. Hundreds of Civilians, Rebels Evacuated from Aleppo. 16 dez. 2016. Disponível em: <https://goo.gl/oSFa4b>. Acesso em: 23 jan. 2018.

DIRECTOR OF NATIONAL INTELLIGENCE. Joint DHS and ODNI Election Security Statement. 7 out. 2016. Disponível em: <https://goo.gl/1qRcNM>. Acesso em: 23 jan. 2018.

DOMBEY, Daniel; MORRIS, Harvey; DYER, Geoff. Clinton Attacks Turkey-Brazil Deal With Iran. Financial Times, 18 maio 2010. Disponível em: <https://goo.gl/uMMc3s>. Acesso em: 23 jan. 2018.

EATON, William J. 1918 Occupation Force: Forgotten War: Yanks in Russia. The Los Angeles Times, 10 mar. 1987. Disponível em: <https://goo.gl/E17MKB>. Acesso em: 23 jan. 2018.

EVANS-PRITCHARD, Ambrose. The European Union Always Was a CIA Project, as Brexiteers Discover. Telegraph, 27 abr. 2016. Disponível em: <https://goo.gl/n8BWsr>. Acesso em: 23 jan. 2018.

FISCHER, Horst. Principle of Proportionality. Crimes of War. Disponível em: <www.crimesofwar.org/a-z-guide/ proportionality-principle-of/>. Acesso em: 6 jul. 2017.

FLEITZ, Fred. No, Hillary, 17 U.S. Intelligence Agencies Did Not Say Russia Hacked Dem E-mails. The National Review, 20 out. 2016. Disponível em: <https://goo.gl/j9dUxz>. Acesso em: 23 jan. 2018.

FOSTER, Peter. Russia Accused of Clandestine Funding of European Parties as US Conducts Major Review of Vladimir Putin's Strategy. The Telegraph, 16 jan. 2016. Disponível em: <https://goo.gl/UQscCr>. Acesso em: 23 jan. 2018.

FOX NEWS POLITICS. Clinton Foundation Admits it Didn't Notify State Department of $1 Million Qatar Gift. 6 nov. 2016. Disponível em: <https://goo.gl/yZbwWt>. Acesso em: 23 jan. 2018.

FOX NEWS. Assange: Russia Government Not the Source of WikiLeaks Emails. 3 jan. 2017. Disponível em: <https://goo.gl/wMVTWr>. Acesso em: 23 jan. 2018.

FROOMKIN, Dan. How Foreign Money Can Find its Way into Political Campaigns. The Huffington Post, 18 jul. 2011. Disponível em: <https://goo.gl/CbJkT6>. Acesso em: 23 jan. 2018.

GIACOMO, Carol. Joe Biden Apologizes for Telling the Truth. The New York Times, 6 out. 2014. Disponível em: <https://goo.gl/FVwyZD>. Acesso em: 23 jan. 2018.

GOLDBERG, Jeffrey. The Obama Doctrine: the U.S. President Talks Through his Hardest Decisions About America's Role in the World. The Atlantic, abr. 2016. Disponível em: <https://goo.gl/gaihLj>. Acesso em: 23 jan. 2018.

GOODENOUGH, Patrick. Russia, Angry about Libya, Won't Support Resolution on Syria. CNS News, 19 maio 2011. Disponível em: <https://goo.gl/soLVJT>. Acesso em: 23 jan. 2018.

GREENBERG, Jon. Hillary Clinton Says Trump Supported Intervention in Libya. Politifact, 7 set. 2016. Disponível em: <https://goo.gl/fH9xvQ>. Acesso em: 23 jan. 2018.

GREENWALD, Glenn. Are All Telephone Calls Recorded and Accessible to the US Government? The Guardian, 4 maio 2013. Disponível em: <https://goo.gl/A5iMgg>. Acesso em: 23 jan. 2018.

GUARDIAN STAFF AND AGENCIES. Barack Obama Says Libya Was 'Worst Mistake' of His Presidency. The Guardian, 12 abr. 2016. Disponível em: <https://goo.gl/FzB31L>. Acesso em: 23 jan. 2018.

HELDERMAN, Rosalind S.; HAMBURGER, Tom. Foreign Governments Gave Millions to Foundation While Clinton Was at State Department. The Washington Post, 25 fev. 2015. Disponível em: <https://goo.gl/XZsr8S>. Acesso em: 23 jan. 2018.

HELDERMAN, Rosalind S.; Hamburger, Tom; RICH, Steven. Clintons' Foundation Has Raised Nearly $2 Billion and Some Key Questions. Washington Post, 18 fev. 2015. Disponível em: <https://goo.gl/AeHNAK>. Acesso em: 23 jan. 2018.

HENWOOD, Doug. *My Turn:* Hillary Clinton Targets the Presidency. Nova York: OR Books, 2015.

HERSH, Seymour M. The Red Line and the Rat Line. *London Review of Books*, v. 36, n. 8, 17 abr. 2014. Disponível em: <https://goo.gl/LSw1Ks>. Acesso em: 23 jan. 2018.

HERSH, Seymour. Military to Military. *London Review of Books*, 7 jan. 2016. Disponível em: <https://goo.gl/RTpwmV>. Acesso em: 23 jan. 2018.

HERSZENHORN, David M.; BARRY, Ellen. Putin Contends Clinton Incited Unrest Over Vote. The New York Times, 8 dez. 2011. Disponível em: <https://goo.gl/g16Kte>. Acesso em: 23 jan. 2018.

Hillary Clinton quoted by American Armed Services Press. 24 mar. 2011. Disponível em: < archive.defense.gov/news/newsarticle.aspx?id=63303>. Acesso em: 6 jul. 2017.

History Commons, June 3, 1997: PNAC Think Tank Issues Statement of Principles. Disponível em: <www.historycommons.org/context.jsp?item=a060397pnacprinciples#a060397pnacprinciples>. Acesso em: 06 jul. 2017.

HOFF, Brad. 2012 Defence Intelligence Agency Document: West Will Facilitate Rise of Islamic State 'in Order to Isolate the Syrian Regime'. Levant Report, 19 maio 2015. Disponível em: <https://goo.gl/9h7HAB>. Acesso em: 23 jan. 2018.

HOVET, Jason; MULLER, Robert. NATO Commander Sees No Imminent Russian Threat to Baltics. Reuters, 20 jun. 2016. Disponível em: <https://goo.gl/c9TSWU>. Acesso em: 23 jan. 2018.

HUMAN RIGHTS WATCH. Russia/Syria: War Crimes in Month of Bombing Aleppo. 1 dez. 2016. Disponível em: <https://goo.gl/QBT91T>. Acesso em: 23 jan. 2018.

IGNATIUS, David. Innocence Abroad: The New World of Spyless Coups. The Washington Post, 22 set. 1991. Disponível em: <https://goo.gl/dbw38w>. Acesso em: 23 jan. 2018.

IKENBERRY, G. John. *Liberal leviathan*: the Origins, Crisis and Transformation of the American World Order. Nova Jersey: Princeton University Press, 2011.

JACOBS, Ben. Hillary Clinton Calls Half of Trump Supporters Bigoted 'Deplorables'. The Guardian, 10 set. 2016. Disponível em: <https://goo.gl/cCfTvh>. Acesso em: 23 jan. 2018.

JENTLESON, Bruce W. *American foreign policy*: the dynamics of choice in the 21st century. Nova York: W. W. Norton & Company, 2010.

JOHNSTONE, Diana. *Queen of Chaos*: The Misadventures of Hillary Clinton. [S.l]: CounterPunch, 2015.

KAHN, Chris. Nearly Half of Americans 'Very Concerned' About Clinton Emails: Reuters/Ipsos Poll. Reuters, 14 set. 2016. Disponível em: <https://goo.gl/PhxoUg>. Acesso em: 23 jan. 2018.

KEITH, Theo. New Marquette University Law School Poll: Clinton Leads Trump, 46% to 40%. FOX6 News, 2 nov. 2016. Disponível em: <https://goo.gl/1iFjFH>. Acesso em: 23 jan. 2018.

KERRY, John. Chairman of the Senate Foreign Relations Committee, Statement on Libya, 17 mar. 2011. Disponível em: <www.foreign.senate. gov/press/chair/release/chairman-kerry-highlights-urgent-libya-actions-at- hearing-on-middle-east-uprisings >. Acesso em: 6 jul. 2017.

KESSLER, Glenn. U.S., Brazilian officials at Odds Over Letter On Iranian Uranium. Washington Post, 28 maio 2010. Disponível em: <https://goo.gl/kYXt9B>. Acesso em: 23 jan. 2018.

KHALEK, Rania. Robert Kagan and Other Neocons are Backing Hillary Clinton. The Intercept, 25 jul. 2016. Disponível em: <https://goo.gl/wu7pMQ>. Acesso em: 23 jan. 2018.

KLEIN, Ed. Why FBI Director Comey Jumped at the Chance to Reopen Hillary Clinton Email Investigation. Daily Mail, 30 out. 2016. Disponível em: <https://goo.gl/yefcnM>. Acesso em: 23 jan. 2018.

KOLLMAN, Ken. *The American Political System*. Nova York: W. W. Norton & Company, 2014.

KRAMER, Michael. Rescuing Boris. Time, 24 jun. 2001. Disponível em: <https://goo.gl/udPDHn>. Acesso em: 23 jan. 2018.

KRISTOF, Nicholas. An Idiot's Guide to Inequality. The New York Times, 23 jul. 2014. Disponível em: <https://goo.gl/mH61Hj>. Acesso em: 23 jan. 2018.

LAURIA, Joe. Hillary Clinton's Ace-in-the-Hole: Russia. The Huffington Post, 5 nov. 2016. Disponível em: <https://goo.gl/75SqJY>. Acesso em: 23 jan. 2018.

LAURIA, Joe. U.S. 'Invades' Canada After Russian-backed Coup in Ottawa. The Duran, 4 maio 2016. Disponível em: <https://goo.gl/m7vaSi>. Acesso em: 23 jan. 2018.

LAURIA, Joe. Why Russia Really Supports Syria. IOL, 18 jun. 2012. Disponível em: <https://goo.gl/t7vgaX>. Acesso em: 23 jan. 2018.

LENZNER, Robert. Too Big to Fail Banks Have Paid $251 Billion as The Cost of Regulatory Revenge. Forbes, 29 aug. 2014. Disponível em: <https://goo.gl/9FSqC5>. Acesso em: 23 jan. 2018.

LEWIS, Aidan. Why has Morocco's King Survived the Arab Spring? BBC News, 24 nov. 2011. Disponível em: <https://goo.gl/ZQZfBk>. Acesso em: 23 jan. 2018.

LIJPHART, Arend. *Patterns of Democracy*. New Haven: Yale University Press, 1999.

LOGAN, Justin. It's Past Time to Bury the Hitler Analogy. Cato Institute, 6 nov. 2007. Disponível em: <https://goo.gl/14Edft>. Acesso em: 23 jan. 2018.

LORCH, Donatella. Thousands of Rwanda Dead Wash Down to Lake Victoria. The New York Times, 21 maio 1994. Disponível em: <https://goo.gl/p5VDKz>. Acesso em: 23 jan. 2018.

LUKACS, John. *Uma nova república*: uma história dos Estados Unidos no século XX. Rio de Janeiro: Editora Zahar, 2006

LYNCH, David J. Clinton's Accumulation of Wealth Invites Campaign Attacks. Financial Times, 13 out. 2016. Disponível em: <https://goo.gl/7nDALQ>. Acesso em: 23 jan. 2018.

MACASKILL, Ewen. UN Security Council to Vote on Libya No-fly Zone Resolution. The Guardian, 17 mar. 2011. Disponível em: <https://goo.gl/eK5VMY>. Acesso em: 23 jan. 2018.

MACKEY, Robert. Donald Trump is Not Anti-War, He Just Wants the U.S. Military to Focus on Stealing Oil. The Intercept, 14 set. 2016. Disponível em: <https://goo.gl/9mrQ9m>. Acesso em: 23 jan. 2018.

MANSON, Katrina. China Military to Set up First Overseas Base in Horn of Africa. Financial Times. 31 mar. 2016. Disponível em: <https://goo.gl/AQjyrk>. Acesso em: 23 jan. 2018.

MCGREAL, Chris. Gaddaffi's Army Will Kill Half a Million, Warn Libyan Rebels. The Guardian, 12 mar. 2011. Disponível em: <https://goo.gl/VaJBVm>. Acesso em: 23 jan. 2018.

MERICA, Dan. Hillary Clinton Paid Speech Thursday End of an Era. CNN, 19 mar. 2015. Disponível em: <https://goo.gl/5TEcMa>. Acesso em: 23 jan. 2018.

MICHAEL, Maggie. Protesters in Libya Demand Gaddafi Ouster and Reforms. The Washington Post, 17 fev. 2011. Disponível em: <https://goo.gl/1ooPok>. Acesso em: 23 jan. 2018.

MILLS, C. Wright. *The Power Elite*. Nova York: Oxford University Press, 1956.

MORGAN, David. Clinton Says U.S. Could 'Totally Obliterate' Iran. Reuters, 22 abr. 2008. Disponível em: <https://goo.gl/kg8CPJ>. Acesso em: 23 jan. 2018.

MÜELLER, Jan-Werner. *What is Populism?* Filadélfia: University of Pennsylvania Press, 2016.

MURRAY, Craig. The CIA's Absence of Conviction. 11 dez. 2016, Disponível em: <https://goo.gl/DST4CM>. Acesso em: 23 jan. 2018.

MURRAY, Mark. ISIS Threat: Fear of Terror Attack Soars To 9/11 High, NBC News/WSJ Poll Finds. NBC News, 9 set. 2014. Disponível em: <https://goo.gl/Qxt2gM>. Acesso em: 23 jan. 2018.

MUSUMECI, Natalie. Clinton Calls of Election Night Fireworks. The New York Post, 7 nov. 2016. Disponível em: <https://goo.gl/1ezwHd>. Acesso em: 23 jan. 2018.

NELSON, Arthur. Leaked TTIP Documents Cast Doubt on EU-US Trade Deal. The Guardian, 1 maio 2016. Disponível em: <https://goo.gl/czTWkK>. Acesso em: 23 jan. 2018.

NELSON, Louis. Paul Wolfowitz: 'I might Have to Vote for Hillary Clinton'. Politico, 26 ago. 2016. Disponível em: <https://goo.gl/8Z6Ewz>. Acesso em: 23 jan. 2018.

NEWPORT, Frank. Majority in U.S. Support Idea of Fed-funded Healthcare System. Gallup, 16 maio 2016. Disponível em: <https://goo.gl/t1rNU4>. Acesso em: 23 jan. 2018.

NPR WEEKEND EDITION. Goldwater Girl': Putting Context to a Resurfaced Hillary Clinton Interview. 26 mar. 2016. Disponível em: <https://goo.gl/H5zAfC>. Acesso em: 23 jan. 2018.

O'CONNOR, Karen; SABATO, Larry J., YANUS, Alixandra B. *American Government*: Roots and Reform. 12 ed. Londres, Nova York: Pearson Education, 2016.

OLLSTEIN, Alice Miranda. Hillary Clinton Has a New Plan to Jail Bankers. Think Progress, 8 out. 2015. Disponível em: <https://goo.gl/7u7gVW>. Acesso em 23 jan. 2018.

PARLIAMENT. Libyan Intervention Based on Erroneous Assumptions; David Cameron Ultimately Responsible. 14 set. 2014. Disponível em: <https://goo.gl/3r9CSN>. Acesso em: 23 jan. 2018.

PARNES, Amie. Obama Urged Clinton to Concede on Election Night. The Hill, 25 nov. 2016. Disponível em: <https://goo.gl/qPF7Rq>. Acesso em: 23 jan. 2018.

PARRY, Robert. NYT Backs Off Its Syria-Sarin Analysis. Consortium News, 29 dez. 2013. Disponível em: <https://goo.gl/RYxjUm>. Acesso em: 23 jan. 2018.

PBS NEWS HOUR. Hillary Clinton Says She Does Not Support Trans-Pacific Partnership. 7 out. 2015. Disponível em: <https://goo.gl/Hx8RdB>. Acesso em: 23 jan. 2018.

PHILLIPS, Tom. Beijing Rejects Tribunal's Ruling in South China Sea Case. The Guardian, 12 jul. 2016. Disponível em: <https://goo.gl/WkeeEP>. Acesso em: 23 jan. 2018.

PRESENTIAL CANDIDATES. The Politics and Elections Portal, Ted Cruz on Iraq 2016. Disponível em: <https://goo.gl/ySCtKv>. Acesso em: 23 jan. 2018.

President Obama Address to the Nation. 28 mar. 2011. Disponível em: <www.gpo.gov/ fdsys/pkg/DCPD-201100206/ html/DCPD-201100206.htm>. Acesso em: 6 jul. 2017.

PRESSTV. NATO Should not Fuel Tensions with Russia: German FM," 18 jun. 2016. Disponível em: <https://goo.gl/R5f7Jt>. Acesso em: 23 jan. 2018.

PRIEST, Dana; ARKIN, William M. A Hidden World, Growing Beyond Control. The Washington Post, 19 jul. 2010. Disponível em: <https://goo.gl/UZZtUK>. Acesso em: 23 jan. 2018.

PROPORNOT. The List. 30 nov. 2016. Disponível em: <https://goo.gl/uzRnGj>. Acesso em: 23 jan. 2018.

REICH, Robert. How Goldman Sachs Profited from the Greek Debt Crisis. The Nation, 16 jul. 2015. Disponível em: <https://goo.gl/JiqH6q>. Acesso em: 23 jan. 2018.

RISEN, James; LICHTBLAU, Eric. Bush Lets U.S. Spy on Callers Without Courts. The New York Times, 16 dez. 2005. Disponível em: <https://goo.gl/t5ehXr>. Acesso em: 23 jan. 2018.

ROBERTS, Dan; ACKERMAN, Spencer. US Begins Air Strikes Against Isis Targets in Iraq, Pentagon. The Guardian, 8 ago. 2014. Disponível em: <https://goo.gl/Q5JnnQ>. Acesso em: 23 jan. 2018.

RT. China-Russia Trade to Grow to $200bn – PM Medvedev. 7 nov. 2016. Disponível em: <https://goo.gl/14knvJ>. Acesso em: 23 jan. 2018.

RUCKER, Philip. Hillary Clinton Says Putin's Actions are like 'What Hitler did back in the '30s'. The Washington Post, 5 mar. 2014. Disponível em: <https://goo.gl/APRqNM>. Acesso em: 23 jan. 2018.

RUPERT, Evelyn. Obama Used Pseudonym in Emails with Clinton. The Hill, 23 set. 2016. Disponível em: <https://goo.gl/sCQ4jV>. Acesso em: 23 jan. 2018.

SACHS, Jeffrey. Hillary Clinton and the Syrian Bloodbath. Huffpost, 14 fev. 2016. Disponível em: <https://goo.gl/p5xFpY>. Acesso em: 23 jan. 2018.

SANGER; David E. U.S. Officials Defend Integrity of Vote, Despite Hacking Fears. The New York Times, 25 nov. 2016. Disponível em: <https://goo.gl/FpGrGi>. Acesso em: 23 jan. 2018.

SHAPIRO, Jeffrey Scott; RIDDELL, Kelly. Secret Tapes Undermine Hillary Clinton on Libya War. The Washington Times, 28 jan. 2015. Disponível em: <https://goo.gl/qyhDrb>. Acesso em: 23 jan. 2018.

SHEAR, Michael; WEISMAN, Jonathan; ROSENBERG, Matthew. Trump Says 'I think It Was Russia' that Hacked the Democrats. The New York Times, 11 jan. 2017. Disponível em: <https://goo.gl/wh1Thh>. Acesso em: 23 jan. 2018.

SHEIKH, Salman Rafi. Years After NATO's Destruction of Libya, British Parliament Report Reveals There Was No Evidence of Gaddaffi Attacking Civilians. Sign of the Times, 28 out. 2016. Disponível em: <https://goo.gl/SGG1Mp>. Acesso em: 23 jan. 2018.

SHERMAN, Erik. Clinton Might be Moving Toward Social Security Privatization. Forbes, 23 out. 2016. Disponível em: <https://goo.gl/94DcUq>. Acesso em: 23 jan. 2018.

SHILLING, Ian. Arms Smuggling to Terrorists in Syria, Attack on Benghazi... a Primer in Connecting the Dots. Signs of the Times, 17 nov. 2016. Disponível em: <https://goo.gl/t9ZB2Q>. Acesso em: 23 jan. 2018.

SIDDIQUI, Sabrina. Congress Passes NSA Surveillance Reform in Vindication for Snowden. The Guardian, 3 jun. 2015. Disponível em: <https://goo.gl/ebTZVk>. Acesso em: 23 jan. 2018.

SOCIAL SECURITY ADMINISTRATION. Social Security Trust Fund Cash Flows and Reserves. Disponível em: <https://goo.gl/o5h7k4>. Acesso em: 23 jan. 2018.

SONNE, Paul; GRIMALDI, James V. Biden's Son, Kerry Family Friend Join Ukrainian Gas Producer's Board. The Wall Street Journal, 13 maio 2014. Disponível em: <https://goo.gl/6TZ3hE>. Acesso em: 23 jan. 2018.

SOUTH FRONT. John Kerry, Leaked Audio of Conversation With Syrian Exiles in New York. 22 nov. 2016. Disponível em: <https://goo.gl/GTBQ91>. Acesso em: 23 jan. 2018.

STAFF, Spiegel. Berlin Alarmed by Aggressive NATO Stance on Ukraine. Spiegel Online, 6 mar. 2015. Disponível em: <https://goo.gl/4fsgnZ>. Acesso em: 23 jan. 2018.

STEIN, Jeff. The Hillary Clinton 'Scandal' Involving Morocco, Explained. Vox, 24 out. 2016. Disponível em: <https://goo.gl/rEoXWM>. Acesso em: 23 jan. 2018.

STEIN, Sam. The Clinton Campaign Was Undone By Its Own Neglect And A Touch Of Arrogance, Staffers Say. 16 nov. 2016. Disponível em: <https://goo.gl/HyvW22>. Acesso em: 23 jan. 2018.

TALBOT, David. The Devil's Chessboard. Nova York: HarperCollins: 2015.

THAROOR, Ishaan. The Long History of the U.S. Interfering with Elections Elsewhere. The Washington Post, 13 out. 2016. Disponível em: <https://goo.gl/eWch5R>. Acesso em: 23 jan. 2018.

THE ASSOCIATED PRESS. Sen. Clinton Criticizes Bush Wiretap Rationale. 25 jan. 2006. Disponível em: <https://goo.gl/H44RgR>. Acesso em: 23 jan. 2018.

THE CHOSUNILBO. End of the Road for World's Oldest Firm. 15 dez. 2005. Disponível em: <https://goo.gl/AYRKTY>. Acesso em: 23 jan. 2018.

THE NEW YORK TIMES. Mrs. Clinton, Show Voters Those Transcripts. 25 fev. 2016. Disponível em: <https://goo.gl/UHTmr8>. Acesso em: 23 jan. 2018.

THE WASHINGTON POST. Behavior Reform: Next Steps for a Human Rights Strategy. Disponível em: <https://goo.gl/vsvwQV>. Acesso em: 25 jan. 2018.

THE WASHINGTON POST. Russia Hires Goldman Sachs as Adviser. 18 fev. 1992. Disponível em: <https://goo.gl/i3iB1s>. Acesso em: 23 jan. 2018.

THERICHEST. Robert Rubin's Net Worth. Disponível em: <https://goo.gl/fzFUem>. Acesso em: 23 jan. 2018.

TIMBERG, Craig. Russian Propaganda Effort Helped Spread 'Fake News' During Election, Experts Say. The Washington Post, 24 nov. 2016. Disponível em: <https://goo.gl/Gztf1i>. Acesso em: 23 jan. 2018.

TRADING ECONOMICS. Libya GDP Per Capita. Disponível em: <https://goo.gl/jxkLLA>. Acesso em: 23 jan. 2018.

Transcript of Presidential Debate. 26 set. 2016. Disponível em: <www.washingtonpost.com/news/the-fix/wp/2016/09/26/the-_rst-trump-clintonpresidential-debate-transcript-annotated>. Acesso em: 6 jul. 2017.

Transcript of Republican Primary Debate. 25 fev. 2016. Disponível em: <www.washingtonpost.com/news/the-fix/wp/2016/02/25/the-cnntelemundo-republican-debate-transcript-annotated/?utm_term=.6dc9bed41da6>. Acesso em: 6 jul. 2017.

TRUMAN, Harry S. Memoirs: Years of Trial and Hope. Nova York: Doubleday & Company. p. 290. 2. v.

TUCKER, Cynthia. Heaven Help the Little Guy. Detroit Free Press, 20 fev. 2017. Disponível em: <https://goo.gl/3e4xfc>. Acesso em: 23 jan. 2018.

TWAIN, Mark. The Mysterious Stranger. Disponível em: <https://goo.gl/egBBBj>. Acesso em: 23 jan. 2018.

TYRELL JR., R. Emmett. Losing it on a Losing Night. The American Spectator. 14 nov. 2016. Disponível em: <https://goo.gl/gBq9Xa>. Acesso em: 23 jan. 2018.

UNITE NATIONS HUMAN RIGHTS COUNCIL. Report of the Independent International Commission of Inquiry on the Syrian Arab Republic. 2 fev. 2017. Disponível em: <https://goo.gl/Y7As3j>. Acesso em: 23 jan. 2018.

VINE, David. The United States Probably has More Foreign Military Bases than any Other People, Nation, or Empire in History. The Nation, 14 set. 2015. Disponível em: <https://goo.gl/c5gzZn>. Acesso em: 23 jan. 2018.

WALKER, Peter. Bradley Manning Trial: What We know from the Leaked WikiLeaks Documents. The Guardian, 30 jul. 2013. Disponível em: <https://goo.gl/wrmTHW>. Acesso em: 23 jan. 2018.

WALLACE-WELLS, Benjamin. The Trouble with Doug Band. The New Yorker, 1 nov. 2016. Disponível em: <https://goo.gl/BBhhwy>. Acesso em: 23 jan. 2018.

WHITE, Gregory. This is the WikiLeak that Sparked the Tunisian Crisis. Business Insider, 14 jan. 2011. Disponível em: <https://goo.gl/KjKFWx>. Acesso em: 23 jan. 2018.

WIKILEAKS. Corruption in Tunisia. Disponível em: <https://goo.gl/q6YFGB>. Acesso em: 23 jan. 2018.

WIKILEAKS. Email from Charlie Baker. Disponível em: <https://goo.gl/he591V>. Acesso em: 23 jan. 2018.

WIKILEAKS. Email from Chelsea Clinton to John Podesta. Disponível em: < https://goo.gl/TsUGjU>. Acesso em: 23 jan. 2018.

WIKILEAKS. Hillary Clinton Email to John Podesta. 17 aug. 2014. Disponível em: <https://goo.gl/7d3iX8>. Acesso em: 23 jan. 2018.

WIKILEAKS. MEMO, SYRIA ON THE EDGE. SID – Email from Hillary Clinton. Disponível em: <https://goo.gl/Gq1DJf>. Acesso em: 23 jan. 2018.

WIKILEAKS. New Iran and Syria 2.Doc. Disponível em: <https://goo.gl/ou7eCB>. Acesso em: 23 jan. 2018.

WIKILEAKS. Sidney Blumenthal Email to Hillary Clinton – LOTS OF NEW INTEL; POSSIBLE LIBYAN COLLAPSE. SI. 27 mar. 2011. Disponível em: <https://goo.gl/nsczyC>. Acesso em: 23 jan. 2018.

WIKILEAKS. Sidney Blumenthal Email to Hillary Clinton. 2 abr. 2011. Disponível em: <https://goo.gl/aSnmXr>. Acesso em: 23 jan. 2018.

WIKILEAKS. SYRIA – Email from Sidney Blumenthal. Disponível em: <https://goo.gl/zdYVvo>. Acesso em: 23 jan. 2018.

WILLIAMS, Katie Bo. Emails: Clinton Aide Arranged Meeting with Foundation Partner. The Hill, 22 aug 2016. Disponível em: <https://goo.gl/FGwBkk>. Acesso em: 23 jan. 2018.

WILLIAMS, Katie Bo. FBI Never Examined Hacked DNC Servers Itself: report. The Hill, 4 jan. 2017. Disponível em: < https://goo.gl/toq4o6>. Acesso em: 23 jan. 2018.

WILLIAMS, Lee. What is TTIP? And Six Reasons Why the Answer Should Scare You. The Independent, 6 out. 2015. Disponível em: <https://goo.gl/VutvR8>. Acesso em: 23 jan. 2018

YOUTUBE. Joe Biden Speech at Harvard. Disponível em: <https://goo.gl/S1Lx7P>. Acesso em: 23 jan. 2018.

YOUTUBE. Nuland-Pyatt Leaked Phone Conversation _COMPLETE with SUBTITLES. Disponível em: <https://goo.gl/JW6j9a>. Acesso em: 23 jan. 2018.

YOUTUBE. Wesley Clark Speech. Disponível em: <https://goo.gl/7AkJ2V>. Acesso em: 23 jan. 2018.

YUHAS, Alan. Hillary Clinton Campaign Blames Leaked DNC Emails About Sanders on Russia. The Guardian, 24 jul. 2016. Disponível em: <https://goo.gl/DPhV2E>. Acesso em: 23 jan. 2018.

ZERO HEDGE. Clinton Investigation Back on: FBI Agents in NY Ordered to Continue Foundation Probe. 15 dez. 2015. Disponível em: <https://goo.gl/Zz52mh>. Acesso em: 23 jan. 2018.

ZIRULNICK, Ariel. Cables Reveal Covert US Support for Syria's Opposition. The Christian Science Monitor, 18 abr. 2011. Disponível em: <https://goo.gl/WTDn2H>. Acesso em: 23 jan. 2018.

ANEXO A – LISTA DOS 91 DISCURSOS PAGOS DE HILLARY CLINTON

Fonte: <citizenuprising.com/hillary-clintons-speaking-fees-2013-2015/>. Acesso em: 6 jul. 2017.

DATA	EVENTO	LUGAR	PAGAMENTO (US$)
19 de março de 2015	American Camping Association (J-1 Visa Program)	Atlantic City, NJ	260.000,00
11 de março de 2015	eBay Inc.	São José, CA	315.000,00
24 de fevereiro de 2015	Watermark Sillicon Valley Conference for Women	Santa Clara, CA	225.000,00
22 de janeiro de 2015	Canadian Imperial Bank of Commerce (Keystone Pipeline)	Whistler, Canada	150.000,00
21 de janeiro de 2015	tinePublic Inc. (Keystone Pipeline)	Winnipeg, Canada	262.000,00
21 de janeiro de 2015	tinePublic Inc. (Keystone Pipeline)	Saskatoon, Canada	262.500,00
4 de dezembro de 2014	Massachussets Conference for Women	Boston, MA	205.500,00
14 de outubro de 2014	Salesforce.com	São Francisco, CA	225.500,00
14 de outubro de 2014	Qualcomm Incorporated	São Diego, CA	335.000,00
13 de outubro de 2014	Council of Insurance Agents and Brokers	Colorado Springs, CO	225.500,00
8 de outubro de 2014	Advanced Medical Technology Association (AdvaMed)	Chicago, IL	265.00,00

DATA	EVENTO	LUGAR	PAGAMENTO (US$)
7 de outubro de 2014	Deutsche Bank AG	Nova York, NY	280.000,00
6 de outubro de 2014	Canada 2020 (Keystone Pipeline)	Ottawa, Canada	215.500,00
2 de outubro de 2014	Commercial Real Estate Women Network	Miami Beach, FL	225.500,00
15 de setembro de 2014	Cardiovascular Research Foundation	Washington, DC	275.000,00
4 de setembro de 2014	Robbins Geller Rudman & Dowd, LLP	São Diego, CA	225.500,00
28 de agosto de 2014	Nexenta System, Inc.	São Francisco, CA	300.000,00
28 de agosto de 2014	Cisco	Las Vegas, NV	325.000,00
29 de julho de 2014	Corning, Inc.	Corning, NY	225.500,00
26 de julho de 2014	Amerprise	Boston, MA	225.500,00
22 de julho de 2014	Knewton, Inc.	São Francisco, CA	225.500,00
26 de junho de 2014	GTCR	Chicago, IL	280.000,00
25 de junho de 2014	Biotechnology Industry Organization	São Diego, CA	335.000,00
25 de junho de 2014	Innovation Arts and Entertainment	São Francisco, CA	150.000,00
20 de junho de 2014	Innovation Arts and Entertainment	Austin, TX	150.000,00
18 de junho de 2014	tinePublic Inc. (Keystone Pipeline)	Toronto, Canada	150.000,00
18 de junho de 2014	tinePublic Inc. (Keystone Pipeline)	Edmonton, Canada	100.000,00
10 de junho de 2014	United Fresh Produce Association	Chicago, IL	225.000,00
2 de junho de 2014	International Deli-Dairy-Bakery Association	Denver, CO	225.500,00
2 de junho de 2014	Let's Talk Entertainment	Denver, CO	265.000,00
6 de maio de 2014	National Council for Behavioral Healthcare	Washington, DC	225.500,00
11 de abril de 2014	California Medical Association (via satélite)	São Diego, CA	100.000,00

DATA	EVENTO	LUGAR	PAGAMENTO (US$)
10 de abril de 2014	Institute for Scrap Recycling Industries, Inc.	Las Vegas, NV	225.500,00
10 de abril de 2014	Let's Talk Entertainment	São José, CA	265.000,00
8 de abril de 2014	Marketo, Inc.	São Francisco, CA	225.500,00
8 de abril de 2014	World Affairs Councial	Portland, OR	250.500,00
24 de março de 2014	Academic Partnerships	Dallas, TX	225.500,00
18 de março de 2014	Xerox Corporation	Nova York, NY	225.000,00
18 de março de 2014	Board of Trade of Metropolitan Montreal (Keystone Pipeline)	Montreal, Canada	275.000,00
13 de março de 2014	Pharmaceutical Care Management Association	Orlando, FL	225.500,00
13 de março de 2014	Drug Chemical and Associated Technologies	Nova York, NY	250.000,00
6 de março de 2014	tinePublic Inc. (Keystone Pipeline)	Calgary, Canada	225.500,00
5 de março de 2014	The Vancouver Board of Trade (Keystone Pipeline)	Vancouver, Canada	275.500,00
4 de março de 2014	Association of Corporate Counsel - Southern California	Los Angeles, CA	225.500,00
27 de fevereiro de 2014	A&E Television Networks	Nova York, NY	280.000,00
26 de fevereiro de 2014	Healthcare Information and Management Systems Society	Orlando, FL	225.500,00
17 de fevereiro de 2014	Novo Nordisk A/S	Cidade do México, México	125.000,00
6 de fevereiro de 2014	Salesforce.com	Las Vegas, NV	225.500,00
27 de janeiro de 2014	National Automobile Dealers Association	Nova Orleans, LA	325.500,00
27 de janeiro de 2014	Premier Health Alliance	Miami Beach, FL	225.500,00
6 de janeiro de 2014	GE	Boca Raton, FL	225.500,00

ANEXO A

DATA	EVENTO	LUGAR	PAGAMENTO (US$)
21 de novembro de 2013	US Green Building Council	Filadélfia, PA	225.000,00
18 de novembro de 2013	CME Group	Naples, FL	225.000,00
18 de novembro de 2013	Press Ganey	Orlando, FL	225.000,00
14 de novembro de 2013	CB Richard Ellis, Inc.	Nova York, NY	250.000,00
13 de novembro de 2013	Mediacorp Canada, Inc.	Toronto, Canada	225.000,00
9 de novembro de 2013	National Association of Realtors	São Francisco, CA	225.000,00
7 de novembro de 2013	Golden Tree Asset Management	Nova York, NY	275.000,00
6 de novembro de 2013	Beaumont Health System	Troy, MI	305,000.00
4 de novembro de 2013	Mase Productions, Inc.	Orlando, FL	225.000,00
4 de novembro de 2013	London Drugs, Ltd.	Mississauga, ON	225.000,00
29 de outubro de 2013	The Goldman Sachs Group	Tucson, AZ	225.000,00
28 de outubro de 2013	Jewish United Fund / Jewish Federation of Metropolitan Chicago	Chicago, IL	400.000,00
27 de outubro de 2013	Beth El Synagogue	Minneapolis, MN	225.000,00
24 de outubro de 2013	Accenture	Nova York, NY	225.000,00
24 de outubro de 2013	The Goldman Sachs Group	Nova York, NY	225.000,00
23 de outubro de 2013	SAP Global Marketing, Inc.	Nova York, NY	225.000,00
15 de outubro de 2013	National Association of Convenience Stores	Atlanta, GA	265.000,00
4 de outubro de 2013	Long Island Association	Long Island, NY	225.000,00
19 de setembro de 2013	American Society of Travel Agents, Inc.	Miami Beach, FL	225.000,00
18 de setembro de 2013	American Society for Clinical Pathology	Chicago, IL	225.000,00
12 de agosto de 2013	National Association of Chain Drug Stores	Las Vegas, NV	225.000,00

DATA	EVENTO	LUGAR	PAGAMENTO (US$)
7 de agosto de 2013	Global Business Travel Association	São Diego, CA	225.000,00
11 de julho de 2013	UBS Wealth Management	Nova York, NY	225.000,00
24 de junho de 2013	American Jewish University	University City, CA	225.000,00
24 de junho de 2013	Kohlberg Kravis Roberts and Company, LP	Palos Verdes, CA	225.000,00
20 de junho de 2013	Boston Consulting Group, Inc.	Boston, MA	225.000,00
20 de junho de 2013	Let's Talk Entertainment	Toronto, Canada	250.000,00
17 de junho de 2013	Economic Club of Grand Rapids	Grand Rapids, MI	225.000,00
16 de junho de 2013	Society for Human Resource Management	Chicago, IL	285.000,00
6 de junho de 2013	Spencer Stuart	Nova York, NY	225.000,00
4 de junho de 2013	The Goldman Sachs Group	Palmetto Bluffs, SC	225.000,00
29 de maio de 2013	Sanford C. Bernstein and Co., LLC	Nova York, NY	225.000,00
21 de maio de 2013	Verizon Communications, Inc.	Washington, DC	225.000,00
16 de maio de 2013	Itau BBA USA Securities	Nova York, NY	225.000,00
14 de maio de 2013	Apollo Management Holdings, LP	Nova York, NY	225.000,00
8 de maio de 2013	Gap, Inc.	São Francisco, CA	225.000,00
30 de abril de 2013	Fidelity Investiments	Naples, FL	225.000,00
24 de abril de 2013	Deutsche Bank AG	Washington, DC	225.000,00
24 de abril de 2013	National Multi Housing Council	Dallas, TX	225.000,00
18 de abril de 2013	Morgan Stanley	Washington, DC	225.000,00

ANEXO A

ANEXO B – OS CINCO MAIORES RECEBEDORES DE DOAÇÕES DO GOLDMAN SACHS NAS ELEIÇÕES DE 2016

Fonte: OPEN SECRETS ORG – CENTER FOR RESPONSIVE POLITICS. Goldman Sachs. Disponível em: <https://goo.gl/haqLd4>. Acesso em: 23 jan. 2018.

Começando pelo ciclo eleitoral de 2016, o Goldman Sachs gastou US$ 5.541.135 em contribuições políticas.

TOP 5 RECEBEDORES

1 – US$ 630.940 para a DNC Services Corp., comitê partidário (arrecadação total US$ 350.608.660,00);

2 – US$ 372.845 para o Comitê Nacional Republicano, comitê partidário;

3 – US$ 339.631 para Hillary Clinton, candidata presidencial (arrecadação total de mais de US$ 700 milhões);

4 – US$ 290.250 para o Right To Rise PAC, Jeb Bush Leadership PAC;

5 – US$ 265.900 para o National Republican Congressional Committee, comitê partidário;

TOP 3 CANDIDATOS

1– US$ 339.631 para Hillary Clinton (Democrata);

2 – US$ 220.475 para Marco Rubio (Republicano);

3 – US$ 203.550 para Jeb Bush (Republicano);

Os US$ 3.2 milhões restantes foram divididos entre mais de 300 candidatos, comitês e PACs. Membros de diversos comitês do Senado e da Câmara importantes para os interesses de investimento internacional do Goldman Sachs receberam contribuições consideravelmente maiores – Comitê de serviços financeiros; Comitê de Finanças do Senado; Comitê de Energia e Recursos Naturais do Senado; comitês sobre serviços bancários, comércio, transportes, agricultura, forças armadas, relações exteriores; Comitê do Senado sobre Segurança Nacional e Questões Governamentais; Comitê sobre Regras e Administração do Senado.

Dezenove membros do Congresso possuem ações do Goldman Sachs. Seis do Partido Democrata, quatro deles multimilionários: Tom Carper (Delaware), Gary Peters (Michigan), Sheldon Whitehouse (Rhodi Island), Tammy Duckworth (Illinois), Lois J. Franked (Florida), Jim McDermott (Washington). Os demais são do Partido Republicano, alguns com renda estimada em cerca de ou mais de US$ 100 milhões.

Entre 2015 e 2016, o Goldman Sachs gastou US$ 6.900.000 em taxas de *lobby*. Quarenta dos 48 lobistas do Goldman Sachs em 2015-2016 tinham, anteriormente, tido emprego no governo. Um exemplo de 2009 é Michael Paese, vice-diretor de pessoal do Comitê sobre Serviços Financeiros do Congresso entre 2001 e 2008, e contratado para ser o diretor de assuntos governamentais do Goldman Sachs.

O diretor de assuntos governamentais anterior do Goldman Sachs era Mark Patterson, ex-vice presidente e diretor administrativo do Goldman Sachs. Mark Patterson deixou o cargo de lobista para servir como chefe de gabinete do secretário do Tesouro de Obama, Timothy Geithner.

Timothy Geithner foi presidente do FED de Nova York entre 2003 e 2009, um cargo para o qual ele fora indicado por Robert Rubin, ex-co-presidente do Goldman Sachs.

No ciclo eleitoral de 2016, o Goldman Sachs gastou US$ 12.441.135 em *lobby* e contribuições políticas. Durante o ciclo eleitoral de 2014, eles gastaram US$ 11.368.824 em *lobby* e contribuições políticas, e isso não inclui os US$ 675.000 em pagamentos por palestras de Hillary Clinton e o resto das palestras de políticos não registradas.

ANEXO C - EVENTOS DE ARRECADAÇÃO DE FUNDOS DE HILLARY CLINTON EM WALL STREET APÓS O ANÚNCIO DE CANDIDATURA ÀS ELEIÇÕES PRESIDENCIAIS DE 2016

Fonte: HILLAY CLINTON. Disponível em: <www.hillaryclinton.com>. Acesso em: 23 jan. 2018.

28 de abril de 2015, em Nova York, NY, realizado por Richard Perry

Perry é o CEO e presidente da Perry Capital, um fundo de *hedge* que vale cerca de US4 11 bilhões.

28 de abril de 2015, em Nova York, NY, realizado por Doug Teibtelbaum

Teitelbaum é o fundador da Homewood Capital, uma firma de investimentos em *private equity*.

13 de meio de 2015, em Nova York, NY, realizado por Steve Rattner

Rattner é o chefe da consultoria Willett, o braço de investimentos das atividades pessoais e filantrópicas do bilionário Michael Bloomberg. Ele trabalhara na Morgan Stanley e fundou sua própria firma de investimentos, Quadrangle Group.

13 de maio de 2015, em Nova York, NY, realizado por Marc Lasry

Lasry é o presidente e CEO da Avenue Capital Group, uma firma de investimentos que foca em propriedades em recuperação e *private equity*.

28 de maio de 2015, em Atlanta, GAn, realizado por A. J. Johnson

Johnson é sócio-fundador da Georgetown Capital, uma firma de *private equity*.

1 de junho de 2015, em Nova York, NY, realizado por Silda Wall

Wall é uma diretora da New World Capital Group, uma firma de *private equity*.

5 de junho de 2015, em Greenwich, CT, realizado por Malcom Weiner

Weiner foi presidente das firmas de investimento Millburn Corporation e ShareInVest antes de se aposentar.

25 de junho de 2015, em Nova York, NY, realizado por Blair Effron

Blair Effron fundou a Cernetview Partners, uma firma de investimentos bancários.

29 de junho de 2015, em Nova York, NY, realizado por Martin Sosnoff

Sosnoff é o CEO da Atalanta Sosnoff, uma firma de gerenciamento financeiro.

1 de julho de 2015, em Washington, DC, realizado por Patrick Steel

Steel é o diretor administrativo da FBR Capital Markets, um banco de investimentos baseado na Virgínia.

21 de julho de 2015 em Chicago, IL, realizado por Rajlv Fernando

22 de julho de 2015, em Raleigh, NC, realizado por George Reddin

Reddin é o diretor administrativo do FMI Capital Advisers, uma firma de investimentos bancários

4 de agosto de 2015 em Aspen, CO, realizado por Robert Hurst

Hurst é diretor administrativo na Crestview Partners e ex-vice-diretor do Goldman Sachs.

17 de setembro de 2015 em Chicago, IL, realizado por J. B. Pritzker

Pritzker é um dos herdeiros da família Hyatt e dirige o Pritzker Group, uma firma de capital de risco e *private equity*.

19 de setembro de 2015 em Washington, DC, realizado por Frank White

White é o fundador e CEO da DuSable Capital Management, uma firma de *private equity.*

24 de setembro de 2015 em Cresskill, NJ, realizado por Michael Kempner

Kempner era conselheiro de operações da Pegasus Capital, uma firma de *private equity.*

25 de setembro de 2015, em Greenwich, CT, realizado por Cliff e Debbie Robbins

Robbins é o CEO da Blue Harbor Group, uma firma de administração de capital.

28 de setembro de 2015 em Saratoga, CA, realizado por Harry Plant

Plant foi diretor executivo do banco de investimentos UBS.

11 de novembro de 2015 em Nova York, NY, realizado por Howard Lutnick

Lutnick é presidente e CEO da Cantor Fitzgerald, um banco de investimentos.

17 de novembro de 2015 em Nova York, NY, realizado por Jay Snyder

Snyder é presidente da HBJ Investments, uma firma de capital de risco e *private equity* especializada em empresas farmacêuticas.

30 de novembro de 2015 em Chevy Chase, MY, realizado por Jerry Johnson

Johnson é o fundador da RLJ Equity Partners, uma firma de *private equity.* Ele trabalhou anteriormente em funções de comando no ramo de investimentos bancários no Bank of America, Wachovia e Bear Sterns.

1 de dezembro de 2015 em Miami Beach, FL, realizado por Bob Wagner

Wagner é executivo na Silver Point Capital, uma firma de administração de fundos de *hedge.* Trabalhara anteriormente como diretor administrativo no Goldman Sachs.

3 de dezembro de 2015 em Los Angeles, CA, realizado por Michael Kong

Kong é CEO do MAPTI Ventures, um fundo de investimentos privados.

ANEXO C

6 de dezembro em Washington, DC, realizado por Julius Genachowski

Genachowski é diretor administrativo da Carlyle Investments, uma companhia de administração de recursos com mais de US$ 193 bilhões em propriedades. Ele também está no conselho diretor da MasterCard e é fundador da Rock Creek Ventures, uma firma de investimentos.

11 de dezembro de 2015 em Chicago, IL, realizado por Howard Gottlieb

Gottlieb é sócio na Glen Eagle Partners e Glenwood Partners, ambas firmas de investimentos privados.

14 de dezembro de 2015 em Potomac, MA, realizado por Frank Islam

Islam é fundador e presidente da FI Investment Group, uma firma de investimentos privados.

27 de janeiro de 2016 na Filadélfia, PA, realizado por Michael Forman

Forman é presidente e CEO da Franklin Square Capital Partners.

27 de janeiro de 2016 em Nova York, NY, realizado por Charles Myers

Myers é um executivo de alto escalão da Evercore Partners, uma firma de investimentos bancários.

5 de fevereiro de 2016 em Boston, MA, realizado por Jonathan Lavine

Lavine é um diretor administrativo do setor de *private equity* da Bain Capital. Ele também é o fundador e parceiro administrativo da Sankaty Advisers.

16 de fevereiro de 2016 em Nova York, NY, realizado por Matt Mallow

Mallow é um diretor administrativo sênior da BlackRock, uma firma de administração de ativos que contra US$ 4,5 trilhões.

ANEXO D – DOCUMENTO DA AGÊNCIA DE INTELIGÊNCIA DE DEFESA (DIA) SOBRE A CIA, AGOSTO DE 2012

Documento da DIA de agosto de 2012 prevendo a ascensão do ISIS. Trechos fornecidos pelo *blog* Levant Report. Confirmados de modo independente por porta-voz do Pentágono.

Fonte: LEVANT REPORT. 2012 Defense Intelligence Agency document: West will facilitate rise of Islamic State "in order to isolate the Syrian regime". Disponível em: <https://goo.gl/qgFBkZ>. Acesso em: 28 jan. 2018.

R 050839Z AUG 12

...

A SITUAÇÃO GERAL

A. INTERNAMENTE, OS EVENTOS ESTÃO TOMANDO UM CLARO RUMO SECTÁRIO

B. OS SALAFISTAS [*sic*], A IRMANDADE MUÇULMANA E A AQI SÃO AS PRINCIPAIS FORÇAS POR TRÁS DA INSURGÊNCIA NA SÍRIA

C. O OCIDENTE, OS PAÍSES DO GOLFO E A TURQUIA APOIAM A OPOSIÇÃO; ENQUANTO RÚSSIA, CHINA E IRÃ APOIAM O REGIME

...

3;(C) AL QAEDA – IRAQUE (AQI):... B. A AQI APOIOU A OPOSIÇÃO SÍRIA DESDE O INÍCIO, TANTO IDEOLOGICAMENTE QUANTO PELA MÍDIA...

...

4.D. HOUVE RETRAÇÃO DA AQI NAS PROVÍNCIAS OCIDENTAIS DO IRAQUE DURANTE OS ANOS DE 2009 E 2010; PORÉM, APÓS INÍCIO DA INSURGÊNCIA NA SÍRIA, OS PODERES RELIGIOSOS E TRIBAIS NA REGIÃO COMEÇARAM A SIMPATIZAR COM A REVOLTA SECTÁRIA. ESSA (SIMPATIA) APARECEU NOS SERMÕES DE ORAÇÃO DAS TERÇAS, QUE CHAMAVAM POR VOLUNTÁRIOS PARA APOIAR OS SUNITAS NA SÍRIA.

...

7.(C). SUPOSIÇÕES FUTURAS DA CRISE:

A. O REGIME SOBREVIVERÁ E TERÁ CONTROLE SOBRE TODO TERRITÓRIO SÍRIO

B. DESENVOLVIMENTO DOS ATUAIS EVENTOS EM GUERRA POR *PROXY*: ... FORÇAS DE OPOSIÇÃO ESTÃO TENTANDO CONTROLAR ÁREAS ORIENTAIS (HASAKA E DER ZOR), ADJACENTES ÀS PROVÍNCIAS ORIENTAIS DO IRAQUE (MOSUL E ANBAR), ALÉM DE ÁREAS VIZINHAS NA FRONTEIRA TURCA.PAÍSES OCIDENTAIS, ESTADOS DO GOLFO E A TURQUIA ESTÃO APOIANDO ESSES ESFORÇOS, E ESSA HIPÓTESE É A MAIS PROVÁVEL DE ACORDO COM OS DADOS DOS EVENTOS RECENTES, OS QUAIS AJUDARÃO A PREPARAR REFÚGIOS SOB PROTEÇÃO INTERNACIONAL, SIMILARES AO QUE OCORREU NA LÍBIA, QUANDO BENGAZI FOI ESCOLHIDA COMO O CENTRO DE COMANDO DO GOVERNO TEMPORÁRIO.

...

8.C SE A SITUAÇÃO SE DESENVOLVE HÁ A POSSIBILIDADE DE ESTABELECER UM PRINCIPADO SALAFISTA DECLARADO OU NÃO DECLARADO NA SÍRIA ORIENTAL (HASAKA E DER ZOR), E É ISSO EXATAMENTE O QUE OS PODERES DE APOIO À OPOSIÇÃO QUEREM, COM O OBJETIVO DE ISOLAR O REGIME SÍRIO, O QUAL É CONSIDERADO UM APROFUNDAMENTO ESTRATÉGICO DA EXPANSÃO XIITA (IRAQUE E IRÃ).

8.D 1. ...ISI PODERIA TAMBÉM DECLARAR UM ESTADO ISLÂMICO POR MEIO DE SUA UNIÃO COM OUTRAS ORGANIZAÇÕES NO IRAQUE E NA SÍRIA, O QUE CRIARÁ GRAVE PERIDO NO QUE TANGE A UNIFICAÇÃO DO IRAQUE E A PROTEÇÃO DE SEU TERRITÓRIO.

ANEXO E – *E-MAILS* ILUSTRANDO O ENVOLVIMENTO PROFUNDO DE HILLARY CLINTON COM A LÍBIA

Abaixo, um *e-mail* de Jake Sullivan que detalha o papel central que Hillary Clinton desempenhou na desastrosa intervenção na Líbia. Ela o achou importante o suficiente para que um assistente o imprimisse após ter recebido o encaminhamento de Cherly Mills.

Fonte: WIKILEAKS. Hillary Clinton Email Archive. Disponível em: <https://goo.gl/pMrDmS>. Acesso em: 23 jan. 2018.

De: Jake Sullivan
Para: Cheryl D Mills; Victoria Nuland
Enviado domingo, 21 de agosto, 2011, 19h40min
Assunto: tique-taque na líbia

Isso é basicamente da minha cabeça, com algumas consultas às minhas notas. Mas mostra a liderança/propriedade/comando de S[197] na política deste país para a Líbia do começo ao fim. Me digam o que acham. Toria, quem mais poderia somar aqui?

A liderança da secretária Clinton na Líbia

HRC tem sido uma voz fundamental sobre a Líbia nas deliberações do governo, na OTAN e em encontros de grupos de contato – assim como tem sido a face pública do esforço dos Estados Unidos na Líbia. Ela foi instrumental em garantir a autorização, construir a coalizão e pressionar Kadafi e seu regime.

25 de fevereiro – HRC anuncia a suspensão das operações da embaixada líbia em Washington

---

197 N. T: No trecho, "S" é uma referência à Secretária de Estado, Hillary Clinton.

26 de fevereiro – HRC direciona os esforços para evacuar todo o pessoal da embaixada americana em Trípoli e ordena o fechamento da embaixada.

26 de fevereiro – HRC faz um conjunto de ligações para seus análogos com o objetivo de garantir a aprovação da resolução CSNU/1970, que impõe sanções a Kadafi e sua família e indicia Kadafi e seus comparsas ao TPI.

28 de fevereiro – HRC viaja para Genebra, Suíça, para consultas com seus parceiros europeus sobre a Líbia. Ela dá uma declaração principal, na qual diz: "O coronel Kadafi e aqueles que o cercam devem responder por esses atos, os quais violam as obrigações legais internacionais e a decência. Por meio de suas ações, eles perderam a legitimidade para governar. E o povo da Líbia deixou claro: é hora de Kadafi ir embora – agora, sem mais violência e atraso." Ela também trabalha para garantir a suspensão da Líbia do Conselho de Direitos Humanos da ONU.

Começo de março – HRC designa o enviado especial Chris Stevens para ser o representante dos Estados Unidos para Bengazi. Fonte: U.S. Department of State Case No. F-2014-20439 Doc No. C05788648 Data: 30/10/2015.

14 de março – HRC viaja a Paris para o encontro de ministros das relações exteriores do G8. Ela se encontra com o representante do Conselho Nacional de Transição, Jibril, e consulta com seus colegas sobre mais ações no Conselho de Segurança das Nações Unidas. Ela percebe que uma zona de exclusão aérea não será adequada.

14 a 16 de março – HRC participa em um conjunto de vídeo e teleconferências de alto nível com [*sic*]. Ela é uma voz de liderança para a ação enfática do CSNU e uma missão de proteção de civis da OTAN.

17 de março – HRC garante a abstenção russa e o apoio português e africano para a resolução CSNU/1973, garantindo sua aprovação. A 1973 autoriza uma zona de exclusão aérea sobre a Líbia e "todas as medidas necessárias" – código para a ação militar – para proteger os civis contra o exército de Kadafi.

24 de março – HRC se envolve com aliados e garante a transição do comando e controle da missão de proteção dos civis para a OTAN. Ela anuncia a transição em uma declaração.

18 a 30 de março – HRC se envolve com os Emirados Árabes Unidos, o Catar e a Jordânia para buscar sua participação nas operações da coalizão. Ao longo de muitos dias, os três enviam forças aéreas para a missão.

19 de março – HRC viaja para Paris para se encontrar com líderes árabes e europeus e se preparar para a ação militar de proteção aos civis. Naquela noite, o primeiro ataque aéreo dos Estados Unidos impede o avanço das forças de Kadafi em Bengazi e visam as defesas aéreas da Líbia.

29 de março – HRC vai a Londres para uma conferência sobre a Líbia, na qual ela é a força-motriz por trás da criação de um grupo de contato com mais de vinte países para coordenar os esforços de proteção dos civis e planejar uma Líbia pós-Kadafi. Ela é instrumental na criação de um sistema de liderança rotativa para garantir o apoio regional.

14 de abril – HRC viaja a Berlim para reuniões da OTAN. Ela é a responsável por a OTAN adotar um comunicado que pede pela partida de Kadafi como um objetivo político, e estabelece três objetivos militares: o fim dos ataques e ameaças de ataque aos civis; a remoção das forças de Kadafi das cidades nas quais elas entraram à força. E a provisão de acesso humanitário ilimitado.

5 de maio – HRC viaja a Roma para uma reunião do grupo de contato. O grupo estabelece um sistema de coordenação e um mecanismo de financiamento temporário para enviar dinheiro ao CNT.

8 de junho – HRC viaja a Abu Dhabi para outro encontro do grupo de contato e participa de intensas discussões com líderes rebeldes.

12 de junho – HRC viaja a Adis Abeba para consultas e um discurso perante a União Africana, pressionando por uma transição democrática na Líbia.

15 de julho - HRC viaja a Istambul e anuncia que os Estados Unidos reconhecem o CNT como o governo legítimo da Líbia. Ela ainda garante o reconhecimento por outros membros do grupo de contato. Mais tarde, em junho – HRC se encontra com representantes do Partido Democrata e senadores do Partido Republicano para persuadi-los a não tirar verbas da operação na Líbia.

16 de julho – HRC envia Feltman, Cretz e Chollet para Tunis para se encontrar com os enviados de Kadafi e "enviar uma mensagem clara e firme de que a única forma de avançar é com Kadafi saindo do poder". No início de agosto – HRC trabalha para construir um pacote de ativos de US$ 1,5 bilhão para ser aprovado pelo Conselho de Segurança das Nações Unidas e enviado para o CNT. O pacote está na sua fase final de aprovação.

Começo de agosto – Após o chefe militar Abdel Fattah Younes ser morto, S envia uma mensagem pessoa ao chefe do CNT, Galilee, para que pressione por uma investigação responsável e uma abordagem cuidadosa e inclusiva para a criação do novo conselho executivo. No começo de agosto – HRC garante compromissos escritos do CNT por uma transição democrática inclusiva e pluralista. Ela continua a se consultar com colegas árabes e europeus sobre a situação em curso.

ANEXO F – PRIMEIRO EMAIL DE BLUMENTHAL SOBRE A LÍBIA

Fonte: WIKILEAKS. France's client & qaddafi's gold. Disponível em: <https://goo.gl/DxGgDn>. Acesso em: 23 jan. 2018.

De: Sidney Blumenthal
Para: Hillary Clinton [e outros]
Enviado: sábado, 2 de abril de 2011, 22h44min
Assunto: H: cliente da França e o ouro de Q
Anexos: hrc memo cliente da França & ouro de Q

CONFIDENCIAL, 2 de abril de 2011

De: Sid
Para: Hillary
Re: cliente da França e ouro de Kadafi

1. Um oficial de alto escalão do Conselho Nacional Líbio afirma que facções se desenvolveram internamente. Em parte isso reflete o cultivo francês de alguns clientes em particular entre os rebeldes. O general Abdelfateh Younis é a figura de liderança mais próxima dos franceses, sobre os quais se crê que fizeram feitos pagamentos de somas desconhecidas a ele. Younis disse a outros no CNL que os franceses prometeram que irão fornecer armas e instrutores militares. Até agora os homens e o material ainda não apareceram. Em vez disso, alguns "analistas de avaliação de risco" carregando pranchetas apareceram e sumiram. Jabril, Jalil e outros estão impacientes. É sabido que a França tem claros interesses econômicos em jogo. O emissário ocasional de Sarkozy, o intelectual e propagandista de si mesmo Bernard Henri-Levy é considerado por aqueles no CNL que lidaram com ele como uma figura meio útil, meio cômica.

2. Rumores varreram o alto escalão do CNL essa semana, dizendo que Kadafi pode estar morto ou não.

3. Kadafi tem recursos financeiros quase sem fim para continuar indefinidamente, de acordo com o último relatório que recebemos: em 2 de abril de 2011, fontes com acesso a conselheiros de Salt al-Islam Kadafi declararam de forma estritamente confidencial que, enquanto o congelamento das contas bancárias líbias no exterior apresenta sérios desafios para Muammar Kadafi, sua habilidade para equipar e manter as forças armadas e os serviços de inteligência permanecem intactos. De acordo com informações importantes disponíveis para esses indivíduos, o governo de Kadafi possui 143 toneladas de ouro, e uma quantia semelhante em prata. Durante o último mês de março, em 2011, esses estoques foram levados para Sabha (sudoeste, na direção da fronteira líbia com o Níger e o Chade), levados dos cofres do banco central líbio em Trípoli. O ouro estava acumulado desde antes da rebelião atual e tinha como objetivo ser usado para estabelecer uma moeda pan-africana baseada no dinar de ouro líbio. O plano foi elaborado para promover aos países da África francófona uma alternativa ao franco francês. (Comentário da fonte: de acordo com indivíduos de notório saber no tema, essa quantidade de ouro e prata é avaliada em mais de US$ 7 bilhões. Oficiais de inteligência franceses descobriram esse plano um pouco após o início da atual rebelião, e esse foi um dos fatores que influenciaram a decisão do presidente Nicolas Sarkozy de comprometer a França com o ataque à Líbia. De acordo com esses indivíduos, os planos de Sarkozy são motivados pelas questões a seguir:

a. Desejo de conseguir uma fatia maior da produção de petróleo da Líbia;

b. Aumentar a influência da França no norte da África;

c. Melhorar a situação política interna da França;

d. Fornecer aos militares franceses uma oportunidade de reafirmar sua posição no mundo;

e. Dar conta da preocupação de seus conselheiros em relação aos planos de longo prazo de Kadafi para superar a França enquanto o a potência dominante na África francófona;

Na tarde de 1 de abril, um indivíduo com acesso ao Conselho Nacional Líbio (CNL) disse em privado que membros sêniores do CNL acreditam que as forças militares rebeldes estão começando a mostrar sinais de disciplina aprimorada e espírito de luta sob o comando de novos comandantes militares, incluindo o coronel KhalifhaHaftar, antigo comandante das forças anti-Kadafi no Exército Nacional Líbio (ENL). De acordo com essas fontes, as unidades desertoras das forças de Kadafi também estão tendo um papel maior na luta em nome dos rebeldes:

LIBERADO — Departamento de Estado

SEGUNDO EMAIL DE BLUMENTHAL SOBRE A LÍBIA

Fonte: WIKILEAKS. Hillary Clinton Email Archive. Disponível em: <https://goo.gl/McuF92>. Acesso em: 23 jan. 2018.

CONFIDENCIAL

De: Sid

Para: Hillary

Data: 27 de março de 2011

Assunto: Re: Muitas informações novas

O exército líbio provavelmente à beira do colapso. Últimas: durante a noite de 27 de março, 2011, indivíduos com acesso direto ao comitê militar do Conselho Nacional Líbio (CNL) declararam confidencialmente que, ainda que as forças rebeldes continuem a ter problemas de organização e comunicação, a moral delas melhorou drasticamente, e elas acreditam que o exército líbio esteja à beira do colapso. Sob ataque naval e aéreo das forças aliadas, as tropas do exército líbio começaram a desertar para o lado dos rebeldes em número crescente. Os rebeldes estão fazendo um esforço para receber essas tropas como irmãs líbias, em esforço para encorajar deserções adicionais.

(Comentário da fonte: falando em segredo completo, um comandante rebelde disse que suas tropas continuam a executar sumariamente todos os mercenários estrangeiros capturados na luta. Ao mesmo tempo, o coronel Khalifa Haftar supostamente se juntou à estrutura de comando rebelde, em esforço para ajudar na organização de forças rebeldes. Haftar foi o comandante do Exército Nacional Líbio (ENL), uma força de mil e quinhentos homens anti-Kadafi baseada em N'djamena, Chade, até que o atual presidente Idryss Debi derrubasse o presidente Hussein Habre no outono de 1990, com apoio de tropas francesas e líbias. Haftar e suas tropas fugiram para um país na África central e muitos, incluindo Haftar, posteriormente se instalaram nos Estados Unidos).

Uma fonte bastante relevante acrescentou que os rebeldes estão recebendo assistência direta e treinamento de um pequeno número de unidades das Forças Especiais Egípcias, enquanto tropas de operações especiais francesas e britânicas estão trabalhando em bases no Egito próximas da fronteira da Líbia. Essas tropas estão supervisionando a transferência de armas e suprimentos para os rebeldes.

(Comentário da fonte: os rebeldes estão voltando a áreas que elas perderam na luta de meados de março, e, usando a cobertura aérea dos aliados, estão confiantes que poderão chegar ao distrito de Trípoli em poucos dias. Uma fonte rebelde relatou que eles tinham informações confiáveis de que as pessoas estariam evacuando a cidade natal de Kadafi, Sirte, em antecipação à sua tomada por rebeldes. Sirte está localizada entre Trípoli e Bengazi, sua queda será um golpe psicológico em Kadafi).

Em separado, uma fonte europeia relevante declarou de forma estritamente confidencial que os comandantes militares franceses antecipam o colapso completo do comando militar líbio e de sua estrutura de controle na semana que vem. Estes oficiais, que têm experiência com o exército líbio da invasão do Chade no final da década de 1980, declararam que as tropas líbias não têm bom desempenho sob fogo concentrado de pessoal armado com armas modernas. Essa fonte também notou que que as informações de Trípoli estão cada vez mais difíceis de se obter, mas há relatos de mortes entre alguns dos oficiais sêniores da segurança de Kadafi, incluindo Mansour Daw, e de que o próprio líder líbio possa ter passado por problemas de saúde. Infelizmente, os serviços de inteligência europeia não foram capazes de confirmar ou desmentir esses relatos.

A situação tem se tornado crescentemente frustrante para o presidente francês Nicolas Sarkozy, que, de acordo com indivíduos que conhecem a situação, está trabalhando para que a França emerja dessa crise como o principal aliado estrangeiro de qualquer governo que tome o poder.

Sarkozy também está preocupado quanto aos relatos contínuos de que grupos radicais/terroristas, tais como os Grupos de Luta da Líbia e a Al Qaeda no Magreb Islâmico estejam se infiltrando no CNL e seu comando militar. Segundo consta, ele pediu a um sociólogo de laços antigos com Israel, Síria e outras nações do B6 no Oriente Médio para usar seus contatos para saber o nível de influência da AQMI e de outros grupos terroristas dentro do CNL. Sarkozy pediu relatórios que esclareçam uma imagem clara do papel da Irmandade Muçulmana na liderança rebelde. Essas fontes notam que os diplomatas franceses e oficiais de inteligência no Egito estão em contato com as seguintes figuras rebeldes em Bengazi:

Gehan (GHEHANI) Abdallah (coronel);

CHARRANT Faraj, BOUKHRIS Fathi, General Abdelfateh Younis (comandante das forças rebeldes)

(Comentário da fonte: oficiais seniores de segurança europeus alertam que a AQMI está observando os desenvolvimentos na Líbia, e elementos da organização estiveram em contato com tribos na parte sudeste do país. Estes oficiais se preocupam com o fato de que, em uma Lìbia pós-Kadafi, a França e outros países da Europa ocidental precisam se mover rapidamente para garantir que o novo governo não permita à AQMI e outros estabeleçam pequenas entidades locais, semiautônomas — ou "califados — nas regiões produtoras de petróleo e gás do sudeste da Líbia)".

Essas fontes de notório saber acrescentam que os insurgente têm as seguintes armas armazenadas em Bengazi: morteiros de 82 e 120mm; metralhadoras do tipo GPZ; metralhadoras 12.7mm montadas em veículos 4 x 4; algumas baterias antiaéreas do tipo ZSU e 23/4, assim como sistemas de defesa aérea portáteis individuais (MANPADS) do tipo SAM7; alguns tanques tipo T-22; LIBERADO Departamento de Estado Case No. F-2014-20439 Doc No. C05782401 Data: 31/12/2015 Possivelmente algumas aeronaves de asa fixa, e alguns helicópteros leves de transporte e médios. Um aparentemente infinito suprimento de rifles de ataque AK49 e munição (mesmo para os sistemas ZSU 23/4 e 23/2).

Tropas das forças especiais egípcias, francesas e britânicas estão treinando os rebeldes no oeste do Egito e, em grau limitado, nos subúrbios ocidentais de Bengazi. (Comentário da fonte: essas fontes acrescentam que os sistemas MANPAD SAM7 parecem estar velhos e mal conservados, e foram considerados inúteis pelos rebeldes).

ANEXO G – MEMORANDO DE DOUG BAND SOBRE A CLINTON FOUNDATION

Fonte: WIKILEAKS. Podesta Emails. Disponível em: <wikileaks.org/podesta-emails/_leid/32240/8828>. Acesso em: 6 jul. 2017.

16 de novembro de 2011

Direitos Defensor-Cliente

Para: Victoria Bjorklund, Simpson Thatcher; Jennifer Reynoso, Simpson Thatcher

Cópia: Presidente Bill Clinton, fundador da Clinton Foundation; Chelsea Clinton, membro do conselho da Clinton Foundation; Terry McAuliffe, membro do conselho da Clinton Foundation; Bruce Lindsey, membro do conselho da Clinton Foundation; John Podesta, conselheiro especial do conselho da Clinton Foundation

Re: informações sobre as atividades da Teneo e da Fundação

Cheryl, John e Terry sugeriram que eu fornecesse a vocês com esse memorando para compartilhar informações sobre a Teneo, uma entidade corporativa estabelecida em junho de 2011, a qual inclui a DK Consulting, assim como sobre questões da Clinton Foundation (referida como Fundação).

Em junho de 2009, a DK Consulting foi fundada por Declan Kelly.[198] O Sr. Kelley serviu como COO da FTI Consulting até junho de 2009, quando deixou o cargo e estabeleceu a D Consulting. À época, ele também se tornou o enviado econômico dos Estados Unidos para a Irlanda do Norte. Seguindo os termos de seu acordo de saída com a FTI e de modo consistente com o acordo de ética de sua indicação empregatícia não remunerada como empregado especial do governo no Departamento de Estado, o Sr. Kelly manteve e continuou a fornecer serviços

---

198 O Sr. Kelly foi um dos principais arrecadadores de fundos para a campanha da secretária Clinton em 2008, levantando cerca de US$ 2 milhões; ele também arrecadou fundos para suas campanhas de 2000 e 2006 para o Senado, assim como para a campanha do presidente Obama em 2008.

para três clientes pagos (Coke, Dow e UBS) e um cliente *pro bono* (Allstate). No final de 2009, Declan me contratou como consultor para a DK Consulting para ajudar a dar suporte às necessidades desses clientes.

Em maio de 2011, o Sr. Kelly deixou seu posto como enviado junto ao Departamento de Estado. Em junho de 2011, o Sr. Kelly e eu fundamos a Teneo Strategies; simultaneamente, o Sr. Kelly fechou a DK Consulting e levou seus clientes para a Teneo. Adicionalmente, seu acordo de não competição com a FTI expirou e ele estava livre para começar a trabalhar com seus antigos clientes, os quais ele tinha angariado em seus quinze anos de carreira em um total de centenas ao redor do mundo. No momento em que ele vendeu sua empresa, ele tinha levado a Financial Dynamics a ser uma das maiores companhias de comunicação financeira do mundo, com mil empregados e escritórios em 28 países. O Sr. Kelly, então, já havia representado ou aconselhado um grande número de empresas da Fortune 500 de uma maneira ou outra.

Dadas as preocupações expressadas sobre o papel da Teneo na Fundação e nas atividades do presidente, assim como em relação ao apoio que eu forneço para as atividades empresariais do presidente, eu gostaria de usar essa oportunidade para compartilhar informações e ajudar a esclarecer minhas atividades em nome do presidente – tanto em nome das atividades não-lucrativas da Fundação quanto na administração de suas oportunidades de negócios empresariais.

Ao longo dos últimos onze anos, desde que o presidente Clinton deixou o cargo, eu busquei ampliar minhas atividades, incluindo minha função como sócio na Teneo, para apoiar e levantar fundos para a Fundação. Esse memorando busca deixar claro como eu empreendi para apoiar a Clinton Foundation e o presidente Clinton pessoalmente.

ARRECADAÇÃO DE FUNDOS PARA A FUNDAÇÃO

Desde sua fundação, a Fundação tem arrecadado fundos para cobrir seus custos de infraestrutura e operação. Em 2011, após Terry McAuliffe ter levantado US$ 100 milhões iniciais para construir a Biblioteca, US$ 100 milhões adicionais precisavam ser levantados para completar o prédio de US$ 165 milhões e financiar o programa de financiamento da biblioteca demandado pelo governo dos Estados Unidos. Fundos também eram necessários para financiar os custos operacionais da Fundação, que hoje ficam, anualmente, próximos dos US$ 20 milhões. Essa cifra não inclui algumas das iniciativas da Fundação e muitas das outras iniciativas que o presidente Clinton escolhe incorporar às atividades da Fundação, tais como ajuda nos casos do furacão Katrina, do tsunami e do Haiti.

A Fundação se envolveu com um conjunto de consultores de arrecadação de fundos ao longo da última década para ajudar a levantar esses fundos; esses envolvimentos, contudo, não resultaram em quantias significativas para a Fundação. A Fundação, por exemplo, pagou a John O'Donnell & Associates US$ 700.000 em serviços, mas teve sucesso limitado na arrecadação de novos recursos para a Fundação; em outras instâncias, a Fundação pagou a consultores uma porcentagem dos fundos por eles arrecadados. A Fundação ainda contratou empregados com experiência em desenvolvimento (ex.: a Fundação contratou Dennis Cheng este ano) para arrecadar fundos pela Fundação. Corretamente ou não, eu creio — dada a necessidade da Fundação de arrecadar fundos, a vontade dos sócios-proprietários da Teneo de auxiliar na arrecadação, e meu papel histórico em conduzir a maior parte do trabalho de arrecadação — que a Teneo deveria ajudar a levantar recursos para a Fundação, o que ela faz. Dentro de meu conhecimento, outros indivíduos dentro da Fundação, que têm ou tiveram envolvimento com consultorias ou filiação a firmas advocatícias ou empresariais, não fizeram disso atividades de apoio para a Fundação.

ARRECADAÇÃO DE US$ 100 MILHÕES PARA INFRAESTRUTURA E PROGRAMA DE FINANCIAMENTO

Em 2001, a Fundação não tinha a capacidade interna para arrecadar os US$ 100 milhões necessários para concluir o prédio da biblioteca e os custos do fundo de financiamento. Assim, Justin Cooper e eu desenvolvemos e implementamos uma estratégia[199] para ajudar a levantar o grosso desses fundos de indivíduos, entidades corporativas e governos estrangeiros que contribuíram em nome de suas nações. Esse esforço, que levantou mais de US$ 150 milhões, muitos dos quais de pessoas que não conheceram o presidente Clinton quando do exercício do mandato, levou sete anos para ser concluído.

ARRECADAÇÃO PARA OS CUSTOS OPERACIONAIS ANUAIS

Como afirmado acima, a Fundação hoje possui um custo operacional anual que excede os US$ 20 milhões. Historicamente, a Fundação não tem tido a capacidade permanente de arrecadar esses fundos a cada ano; ainda que no passado nós tenhamos nos envolvido com consultoria de desenvolvimento para auxiliar nesse sentido. Para levantar os mais de US$ 120 milhões que a

---

199 A estratégia incluiu empregar o tempo do presidente em discursos, eventos, encontros com doadores e outras atividades específicas, após as quais Justin e eu dávamos sequência para buscar apoio para a fundação.

Fundação usou para operar desde 2001 – incluindo a arrecadação para as atuais entidades afiliadas – Juston e eu temos ajudado a arrecadar a maior parte dos fundos. Desde 2006, entre US$ 6 a 11 milhões dos custos anuais de operação da Fundação tem sido cobertos pela provisão líquida da CGI (US$ 46 milhões no total até agora). A CGI e nossos esforços de arrecadação têm gerado fundos suficientes para estabelecer um programa de financiamento parcial, o qual hoje conta com cerca de US$ 18 milhões.[200] Desde 2003, nós desenvolvemos estratégias para arrecadar os US$ 6 a 10 milhões por ano para cobrir o intervalo entre os recursos líquidos da CGI e nosso orçamento operacional anual. Esse intervalo é em grande medida financiado por solicitações diretas feitas por Justin e eu, em algumas vezes por falas que o presidente profere em nome da Fundação, por meio de eventos e da busca de parceiros pelo mundo para doar caso compareçamos a seus jantares, eventos, leilões e etc.

TENEO

A Teneo foi cirada em junho de 2011. Ela tem três sócios-fundadores – Declan Kelly, Paul Keary e Doug Band. Nós temos escritórios em três locais e empregamos mais de 75 indivíduos. A Teneo fornece os seguintes serviços para seus dezoito clientes: serviços bancários comerciais e de investimento, restruturação

---

200 A cada ano nós levantávamos fundos suficientes para tanto dar conta das operações da Fundação quanto gerar alguma sobra, que foi colocada para o programa de financiamento. Nós ainda tivemos que lidar com eventos imprevistos, que demandaram financiamento adicional (ex: o tsunami, o terremoto em Gujarat, o furacão Katrina, o terremoto no Haiti). Nós temos sido afortunados em levantar fundos para cobrir esses custos não previstos e em ajudar a tratar de custos adicionais da Fundação ao assegurar doações de voos em aviões particulares para viagens da Fundação, espaço de escritório para a CGI (economizando mais de US$ 5 milhões em cinco anos), US$ 2 milhões por meio de um acordo que fiz com Sonia Gardner para aliviar as obrigações da Fundação em relação a AHA Initiative, levantar US$ 21 milhões para o aniversário de sessenta e cinco anos, US$ 2 milhões quando o presidente se recuperou de sua cirurgia cardíaca e muitos outros arranjos do tipo para angariar fundos. Nós alcançamos este resultado principalmente pelo desenvolvimento, cultivo e manutenção de uma rede global de doadores. A Fundação teve que reduzir o financiamento, que originalmente figurava em US$ 35 milhões, para financiar US$ 28 milhões em sobrecustos não autorizados da operação da CHAI em diversas ocasiões, e para financiar a criação e a operação da CCI por US$ 7,6 milhões. Hoje, o financiamento conta com mais de US$ 20 milhões.

corporativa, relações públicas e serviços de comunicação, e serviços de aconselhamento estratégico. Em 30 de outubro de 2011, nós temos vinte clientes, listados em relação anexa.

Cientes das significativas necessidades de arrecadação de fundos da Fundação, assim como de minha função como principal arrecadador da Fundação pelos últimos onze anos, como sócios da Teneo, Mr. Kelly e eu pedimos e encorajamos nossos clientes a contribuir para a Fundação.[201] Por meio de nossos esforços, nós trouxemos novos doadores para a Fundação e angariamos doações crescentes de doadores antigos.[202] Ademais, os doadores da Fundação demandam acompanhamento contínuo considerável para mantê-los engajados e atuantes. Nós buscamos fazer isso quando pudemos, uma vez que pensamos no longo prazo em relação a bens como presentes materiais e planejamento de doações para a Fundação.

APOIANDO A TENEO PARA A FUNDAÇÃO

Clientes Teneo que são novos grandes doadores para a Fundação

Abaixo estão os clientes da Teneo que são novos doadores para a Fundação ou que anteriormente tinham uma relação mais limitada com a Fundação (ex.: participação na CGI). Como sócios da Teneo, nós pedimos aos nossos clientes que contribuíssem ou aumentassem suas contribuições para a Fundação.

The Coca-Cola Company – Doação total: US$ 4.330.000[203]

2004: US$ 250.000 totais no ano – para os recursos operacionais

2006: US$ 30.000 totais no ano – para a CGI

2007: US$ 30.000 totais no ano – para a participação na CGI

2008: US$ 20.000 totais no ano – para a participação na CGI

---

201 Até o momento, os sócios da Teneo levantaram mais de US$ 8 milhões para a Fundação, dos quais mais de US$ 5.25 milhões estão no banco. Os sócios da Teneo também geraram mais de US$ 3 milhões em discursos remunerados para o presidente Clinton, dos quais US$ 1.25 milhões já foram pagos a ele.

202 Os sócios da Teneo levantam fundos para a Fundação e contribuem com tempo, pessoal, recursos e relacionamentos da firma para ajudar a gerar essas doações para a Fundação.

203 A Coca Cola possui um compromisso de US$ adicionais.

2009: US$ 1.000.000 totais no ano – para os recursos operacionais

2010: US$ 3.000.000 totais no ano – para os recursos operacionais

O Sr. Kelly aconselhou ao CEO da Coca Cola por anos; ele também desfruta de um relacionamento próximo com um dos maiores acionistas da empresa, Don Keogh. O Sr. Kelly apresentou o CEO da Coca Cola, Muthar Kent, ao presidente Clinton em janeiro de 2009 em um encontro por ele agendado na casa do presidente Clinton em Washington. Ao longo de 2009, o Sr. Kelly fomentou o interesse do Sr. Kent na Fundação – primeiro na CGI e na Fundação. O Sr. Kelly pediu ao Sr. Kent que desse US$ 5 milhões à Fundação, o que ele prometeu no início de 2010. O Sr. Kelly recebeu US$ 3 milhões daquele compromisso até agora, e ele e eu garantiremos os US$ 2 milhões faltantes no futuro próximo.[204]

The Dow Chemical Company – Doação total: US$ 780.000

2007: US$ 15.000 totais no ano - para a participação na CGI

2008: US$ 20.000 totais no ano - para a participação na CGI

2009: US$ 40.000 totais no ano - para a participação na CGI

2010: US$ 190.000 totais no ano – US$ 40.000 para a participação na CGI, US$ 150.000 para os recursos operacionais

2011: US$ 515.000 totais no ano – US$ 40.000 para a participação na CGI, US$ 225.000 para patrocinar a CGI America, US$ 250.000 para patrocinar o encontro anual da CGI

O Sr. Kelly aconselhou Andrew Liveris por anos. Em agosto de 2009, o Sr. Kelly convidou o Sr. Liveris para jogar golfe com o presidente Clinton e eu.[205] O Sr. Kelly subsequentemente pediu à Dow que se tornasse patro-

---

204 O Sr. Kelly também foi instrumental em meu compromisso com o Sr. Kent para servir no Conselho da Coca Cola International Public Policy. Por meio desse relacionamento, eu fui capaz de fazer a Coca Cola patrocinar muitos outros eventos e iniciativas da Fundação, tais como o Hope Classic no próximo ano, o fornecimento de água para o Haiti, o investimento em Hope Juice no Haiti, assim como a ajuda a indivíduos ao redor do mundo, e o apoio a candidatos a cargos eletivos que tinham o apoio do presidente Clinton.

205 O Sr. Liveris forneceu o avião da Dow para levar o presidente Clinton e seu pessoal da e para a Califórnia em nossa viagem para e da Coreia do Norte. Como se tratava de uma viagem particular, a Fundação precisou pagar pelas custos do transporte aéreo; a contribuição do Sr. Liveris economizou cerca de US$ 100.000 para a Fundação.

cinador da CGI em US$ 500.000, o que ela fez, assim como fizesse uma doação de US$ 150.000 para a Fundação para que o presidente Clinton comparecesse a um jantar da Dow em Davos. Até o momento o Sr. Kelly garantiu o apoio da Dow para a CGI em 2012 no valor de US$ 250.000, assim como um compromisso verbal de receber um evento da CGI America no interior de Michigan se o presidente Clinton assim quiser.

UBS – Doações totais: US$ 540.000 (desde 2005)

2005: US$ 25.000 totais no ano – para o furacão Katrina

2006: US$ 15.000 totais no ano - para a participação na CGI

2007: US$ 90.000 totais no ano - para a participação na CGI

2008: US$ 20.000 totais no ano - para a participação na CGI

2010: US$ 20.000 totais no ano - para a participação na CGI

2011: US$ 370.000 totais no ano – US$ 20.000 para a participação na CGI, US$ 350.000 para a Clinton Economic Opportinuty

Bob Mccann é o chefe da administração de riquezas da UBS e cliente de longa data, além de amigo próximo, do Sr. Kelly. O Sr. Kelly apresentou o Sr. Mccann ao presdiente Clinton em um evento do American Ireland Fund em 2009. O Sr. Kelly subsequentemente pediu ao Sr. Mccann para apoiar a Fundação, o que ele fez por meio da Clinton Economic Opportunity Initiative. O Sr. Kelly também encorajou ao Sr. Mccann a convidar o presidente Clinton a dar uma série de palestras pagas, o que ele fez.

The American Ireland Fund (AIF): - Doações totais: US$ 350.000

2010: US$ 250.000 totais no ano – para o fundo operacional

2011: US$ 100.000 totais no ano – para o fundo operacional

O Sr. Kelly é um dos fiadores da AIF, ele estimulou e garantiu que a AIF fosse uma doadora importante para a Fundação. O Sr. Kelly garantiu com sucesso US$ 350.000 até o momento. O Sr. Kelly continuará a contribuir nos próximos anos, assim como por meio da AIF.

The All-State Corporation – Doações totais: US$ 265.000 (compromisso de US$ 500.000)

2008: US$ 15.000 totais no ano – para o centro de financiamentos

2011: US$ 250.000 totais no ano – para a CGI (patrocínio do encontro anual)

ANEXO G

O Sr. Kelly trouxe Joan Walker, sua amiga de longa data, para encontrar o presidente Clinton em sua casa em Chappaqua, em 2010. O Sr. Kelly então a pediu para ser doadora da Fundação; ela concordou em patrocinar a CGI por dois anos, com US$ 250.000 por ano, começando em 2011.

Barclays Capital – Doações totais: US$ 1.100.000 (desde 2008)

2008: US$ 40.000 totais no ano - para a participação na CGI

2009: US$ 40.000 totais no ano - para a participação na CGI

2010: US$ 520.000 totais no ano - para a participação e patrocínio na CGI

2011: US$ 500.000 totais no ano - para patrocínio na CGI

A Teneo faz um trabalho limitado com a Barclays. Em 2010, os sócios da Teneo encorajaram a Barclays a dar US$ 500.000 por ano para a CGI, o que eles fizeram por dois anos até o momento.

Indo Gold – Doações totais: US$ 100.000, com o compromisso de US$ 150.000

2010: US$ 50.000 totais no ano – para a CGI (patrocínio do encontro anual)

2011: US$ 50.000 totais no ano – para a CGI (patrocínio do encontro anual)

A Indo Gold é uma pequena cliente da Teneo a qual nós pedimos para se tornar patrocinadora da CGI.

BHP Billiton Limited – Doações totais: US$ 20.000 para a CGI em 2011

A BHP, uma das maiores empresas do mundo, nunca havia enviado ninguém para participar na CGI nem tinha tido qualquer relação com a Fundação. Sendo cliente da Teneo desde o início de 2011, os sócios da Teneo a encorajaram a enviar um representante de alto escalão para a CGI em 2011, para começar a construir laços mais fortes entre a BHP e a Fundação/o presidente Clinton.

Teneo[206] Doações totais: US$ 100.000

2011: US$ 100.000

---

206 Uma questão que despertou minha atenção foi o uso que a Teneo fez do espaço no quinto andar do hotel Sheraton durante a CGI, um evento comum, como entendo ser para os participantes do CGI. A Teneo fez quinze reuniões no espaço ao longo dos quatro dias da CGI, fundamentalmente com os clientes identificados nesse memorando. Supus que a CGI enviou a conta do uso; quando descobri recentemente que não fomos cobrados, ordenei que recursos da Teneo fossem usados para pagar quaisquer custos associados com o espaço usado durante a CGI. Acreditei, correta ou incorretamente, que o desenvolvimento, por parte da Teneo, com seus clientes, para a Fundação e a CGI era uma prioridade importante.

A Teneo doou US$ 100.000 para a Fundação em 2011 e assumiu dois compromissos com a CGI.

CLIENTES DA TENEO QUE JÁ ERAM DOADORES DA FUNDAÇÃO:

Os seguintes são atuais clientes da Teneo cujo relação com o presidente Clinton e a Clinton Foundation antecede sua relação comercial com a Teneo.

GEMS Education – Doações totais: US$ 780.000 (desde 2008)

2008: US$ 5.000 totais no ano – para a CGI

2010: US$ 500.000 totais no ano – para patrocínio da CGI

2011: US$ 275.000 totais no ano – US$ 250.000 para a CGI

A GEMS abordou o presidente Clinton em 2009 procurando seus serviços pessoas como conselheiro para a companhia. Justin e eu os convencemos a começar um relacionamento com a Fundação, o que eles fizeram; esse relacionamento se tornou um relacionamento comercial para o presidente Clinton e uma relação de doação para a CGI.

The Rockfeller Foundation – Doação total: US$ 4.276.841 (desde 2006)

2006: US$ 350.000 totais no ano – para a CGI (patrocínio do encontro anual)

2007: US$ 350.000 totais no ano – para a CGI (patrocínio do encontro anual)

2008: US$ 2.050.000 totais no ano – US$ 350.000 para a CGI (patrocínio do encontro), US$ 1.700.000 para a CCI

2009: US$ 1.176.016 totais no ano – US$ 350.000 para a CGI (patrocínio do encontro), US$ 300.000 para a CCI, US$ 526.016 para HIV/AIDS (Ruanda)

2010: US$ 350.825 totais no ano – US$ 350.000 para a CGI (patrocínio do encontro anual), US$ 825 para o Haiti

O Sr. Kelly foi apresentado a Judy Rodin, chefe da fundação Rockefeller, por Andrew Liveris. Judy e Andrew são amigos próximos e Judy perguntou a Andrew quem poderia aconselhar a ela e à fundação Rockfeller. O Sr. Kelly se tornou um conselheiro próximo de Judy Rodin e da fundação Rockfeller, as quais têm apoiado a Clinton Foundation por anos. O Sr. Kelly está aconselhando a sra. Rodin sobre para onde direcionar os fundos Rockfeller para 2012; o Sr. Kelly busca obter mais apoio para a Fundação.

Laureate International Universities – Doações totais: US$ 1.401.332

2009: US$ 1.150.000 – para a CGI (US$ 400.000 para patrocínio da CGI Ásia, US$ 750.000 para patrocínio do encontro anual)

2010: US$ 201.332 totais no ano – US$ 200.000 para a CGI (patrocínio do encontro anual), US$ 1.332 para CBHF

2011: US$ 50.000 totais no ano – para a CGI University

A Laureate é um relacionamento da Fundação que evoluiu para um serviço pessoal de aconselhamento de negócios do presidente Clinton, que consome bastante tempo. A Laureate para ao presidente Clinton US$ 3.5 milhões anualmente para fornecer conselhos e servir como Presidente Honorário.

CLIENTES TENEO QUE NÃO POSSUEM RELACIONAMENTO COM A FUNDAÇÃO

O restante dos clientes não possui relacionamento com a Fundação e são ou clientes de Declan vindos de seus cargos anteriores ou não clientes que os empregados da Teneo trouxeram consigo para a firma.

ATT

Black Diamond

Bank of America[207]

Firebird

Liberty Mutual

Stone Harbor

Frank Stronach

TIVo

UBS AG

Mylan

---

207 Os Clinton têm usado o Bank of America em Little Rock desde 1992 para as campanhas e demais serviços bancários, incluindo a administração das contas da Fundação. O ramo local do banco apoia a Fundação em grande medida por ter lucrado bastante dados os vinte anos de relação e o grande volume de juros que a Fundação paga sobre dezenas de milhões de dólares emprestados para a conclusão da Biblioteca em novembro de 2004. O apoio veio principalmente em 2001 e 2003. A Teneo representa o Bank of America por meio do CEO da organização nacional, o que é um relacionamento completamente separado e estabelecido por meio de um empregado da companhia.

ATIVIDADES COMERCIAIS DO PRESDIDENTE CLINTON (I.E. BILL CLINTON, INC.)

Independentemente de nossas atividades de arrecadação de fundos e tomada de decisão em nome da Fundação, nós nos dedicamos a ajudar o presidente a garantir e se envolver em atividades comerciais – incluindo discursos, livros, e serviços de aconselhamento. Nesse contexto, nós servimos como agentes, advogados, gerentes e executores para garantir acordos de serviço por falas, negócios e aconselhamento. Em apoio à atividade comercial do presidente, nós também solicitamos e conseguimos, como cabe, serviços para o presidente e sua família – para viagens pessoais, acomodações, férias e similares. Nem Justin nem eu somos pagos separadamente por essas atividades (isto é, nós não recebemos pagamentos ou comissões[208] pelos mais de US$ 50 milhões em atividades comerciais que nós ajudamos a garantir para o presidente Clinton até o momento, ou pelos US$ 66 milhões em contratos futuros, caso ele queira continuar com essas atividades).

No que diz respeito aos acordos de negócios por ser serviços de aconselhamento, Justin e eu encontramos, desenvolvemos e trouxemos ao presidente Clinton diversas oportunidades para que ele aceitasse ou rejeitasse. Dos seus atuais quatro acordos, nós conseguimos todos; e nós ajudamos a administrar e manter todos os seus relacionamentos de negócios. Desde 2001, os negócios do presidente Clinton geraram mais de US$ 30 milhões para ele pessoalmente, com US$ 66 milhões a serem pagos nos próximos nove anos, caso ele escolha manter estes compromissos.

DISCURSOS REMUNERADOS DO PRESIDENTE CLINTON

Em apoio à atividade de discursos remunerados do presidente, os sócios da Teneo criaram e garantiram aos seguintes discursos do presidente Clinton.

---

208 Por exemplo, a agência Harry Walker, responsável pelos discursos do presidente, recebe uma comissão de 10%sobre cada discurso remunerado, independentemente de seu envolvimento com o discurso. A agência estima, em números conservadores, que na última década cerca de US$ 20 milhões foram recebidos por discursos que vieram exclusivamente do meu esforço e de Justin.

UBS - US$ 900.000 - US$ 450.000 em 2011; US$ 450.000 a ser pago em 2012.

O Sr. Kelly pediu à UBS que ofertasse ao presidente Clinton discursos pagos com base em um conceito que ele desenvolveu junto a Bob Mccann para os clientes da firma. Somando-se aos US$ 540.000 que a UBS contribuiu para a Fundação, os sócios da Teneo garantiram um compromisso da UBS para que o presidente Clinton faça mais três discursos remunerados em 2012, caso ele escolha manter o compromisso.

Ericson - US$ 750.000 mais US$ 400.000 por um avião particular

Após encontrar um dos diretores da Ericsson em uma viagem de negócios, eu descobri que eles estavam realizando um evento inaugural na China. Eu os procurei para convidar o presidente Clinton para discursar na ocasião. Eu negociei uma remuneração de US$ 1 milhão de dólares para falar em duas sessões de uma hora cada em Hong Kong, o que ele fez na semana passada. Soma-se à remuneração de US$ 1 milhão pela fala, a negociação adicional da cobertura de custos de um avião particular.

BHP - US$ 175.000 em 2012

A BHP está recepcionando uma reunião do corpo diretor em junho de 2012. Nós os incentivamos a realizá-la em Nova York e pagar o presidente Clinton por meio de Walker. A oferta está atualmente sob avaliação no Departamento de Estado.

LIGHTINING

O presidente Clinton recentemente recusou uma oferta para, por dois anos, receber US$ 8 milhões para se tornar o presidente honorário da nova empresa de mídia de Mati Kochavi. Mati é um ex-cliente da Teneo, ao qual nós fomos mencionados por Marty Edelman. Eu procurei Mati novamente e propus uma nova estrutura sem laços empresariais para além de quatro discursos por US$ 1 milhão e US$ 250.000 para a Fundação, caso o presidente Clinton aceite. Isso incluiria qualquer transmissão dos eventos da Fundação ou qualquer coisa que o presidente Clinton quisesse publicar em seu *website*. Essa oferta será apresentada ao presidente Clinton nos convites de palestras de Walker, os quais ele pode aceitar ou recusar sem nenhuma relação com a empresa.

Barclays

A Teneo manteve sua relação com o cliente para ajudar a garantir dois discursos remunerados em 2010 e 2011, totalizando mais de US$ 700.000.

Outras questões

Justin Cooper e eu temos, pelos últimos dez anos, servido como contato principal e centro de administração das atividades do presidente Clinton – as compreendem a atividade política (ex.: campanhas para outros candidatos a cargos eletivos), as atividades comerciais (ex: fornecer serviços de consultoria para entidades corporativas com as quais ele mantém acordos, as atividades da Fundação (ex.: apoiar o envolvimento em iniciativas e em entidades afiliadas da Fundação), a sua atividade de discursos (ex.: requisitar discursos e organizar o pessoal e o apoio em viagens), sua atividade literária (ex.: editando seus livros e organizando suas turnês de promoção), e as atividades familiares e pessoais (ex.: garantindo aviões particulares, hospedagens e provisões individuais, familiares e de negócios). Nas funções únicas que tivemos para servir, conseguimos manter o equilíbrio entre a multiplicidade de atividades que demandam seu tempo e esforço para melhor atingir suas metas pessoais, políticas, executivas e oficiais como ex-presidente, assim como as da Fundação.

Nós reconhecemos a natureza pouco ortodoxa de nossas funções, e a meta de buscar maneiras de garantir que nós estamos implementando as melhores práticas para proteger o status 501(c) 3 da Fundação.[209] Ao prosseguirmos, damos boas-vindas à oportunidade de identificar estratégias melhores para servir ao presidente, a Fundação e suas entidades afiliadas.

---

209 Por exemplo, compreendi que nossas diretrizes em relação a entradas liberadas para a CGI estão sendo revistas. Historicamente, a CGI recebeu tantos membros pagos quanto foi possível identificar; a maioria dos membros que comparecem recebem passes livres. Nós demos passes a indivíduos que se encaixam primariamente nas seguintes categorias: esposas de empregados da CGI, empregados do governo, doadores potenciais em diálogo – incluindo os clientes-alvo da Teneo – a família e os amigos do presidente Clinton, a família e os amigos de empregados da Fundação, convidados, dignatários estrangeiros e celebridades. Como a Fundação criou uma política formal para passes livres, nós encorajamos a criação de um conjunto de medidas que terá aplicação comum – em oposição à aplicação por exceção. Nós estaremos felizes em identificar o número de instâncias em que os passes livres beneficiaram as metas da Fundação, de modo que a medida opera a serviço das metas da Fundação.

editoraletramento editoraletramento.com.br
editoraletramento company/grupoeditorialletramento
grupoletramento contato@editoraletramento.com.br

casadodireito.com casadodireitoed casadodireito